AF705036

Dedicated to:

Guruji Mohan
who was not only my teacher,
but my master,
who was not only my master
but my model.

Geschrieben:

in Erinnerung an **Steven**,
der 21-jährig sterbend, mein erster Lehrer war,
an **Alan**, seinen Vater,
Liz, seine Schwester und beider Schmerz.

Gewidmet:

den beiden wunderbaren jungen Frauen,
die meine Töchter sind,
mit Dank für deine aufrüttelnden Fragen und unsere nahen Gespräche am Sonntagmorgenfrühstückstisch, deine weibliche Kraft und dein Sprachvermögen, **Karola**,
und deine tiefen Weisheitsergänzungen und Bilder und dein therapeutisches Verständnis, **Sigi**,
und mit großem Respekt für euren Weg und eure je eigene Art, sich dem Leben zu stellen und mit mir zu sein.

Und den beiden bezauberndsten Enkeltöchtern der Welt.

Und dir mit Dank für nun schon lange Gefährtenschaft
und das staunende und achtungsvolle Zuschauen, wie du manchmal die Geister lebst, die ich nur beschreibe.

Monika Müller

Dem Sterben Leben geben

Die Begleitung sterbender und
trauernder Menschen
als spiritueller Weg

INHALT

VORWORT
Warum und für wen schreibe ich dieses Buch?

Alles Schreiben ist ein Vorstoß gegen die Sprachlosigkeit.

SAMUEL BECKETT

Auf der Suche nach einer spirituellen Praxis in meinem Leben habe ich so manches ausprobiert und eingeübt: Sitzen, Beten, Meditieren, wahrnehmendes Gehen – alles hat mich nicht länger gefesselt und sich nicht dauerhaft in mein Alltagsleben eingeprägt. Als ich eines Sommerabends bei einer bewusstlosen Frau saß und auf ihr mühsames Atmen hörte, wurde mir sehr plötzlich bewusst, dass die Art und Weise, wie ich in mir geschenkter Anteilnahme bei dieser Frau war, eine eigene spirituelle Praxis sein könnte. Einige Wochen später erlebte ich bei einer Klientin, dass ich sie in intuitiver Eingabe vorsichtig auf ihr Lebensgeheimnis ansprechen und dies in behutsame, unterstützende Worte kleiden konnte. Im Bewusstsein, dass dies nicht aus mir alleine kam, sondern mir gegeben wurde, war es mir möglich, in einem besonderen Geist mit ihr weiterhin zu arbeiten, und dies eröffnete ihr wiederum einen tiefen Zugang zu ihrer eigenen Rückbezogenheit auf etwas Höheres und Größeres.

Vielleicht können wir lernen, dieses Beim-Anderen-Sein als spirituelle Praxis anzuerkennen und uns in ihr regelhaft zu üben.

Vielleicht können die dargestellten Gedanken auch Angehörigen eine Hilfestellung sein. Für sie ist es manchmal sehr schwer, die Unterstützung eines Hospizdienstes oder von ehrenamtlichen Mitarbeiterinnen und Mitarbeitern anzunehmen. Sie glauben vielfach, sich diese Begleitung verdienen zu müssen oder auch, ihrer einfach nicht wert zu sein. Vielleicht kann der Gedanke hilfreich sein, dass diese dienstbaren Geister ihre Begleitung nicht nur aus Selbstlosigkeit, sondern auch um ihrer selbst willen und der tiefen, auch spirituellen Erfahrungen wegen tun. Es mag auch sein, dass die Familienangehörigen und Freunde ihr oft auszehrendes Dasein mit dem Sterbenden oder Trauernden unter spirituellen Gesichtspunkten vorübergehend in einer anderen Dimension und als eine Wachstumsmöglichkeit ansehen können.

Wenn wir die Welt der Spiritualität persönlich erkunden, können wir eine Erfahrung immer wieder aufs Neue machen: das Auftreten spontaner mystischer Erlebnisse. Solche Erlebnisse bleiben nicht nur Weisen, Heiligen oder anderen besonderen Menschen vorbehalten, sonst könnte ich nicht darüber berichten. Sie sind vielmehr normale, wenn auch sehr tiefe menschliche Einsichten, die jedem offenstehen. Ich hoffe, dass dieses Buch auch den elitären Anspruch in Frage stellt, dass die direkte Erfahrung der Wahrheit – und wenn sie auch nur ganz kurz aufblitzt –, ob man sie nun Gott, Tao, höheres Selbst, Erleuchtung oder wie auch immer nennt, nur Menschen möglich sei, die im religiösen oder kirchlichen Sinn fromm oder diszipliniert praktizierend seien. Nicht der Charakter, seine Religionszugehörigkeit oder die Intensität seines Übens macht einen Menschen empfänglich für mystische Erfahrungen, sondern nur sein Sich-Öffnen zur transzendenten Wirklichkeit jenseits der Grenzen unserer individuellen Persönlichkeit selbst. Mystik und Spiritualität sind also nicht ein hoher Turm, den nur wenige Auserwählte besteigen können, sondern die eigentliche Essenz des menschlichen Abenteuers. Die in dem Buch erzählten Beispiele sollten nicht als »harte Fakten« gelesen werden und gelten, sondern möchten als eine Art Gedichte betrachtet werden, die uns durch Analogie und Schönheit Inspiration und Orientierung schenken. Walt Whitman schrieb:

Ich finde Briefe von Gott auf der Straße,
und jeder ist mit Gottes Namen unterschrieben,
und ich lasse sie, wo sie sind, denn ich weiß,
dass immer wieder neue kommen werden.

Nicht zuletzt schreibe ich diese Gedanken auch für mich selber auf, um das in Therapien und Begegnungen oft Gefühlte und Erlebte »gegenständlich« werden zu lassen und benennend zu begreifen. Es geht mir hier wie so häufig in Seminaren und Vorträgen, dass ich, indem ich etwas anderen zu erklären gezwungen bin, es so erst klarer für mich verstehe und dann erst verinnerlichen kann. Dieses in Worte gekleidete Verinnerlichte kann ich dann verfügbar halten für all die vielen Situationen in meinem Leben, wo dies, was ich meine Spiritualität nenne, im Kontakt mit Geltung, Macht, Haben, Wirken und Wollen verloren zu gehen droht.

So ist dieses Buch mir Verpflichtung, die in ihm dargestellten Geisthaltungen auch immer mal wieder und häufiger zu erinnern und zu leben, wohl wissend, dass dieses Leben bestenfalls Annäherungen an die Geisthaltungen bedeutet und immer ein Versuch bleibt.

So wünsche ich Ihnen geist-volles Lesen!

Im Sommer 2004

Zur Neuausgabe 2018

Seit Erscheinen dieses Buches haben Matthias Schnegg und ich zahlreiche, so genannte Spiritual Care Kurse in Deutschland, Österreich und der Schweiz durchgeführt und die Geisthaltungen auf vielen Kongressen und Symposien vorgestellt. Es war für mich sehr eindrücklich, dass auch Menschen, die keinerlei bewussten Zugang zum Thema Religion oder Konfession bekannten, mit diesen Haltungen etwas anfangen, ja sogar nachvollziehen konnten, dass diese möglicherweise mit Spiritualität zusammenhängen könnten.

So fühlte ich mich ermutigt, weitere Geisthaltungen zu bedenken, bzw. sie aus dem Verhalten von Menschen herauszulesen und zu beschreiben.

Ich wünsche mir, dass viele Patienten, Klienten, Angehörige und Hinterbliebene seitens ihrer Behandelnden und Begleitenden diese Geisthaltungen an sich erfahren dürfen, darin Unterstützung erleben und sie für ihre eigene Kräftigung und Heilung nutzen können.

Im Winter 2017

 Monika Müller

GELEITWORT

Ich arbeite als Arzt in der Palliativversorgung. Dazu gehört immer wieder die Begegnung mit Menschen, die nur noch kurze Zeit zu leben haben und dies vielleicht erst vor kurzer Zeit erfahren haben. Wie kann ich diesen Menschen gegenübertreten, und kann ich ihnen vielleicht ein bisschen Trost und Hilfe bieten?

Zu meinen Aufgaben gehört aber nicht nur die Versorgung von schwerstkranken und sterbenden Patienten, sondern auch Unterricht für Medizin-Studierende, Ärzte und andere Berufsgruppen. Dabei müssen Kenntnisse (z. B.: Welche Medikamente gegen Luftnot?), Fähigkeiten (z. B.: Wie führe ich ein Gespräch zur Aufklärung über begrenzte Lebenserwartung?) und Haltung vermittelt werden (Wie trete ich Patienten und Angehörigen gegenüber?). Kenntnisse kann ich unterrichten, Fähigkeiten können die Teilnehmer einüben, aber wie vermittle ich Haltung?

Bei all diesen Fragen ist das vorliegende Buch eine wertvolle Hilfe. Monika Müller beschreibt die Begleitung sterbender und trauernder Menschen als spirituellen Weg. Eigentlich veranschaulicht sie aber nicht einen Weg, sondern eine ganze Landkarte mit vielen unterschiedlichen Wegen. Für sie ist Spiritualität eine Geisthaltung, und Monika Müller berichtet über viele verschiedene Geisthaltungen, die ihr im Lauf ihrer langen, erfahrungsreichen Arbeit begegnet sind.

Sie liefert mit ihrem Buch die vielleicht beste Antwort auf die Frage, was eigentlich Spiritualität ist. Diese Frage wird in der Hospiz- und Palliativversorgung gerne diskutiert, aber meist ohne Ergebnis.

Wenn ich sie in einer Weiterbildung für Ärzte stelle, hat jeder eine Antwort, aber kaum jemand eine klare Vorstellung davon. Und Ärzte haben oft andere Auffassungen von Spiritualität als zum Beispiel ehrenamtliche Mitarbeiter oder Seelsorger. Und welche Ansichten von ihrer eigenen Spiritualität haben die betroffenen Patienten und deren Angehörige?

In diesem Buch werden dazu keine festen und ausschließlichen Antworten und keine engen Definitionen vorgegeben. Vielmehr zeigen die erzählten Geschichten die vielen Möglichkeiten, wie sich Spiritualität ausdrücken kann, und damit auch die unzähligen Wege, wie Behandelnde auch Begleiter und für eine begrenzte Zeit sogar Weggefährten werden können, wenn unsere eigene Geisthaltung dafür offen ist.

Vor allem aber sind die Geschichten, die Monika Müller hier erzählt, sehr instruktiv. Beim Lesen habe ich immer wieder über meine eigene Einstellung zum Leben und Sterben nachgedacht; und diese Selbstreflexion ist unbedingt nötig in der Hospiz- und Palliativversorgung. Wir sollten doch die Betroffenen so lassen, wie sie sind. Selbst in erfahrenen Teams erlebe ich leider immer wieder, dass wir genau das nicht tun, zum Beispiel wenn die fehlende Krankheitsverarbeitung (oder sogar »Krankheitseinsicht«) bei einem Patienten auf der Palliativstation als behandlungsbedürftiges Problem wahrgenommen wird, ohne zu überlegen, ob es vielleicht für den Betroffenen durchaus Sinn machen kann, seine Zeit und Kraft jetzt nicht mit der Krankheitsverarbeitung aufzubrauchen. Was ist normal, was ist nicht mehr normal, und wie unterschiedlich reagieren Menschen? Konsequenterweise müssen wir bei den Teambesprechungen in der Palliativversorgung immer fragen: Wer hat eigentlich das Problem? Der Patient, seine Angehörigen oder wir als Behandelnde?

Monika Müller zeigt mit diesem Buch, wie unterschiedlich Menschen mit Krisen und existenzbedrohenden Erfahrungen umgehen. Sie macht verständlich und fast fühlbar, warum all diese Wege richtig sein können. Meine Meinung ist, dass dieses Buch jeder lesen sollte, der Schwerstkranke, Sterbende oder Menschen in Krisensituationen begleitet, um diese Menschen in ihrer unterschiedlichen Art akzeptieren zu lernen und sie so anzunehmen, wie sie sind. Nur in dieser Weise kann die Begleitung zu einem gemeinsamen spirituellen Weg werden.

Und über all dieses hinaus ist das Buch sehr lesenswert, in Anekdoten und Geschichten aus einer reichhaltigen spirituellen Praxis heraus verpackt, sehr menschlich geschrieben und spannend. Ich wünsche viel Spaß beim Lesen, und dass Sie als Leser gar nicht merken, wieviel Sie gerade lernen.

Bonn, im Herbst 2017

Professor Dr. Lukas Radbruch
(Präsident der Deutschen Gesellschaft für Palliativmedizin)

EINLEITUNG
Dieses Buch ist eine Einladung

Spiritualität – Ein eigener und gemeinsamer Weg

Oft wird die Frage gestellt, ob es gläubigen Menschen leichter fällt zu sterben als anderen, und genauso oft müssen die Befragten die Antwort schuldig bleiben, weil die Erfahrung sowohl das Ja als auch das Gegenteil lehrt. Es geschieht, dass Menschen in einer großen Krise oder Leiderfahrung von ihrem Glauben getragen werden, darin Trost und Mut finden; es geschieht aber genauso, dass andere Menschen ihren vordem tiefen Glauben während einer solchen Krise verlieren, keinen Kontakt mehr dazu haben und in Verzweiflung geraten. Das Wort Glauben ist so unterschiedlich besetzt und gefüllt für den je Einzelnen, dass Verallgemeinerungen dieser Frage nicht gerecht werden.

In der Begleitung sterbender und trauernder Menschen ist das, was wir landläufig Spiritualität nennen, die Frage nach dem Woher und Wohin, dem Warum und Wozu, oft ein großes Thema, für den Sterbenden selbst, für die Angehörigen und Freunde, und für uns, die so genannten Begleiter.

Auch in der Darstellung von Hospizarbeit und Palliativmedizin taucht regelmäßig – meist am Schluss einer Aufzählung – das Wort Spiritualität oder spirituelle Dimension auf. In Supervisionen und Fortbildungsveranstaltungen ist die Frage nach der Spiritualität in dieser Arbeit immer wieder ein Thema. Meist erschöpft es sich darin, dass nach den Möglichkeiten gelebter oder auch nur besprochener Spiritualität der sterbenden Menschen gefragt wird und dass man sich einig ist, dass ein Mensch in der letzten Lebenszeit ein Anrecht darauf hat, seine Religion oder Weltanschauung zu thematisieren und nicht zu etwas anderem »missioniert« werden darf, sei dieses andere auch noch so sinnhaft für das eigene Leben des Begleitenden.

Die Beschäftigung mit Leiden, mit dem Dahingehen von Leben, mit Verzweiflung, Wut, Angst, aber auch mit heldenhaftem Aushalten und stiller Hingabe in all den vielen uns begegnenden Biografien und Schicksalen stellt oft genug aber auch die Frage nach dem, was den Behandelnden oder Begleitenden selber trägt oder tragen könnte, wenn das Unausweichliche auf ihn trifft. Hält sein Wertesystem stand, wenn sein Leben zusammenbricht? Wird der Glaube, der in guten Tagen so unverrückbar seinen Platz im Alltag hatte, seine Kraft behalten? Oder wird der Nichtglaube seine Sicherheit, vielleicht seinen Trotz und Stolz durchhalten können, wenn die Enge des nahen Endes spürbar wird?

Dieses Buch hat beileibe nicht den Anspruch, Antworten geben zu wollen oder zu können. Ein Buch kann nicht den inneren Weg und die eigenen Erfahrungen ersetzen. Aber es möchte einladen, den eigenen Weg zu suchen, zu gehen und die dort gemachten Erfahrungen unter dem Gesichtspunkt von Spiritualität anzusehen und zu befragen. Dann können wir als Fragende selber womöglich in unsere Antwort hineinwachsen, auch in diese, indem wir sie immer wieder an uns selber richten. Als ein solches Hineinwachsen ist auch dieses Buch gedacht. Es möchte gemeinsam mit Fragenden der Frage nachgehen, was Spiritualität in unserer Arbeit sein könnte, wie sie gelebt und ausgedrückt werden könnte, wie sie uns Halt und Rahmen im Leben bedeuten könnte und wie wir letztlich mit ihr auch – vielleicht sogar mit Zuversicht – in unser eigenes Sterben hineinreifen können, um es möglicherweise nicht nur zu erleiden, sondern zu erleben (und sogar in gewisser und begrenzter Weise zu gestalten).

In diesem Hineinwachsen wird es geschehen können, dass wir trauernden und sterbenden Menschen unerschrockener begegnen, weil sich die trennenden Grenzen zwischen ihnen und uns ausweiten und verschieben und wir einander in einem gemeinsamen Wachstumsprozess begreifen. Unterschiedlich sind dann vielleicht nur noch die Zeitpunkte der Begegnung mit dem Letztgültigen, aber wir stehen im gleichen Strom der Auseinandersetzung. Es kann sein, dass dieses Begreifen zu einer Partnerschaftlichkeit miteinander führt, die viele Probleme, die in der Begleitung auftauchen, gegenstandslos werden lässt. Dies kann zu einer gerechteren und sogar freundschaftlichen Begegnung mit sterbenden und trauernden Menschen führen und sie in ganz neuer Weise unterstützen helfen, da es kein Innen und Außen mehr gibt, kein Oben und kein Unten, kein Jetzt und Später, eigentlich keinen Begleiter und keinen zu Begleitenden, sondern ein Umeinander – Wissen und Miteinander – Gehen.[1]

Spiritualität – Eine Geisthaltung

In den ersten Überlegungen zu einem Vortrag über Spiritualität, den ich auf einem Kongress in Göttingen zu halten hatte, habe ich zunächst nach Definitionen gesucht, die mir den Einstieg in das Thema erleichtern sollten und auf denen ich meine Gedanken entwickeln konnte. Ich wurde enttäuscht, weil ich das, was ich vorfand, für viel zu theoretisch – abstrakt oder aber zu eingeengt hielt. Dass für Henri Bergson zum Beispiel Spiritualität eine Geistigkeit ist, die in der reinen Dauer liegt, dass theologische und/oder religionspsychologische Lexika Spiritualität als einen »empirisch beobachtbaren Frömmigkeitsstil«, eine Übung in reiner Innerlichkeit bezeichnen und in eine Spiritualität nach Meister Eckhart oder eine franziskanische oder liberal-evangelische oder tibetische unterscheiden, war für mich nicht hilfreich, da ich spirituelles Denken und Handeln auch außerhalb von Religiosität oder gar Konfessionalität vermute.

Als ich dann im Freundes-/Kollegenkreis darüber sprach, wurde ich mit zahlreichen, nicht immer ernst gemeinten Assoziationen zu diesem Begriff konfrontiert. Spiritistisch, meinten die einen, welch fortgeschrittenes, esoterisches Thema für einen Kongress. Andere brachten den pikanten Zusammenhang zu Spirituosen und ergingen sich in Betrachtungen über die Wechselwirkung von Tätigkeit im palliativmedizinischen Feld und Alkoholabusus. Und mein Computer fragte mich nach dem Eintippen der ersten drei Buchstaben: Spiritual? So falsch sie alle lagen – oder besser liegen wollten –, so war doch an allem ein Funken Richtigkeit, zumindest was den Wortstamm betrifft: Mit Geistigkeit und Geist haben alle Begriffe zu tun, auch wenn es in einem Fall eher der Weingeist ist. An diesem Bezug Geist wollte ich gerne weiterarbeiten, da er mir eine sinnvolle Möglichkeit bot, den Spiritualitätsbegriff aus dem Bereich des Diffusen und Verschwommenen herauszulösen und ihn von dem

Vorwurf zu entlasten, er sei mit der Rationalität und Wissenschaftlichkeit nicht vereinbar.

Der Leser wird vielleicht erwarten, dass ich zunächst einmal sage, was ich unter Spiritualität verstehe. Ich möchte jedoch nicht, von einer von mir vorgegebenen Definition abgeleitet, bestimmte Erfahrungen, die ich in meiner Lebens- und Arbeitspraxis kennen gelernt habe, von vornherein als spirituelle klassifizieren. Ich möchte den Leser lieber einige von den Wegen mitgehen lassen, auf denen ich selbst mehr und mehr zu der Überzeugung gelange, es handle sich bei den gemachten Erfahrungen und erlebten Geisteshaltungen um spirituelle.

»Eine besondere Gnade Gottes – erhaben ist er – gegenüber den Menschen besteht darin, dass er ihnen zwei Straßen gewiesen hat, damit sie zum Haus seines Wohlgefallens und zum inneren Frieden gelangen: Denken und Leben.« Entweder beide und nur einen zu beschreiten, beides führe zur Erkenntnis, hat Abu Sulaiman, der islamische Mystiker, bereits im 10. Jahrhundert gesagt. Die Begleitung sterbender Menschen ist ein Bereich, wo diese beiden Straßen, das Leben und die denkerische Auseinandersetzung mit dem Leben, zusammentreffen wie an kaum einem anderen Ort.

Die verschiedenen Geister, die ich auf diesen Wegen traf und von denen ich annehmen mag, dass sie auch den Geist der Hospizarbeit und Palliativmedizin wiedergeben, möchte ich nun einzeln betrachten, sie sozusagen anrufen, und anders als bei Goethe hoffen, dass wir sie nicht mehr loswerden.

VOM GEIST, SICH DAS LEBEN ZU NEHMEN

Erst zu dem, dem auch der Abgrund ein Wohnort war, kehren die vorausgeschickten Himmel um, und alles tief und innig Hiesige ... kommt zurück

RAINER MARIA RILKE

Dieser Ausdruck mag Sie, die Leserin oder den Leser, zunächst erschrecken.

Ich will hier aber nicht von Selbstmord sprechen oder euthanasistisches Gedankengut beschwören, vielmehr einer Art »*Euzoesie*« das Wort reden, der Idee vom glücklichen Leben. Es soll lediglich der wörtliche Ausdruck der schlichten Haltung sein, dieses unser Leben nicht nur zu betrachten, sondern es in einem neuerlichen, diesmal eigenständigen Entscheidungsakt anzuerkennen und anzunehmen.

Im August schrieb mir ein Freund eine Postkarte:

»Bin in Norwegen und nehme mir das Leben – reichlich. Dein Johannes.« Die auf den ersten Blick makaber klingende Aussage kann nur verstehen, wer weiß, dass ich vier Wochen vorher anlässlich seiner Verabschiedung als Geschäftsführer eines Krankenhauses einen ihm gewidmeten Vortrag zur Spiritualität und zu eben dieser Geisthaltung gehalten habe. Der Zusatz »reichlich« macht deutlich, dass er diesen Aspekt besonders aufgenommen hat.

Weltanschauung heißt ja nicht nur die Welt anzuschauen, sie passiv zu betrachten, sondern aus dieser Anschauung heraus zu werten, zu leben und aktiv zu handeln.

Die Welt, die uns umgibt, lehrt uns nicht, zu sterben. Es wird alles getan, um den Tod aus unserem Bewusstsein zu verbannen, als ginge es nur darum, Ziele zu erreichen, als wäre Leistung der einzig gültige Wert. Aber so lehrt sie uns ebenfalls auch nicht, zu leben, bestenfalls mit dem Leben zurechtzukommen, was beileibe nicht das Gleiche ist. Wir sind immer mehr bemüht zu machen und laufen immer heftiger dem Haben nach.

Auch in Palliativmedizin und Hospizbewegung gibt es einige Haltungen dem Leben gegenüber, die sich im besten Fall mit Lebensscheu umschreiben lassen. Während wir bei allen Zielbestimmungen und Therapieplänen eifrigst die Lebensqualität der uns anvertrauten Patienten diskutieren und uns in ethischen Konsilen vehement um so genannte Lebenswertanamnesen bemühen, vernachlässigen wir häufig genug die eigene Lebensqualität, ja wissen manchmal gar nicht mehr, woraus sie bestehen könnte. So wirkt das Kümmern um fremde Lebensqualität gelegentlich wie ein trauriger Ersatz.

In den Supervisionsrunden höre ich immer wieder davon, auch ab und zu von Lebenshemmungen, die sich aus Respekt vor dem großen Leid der Patienten einstellen.

Ein Arzt berichtete davon, wie schwer es ihm gefallen sei, nach seinem Surfurlaub braun gebrannt den Patienten auf der Palliativstation zu begegnen und dass ihn diese Vorstellung schon während des gesamten Urlaubs belastet und sein Wohlgefühl beeinträchtigt habe. Dass er sich vorgestellt habe, wie schmerzlich lebendig und gesund sein erholter Anblick nach seiner Rückkehr in den Krankenhausalltag auf einen Schwerkranken wirken könne und dass er sich deshalb in gewisser Weise schon die gesamte Dauer der Ferien Freude und Spaß verboten, ja manchmal spürbar verkniffen habe. Mit welchem Recht, habe er sich gedacht, sei er denn überhaupt erholungsbedürftig und in einem so sorglosen und unbeschwerten Ferienleben, während andere um ein wesentlich eingeschränkteres Leben verzweifelt kämpften.

Eine Krankenschwester im Hospiz teilte ihre Überlegung mit, sich ihr volles, langes, rotes Haar, das wie eine flammende Aureole ihren Kopf umstand, abzuschneiden, um die kahlköpfigen Patientinnen nicht unnötig damit zu konfrontieren und sie dadurch nicht zu kränken. Sie stellte sich fast jeden Morgen beim Blick in den Spiegel die Frage, ob und von wem sie eigentlich die Erlaubnis habe, sich an ihrer Schönheit und Jugend zu freuen, wenn andere sich gerade so betrübt mit ihrem veränderten Körperbild und ihrem Verblühen und Verblassen auseinandersetzten. Sie fragte sich, ob es nicht ein Akt der Solidarität sein könne und müsse, die Freude an sich und an ihrem Im-Leben-Sein abzustellen und in Sack und Asche zu gehen.

Solche Gedanken gehen von der Vorstellung aus, als gäbe es auf der einen Seite die Sterbenden und auf der anderen die Lebenden. Als trügen wir nicht schon heute den Keim des Seitenwechsels in uns, als ob das Sterben kein Bestandteil des Lebens wäre, als ob wir uns nicht alle miteinander noch in diesem Lebensstrom befänden, der da besteht aus Nichtigem und Wichtigem, Freudigem und zu Betrauerndem, Helligkeit und Schatten. Und dass sich das Leben zu *nehmen* in diesem Falle heißt: sich all diesem nicht zu verschließen, sondern es zu er-leben, zu er-fahren, in Gänze und Fülle in sich aufzunehmen, bevor wir es nicht mehr können.

Es gibt die indische Geschichte von einer Frau, die von Tigern gejagt wird.

Sie rennt und rennt, und die Tiger rücken immer näher. Am Rand einer Klippe angekommen, sieht sie ein paar Schlingpflanzen, so klettert sie hinunter und hält sich an den Pflanzen fest. Beim Hinunterschauen sieht sie, dass die Tiger genau unter ihr warten. Dann stellt sie beim Blick nach oben fest, dass ein Nagetier genau an dem Trieb frisst, an dem sie sich hält. Gleichzeitig sieht sie auch eine wunderschöne kleine Erdbeerpflanze, die ganz in ihrer Nähe aus einem Büschel Gras wächst. Sie schaut hinunter, sie schaut hinauf, wieder hinunter; dann langt sie nach der Erdbeere und steckt sie sich in den Mund.

Es ist sicher kein Zufall, dass sowohl in der lateinischen wie auch der hebräischen Sprache die Worte für »Weisheit« und »Schmecken« identisch sind. *»Schmecket und sehet, wie freundlich der Herr ist!«*, ruft der Psalmist (Psalm 34, 9). Die Schönheiten der Schöpfung zu kosten, führt zu einer vertieften Weltsicht.

Nach nunmehr fast zwölf Jahren Begleitung von Menschen in ihrer letzten Lebensphase und im Trauerprozess scheint mir die Beobachtung wichtig, dass die Möglichkeit, mit seinem Leben etwas nachsichtiger abzuschließen und dem Tode ein wenig sachter entgegenzublicken, weniger eine Frage des Alters ist als eine Frage des gelebten Lebens. Eine der erschütterndsten, häufigen Erfahrungen in der Hospizarbeit ist sicher die Tatsache, dass Menschen, die ihr Leben immer wieder nach hinten verschoben haben, um es dann möglicherweise eines bestimmten Tages zu leben und zu genießen beginnen wollen, sich just zu diesem gesetzten Zeitpunkt mit einer Krankheit konfrontiert sehen, die dieses geplante Leben auf das Äußerste bedroht. Unsagbar schwer ist mir im Ohr das tiefe Seufzen eines 65-jährigen tumorkranken Mannes: *»Ach, hätte ich mir das Leben doch nicht aufgespart. Jetzt ist es zinslos verloren!«* Er hatte sich früher immerzu das Leben und die Freude daran versagt, stets mühsam gearbeitet und gespart und das »wirkliche Leben dann *endlich*« nach seiner Pensionierung beginnen wollen. Und das Paradoxe war, dass es genau dann endete, weithin ungelebt, noch nicht einmal unterbrochen, weil es noch gar nicht begonnen worden war. Diese »Hätte ich doch …« und »Wäre ich doch …« sind Aussagen tiefer Enttäuschung über sich selber, das verfügbare Leben vergeudet und mit den Füßen getreten zu haben. Leben ist etwas, das sich unmittelbar gibt, das sich im Moment anbietet, das nicht den Verweis auf morgen oder den Rückblick auf gestern braucht, das nicht in der Planung sich vollzieht, sondern im Hier und Jetzt sich anbietend ergibt. Das Leben ist etwas, das sich nach eigenen Gesetzen und Rhythmen verteilt, aber es braucht auch Annehmer, offene Herzen und offene Hände, in die hinein es sich verschenken kann.

Ich habe einen 20-jährigen amerikanischen Jungen sterben sehen, der mir einige Wochen vor seinem Tode am Telefon sagte:

My pockets are full. I didn't miss anything, neither right nor wrong. Of course I'd like to try this or that, and taste some more of life. But that would only be a kind of variation. I think I'm pretty ready to leave.« (»Meine Taschen sind voll. Ich habe nichts ausgelassen, weder an Richtigem noch an Falschem. Natürlich würde ich gern noch Weiteres ausprobieren und mehr Leben kosten, aber es wären nur Variationen. Ich glaube, ich kann gehen.«)

Und wir, die wir noch mitten im Leben stehen oder zu stehen glauben, wann kosten wir von diesem Leben? Reagieren wir nicht manches Mal bereits im Vorfeld mit Lebensüberdrusssodbrennen oder Lebensabwehrblähungen oder Lebensdiätplänen, um es nicht zu tun? Lassen wir uns nicht allzu oft von einer Idee leiten, die uns einflüstert, wir hätten kein Recht auf das Lebendigsein mit all seinen Wünschen, Trieben und lustvollen Anteilen? Treten wir dieses Leben nicht manchmal mit den Füßen, indem wir sagen, wir würden im Prinzip zwar gerne leben wollen, aber anders, unter neuen Umständen und besonderen Bedingungen und nicht einfach so.

Wir stellen Bedingungen an das Leben, treten es manchmal fast mit den Füßen. Ein solcherart abgewehrtes Leben aber wehrt sich seinerseits, es »bildet Reste«, wie Sloterdijk sagt.

»Das Leben bildet Reste – ein ungeheures, brennendes Noch-Nicht ... Das träumt über sich hinaus und stirbt voller Weigerung. Darum vibriert die Geschichte höherer Zivilisationen von zahllosen und maßlosen Noch-Nicht-

Schreien – von einem millionenstimmigen Nein zu einem Tod, der nicht das Verhauchen des ausgeglühten Lebens ist …«[2] Und weiter beschreibt Sloterdijk: »*Was wissen der Angstmensch, der Sicherheitsmensch, der Lohnarbeitsmensch, der Verteidigungsmensch, der Sorgenmensch, …, der Planungsmensch vom Leben?*

Wenn wir aufzählen, was unsere Lebensinhalte ausmacht, so ergibt sich in der Summe viel Versäumnis und wenig Erfüllung, viel dumpfer Traum und wenig Gegenwart.«[3]

Die gewaltige Kakofonie von Verneinung und Ablehnung kann das tickende Metronom des Lebens nicht zum Schweigen bringen, das jeden Tag die Unausweichlichkeit des Todes näher bringt. Jedes einzelne rhythmische Ticken bestätigt das Ablaufen der Uhr.

Eine weise Formulierung aus alter Zeit begleitet uns bis heute: Media vita in morte sumus, mitten im Leben sind wir vom Tod umgeben. Sie ist uns steter Appell auf Besinnung, vor lauter Lebenszugewandtheit den Tod nicht zu vergessen. Aber mir scheint auch, gerade in Verbindung mit Hospizarbeit und Palliativmedizin, die gelegentliche Umdrehung der Formel angebracht. Sie könnte dann heißen: Media morte in vita sumus, mitten im Tod sind wir vom Leben umfangen. Mitten in all den kleinen und großen Toden dürfen wir das Leben, seine Würdigung und seine Feier nicht aus den Augen verlieren.

Seit Jahren hegte ich den Wunsch, Lissabon zu besuchen, sein viel gerühmtes Licht zu sehen und den Fado im Original zu hören. Im Vorbereiten dieses Kapitels habe ich beschlossen, den Wunsch umzusetzen. Im Mai reiste ich nach Portugal und genoss die Stadt, die nach Erdbeben und Bränden selber ein Mahnmal der Lebenswürdigung ist, ihr Treiben und ihre allgegenwärtige melancholisch-heitere Musik. Wieder einmal musste ich selbst erfahren und lernen, was ich in Fortbildungen lehre: das Leben nicht aufzuschieben.

Oftmals lehren uns auch gerade die sterbenden Menschen, mit denen wir täglich umgehen, diesen Geist, sich das Leben zu nehmen. Mir fällt in diesem Zusammenhang Walter F. ein, der im Alter von 94 Jahren nach dem Tod seiner zweiten Frau in ein Altenheim am Rande von Santa Cruz in Kalifornien übersiedelte.

Zwischen der Sozialarbeiterin und ihm entspann sich eines Tages folgender Dialog:

»Walt?«
»Ja«, antwortete er, »was ist?«
»Walt, wer war die Frau, die gestern beim Fernsehen an deiner Seite saß? Wer ist diese neue Freundin?«
»Ja, das stimmt«, sagte er.
»Was stimmt, Walt?«
»Dass sie meine neue Freundin ist!«
»Freundin? Walt, du warst zwei Mal verheiratet, und du bist Mitte neunzig, und die Frau ist mindestens drei Jahrzehnte jünger als du ...«
»Nun«, antwortete er, »ich habe herausgefunden, dass es nicht gut ist für einen Mann, alleine zu sein.«
»Das kann ich gut verstehen. Du hast wahrscheinlich einen Menschen vermisst, mit dem du sprechen kannst nach all den Jahren der Zweisamkeit.«
Ohne Zögern sagte Walter: »Ja, das habe ich unter anderem auch vermisst.«
»Unter anderem auch? Heißt das, dass du romantische Gedanken hegst?«

»Das könnte man so sagen.«
»Walt?«
»Was?«
»Ich dachte immer, es gibt ein Alter, wo diese Sachen aufhören ...«
»Meinst du, Sex?«, gab er zurück.
»Ja, das meine ich.«
»Warum sollte das aufhören?«
»Nun, weil diese Art von körperlicher Anstrengung gefährlich sein könnte für die Gesundheit, ein großes Risiko ...«
Walt schaute längere Zeit in die Ferne.
Dann antwortete er: »Nun, das wäre zwar sehr, sehr traurig, aber wenn sie stirbt, dann stirbt sie ...«

Walter nahm sich trotz oder wegen seines fortgeschrittenen Alters das Leben in einer großen Selbstverständlichkeit und auch Dankbarkeit, was nicht heißt mit Rücksichtslosigkeit. Er empfand es als ein großes Geschenk, das ihm gegeben war und ihm somit zustand. Dieses Geschenk zurückzuweisen, wäre ihm ein Vergehen gewesen. Auch ging die Annahme dieses Geschenkes nicht auf Kosten anderer, die ihre eigene Verantwortung für das Entgegennehmen oder Ablehnen des Geschenkes Leben selbst tragen. Jedes Lebensangebot ist ein persönliches und unmittelbar direktes; es zurückzuweisen würde einem anderen Menschen, dem es zurzeit nicht in der Fülle zugeeignet ist, in nichts nützen.

Eine zweite Lehrmeisterin kommt mir in den Sinn:

Frau von Stetten war eine alte Dame von gut und gerne Mitte achtzig. Sie lebte mit ihrem alleinstehenden Sohn, einem Professor, der kurz vor der Emeritierung stand, in einem Gründerzeithaus in der Südstadt. Obschon der Pflegedienst einmal täglich zu ihr kam und sie auch die Mahlzeiten von Essen auf Rädern erhielt, ging sie noch ausgesprochen gerne in die Stadt, um Besorgungen zu machen und einzukaufen. Wenn sie dann zurückkehrte, war der Korb ihres Rollators mit zahlreichen Päckchen gefüllt, meist Kosmetik und Kleidung. Sie legte großen Wert auf ihr Äußeres, und der wöchentliche Freitagsbesuch bei ihrem Friseur war seit Jahren nicht ausgefallen. Nur mit der Mitteilung ihres Alters war sie heikel. Als ich ihr eines Tages ein Kompliment machen wollte und sie danach fragte, antwortete sie geschickt, dass sie das im Moment gar nicht so genau wisse, denn in ihrer katholischen Familie habe man nie Geburtstage, sondern die Namenstage gefeiert, und so habe sie das Alter nicht recht nachhalten können. Beeindruckt von der Kunst des Ausweichens und ihrem Charme, habe ich sie nie mehr auf ihr Alter hin befragt. Aber es gab noch eine Steigerung: Die neue Schwester des Pflegedienstes kannte das Tabuthema noch nicht und stellte ihr naiv dieselbe Frage. Beim ersten Mal wurde sie überhört, bei der Nachfrage murmelte Frau von Stetten, dass sie so Anfang sechzig sei. Das sei nicht gut möglich, setzte ihr die junge Frau zu, denn ihr Sohn sei ja bereits schon vierundsechzig Jahre. »Nun«, antwortete die alte Dame hoheitsvoll, »mein Sohn lebt eben sein Leben, und ich lebe meins!«

Sie dachte ja gar nicht daran, sich in ihrer Lebendigkeit und Lebenszugewandtheit beschneiden zu lassen, indem sie sich der von außen an sie herangetragenen Forderung gefügt hätte, ihr fortgeschrittenes Alter nicht nur zu akzeptieren, sondern auch noch zu veröffentlichen. Sie hatte ihr Recht auf ihre Eitelkeit und ihre Verleugnung, wenn dies die Gründe für ihre bezaubernde Sturheit gewesen sein sollten. Jeder von uns besitzt einen Winkel, in dem er nicht altert, jung und lebendig, ja vielleicht kindlich bleibt und bleiben darf. In dem er ausgelassen und hingerissen das Leben spielt, wie es sich ihm bietet, ohne Rücksicht auf sein Alter, seine Krankheit, sein Sterben. Und hat ein Recht darauf (und im Niederschreiben bin ich mir der Utopie dieser Forderung durchaus bewusst, kann sie mir aber nicht verkneifen), dass sich der letzte Wohnort diesem Lebensspiel unterordnet und nicht eine Atmosphäre gekünstelter Reife, erzwungener Weltabkehr oder Pseudo-Kontemplation anbietet.

In der Hospizbewegung gilt das Wort vom Leben bis zuletzt, gilt die Vorstellung, dass Hospize Orte des Lebens sind. Manchmal aber sind es Orte von gewollter Pietät, von dramatischer Stille, von stilisierter Ehrfurcht, von leiser, steriler Sterblichkeit, Sterbeorte erster Klasse, inmitten farblich abgestufter Tapeten, symbolträchtigen Wandbildern und Trockenblumen, auf dicken Teppichen oder edlem Parkett, architektonische Glanzleistungen für ein Sterben wie bei Hilton statt für ein Sterben wie zu Hause.

In einem kleinen Hospizhaus in Irland, in seiner Vororteinfamilienhausart sehr bescheiden und von eher schäbigem Charme, erlebte ich die ergreifendsten Abschiedsfeiern, denen ich je beigewohnt habe. Wenn das Sterben eines Bewohners näher rückte, versammelte sich das Team wie jeden Morgen statt im Gemeinschaftsraum in diesem Zimmer und hielt seine Tagesanfangsandacht. Die Türe zum Flur und damit für die anderen Bewohner stand sowieso immer offen, so auch jetzt. Man sang, machte Musik mit Flöten und Gitarren, beileibe nicht nur leise und getragene, und sprach im Chor gemeinsam eine Art Lobpreis auf das Leben. Dann setzten Einzelne ihren persönlichen Dank an diesen Tag fort: Man dankte für die Sonne oder den Regen, dass man gut aus dem Bett gekommen oder nicht, dass der Abend zuvor gesellig oder ruhig verlaufen war, dass man einen Vogel hatte singen hören oder einer Spinne im Netz begegnet war, dass der Verkehr nervenaufreibend dicht oder fließend gewesen war, und man endete damit, dass man dem Gast, in dessen Zimmer man sich befand, einen lebendigen Tag wünschte (and a lively day for you). Wenn der Bewohner gestorben war, hielt man am nächsten Morgen mit allen, die wollten, auch mit den Angehörigen, eine solche Andacht einschließlich des Guten-Tages-Wunsches (and again a lively day for you) wieder ab. Mich hat die gelebte Gewissheit von der Kontinuität des Lebens über die Grenze des Versterbens hinaus und die Selbstverständlichkeit der gemeinsamen Lebenshuldigung tief berührt.

Jahre später entdeckte ich zufällig in einer Bibliothek, dass der Haupttext dieser Morgenandacht den Tagebüchern von Gerard Manley Hopkins entstammte, einem lebendigen Zeugnis irdischer Kontemplation. Dieser Dichter hat mit spiritueller Zartheit den Erscheinungen der sichtbaren Welt eine leidenschaftliche Aufmerksamkeit zugewandt. So spricht er von der Flamme, »heller und glatter als Glas, Wasser und Seide«, von der »in Metall getriebenen Himmelsstirn über dem Sonnenuntergang«, von der Zeder, deren Zweige »wie die waagerechte Zeichnung einer Krähenfeder mit feinen Wellen und Schwingungen gegen das Licht stehen«, von dem »schmalen Streifen eines wie flüssig aussehenden Gerstenfeldes«, von den Rhone-Gletschern, vom Flug des Reihers, vom jungen Ulmenlaub, von der wechselnden Gestalt der Wolken ... Sein Blick ist geradewegs auf das Herz der Dinge gerichtet und überspringt nicht die Realität des Sichtbaren in vorschneller Symbolik. In dieser Tiefe wird ein bislang verborgener, unendlicher Bezug sichtbar. Jene glühende Genauigkeit der sinnlichen Schilderung beweist, wie sehr der dem Leben zugewandte und zugleich kontemplative Blick das Sichtbare der Welt respektiert und zu bewahren sucht. Diese Texte sind eine Zustimmung zum Leben und zur Welt, und sie wurden, indem sie in einem Hospiz gefeiert wurden, auch eine Zustimmung zum Sinn des Lebens und der Welt.

Jean-Jacques, ein junger Aids-Patient, war schon Monate im Lebenshaus, einem der ersten Hospize in der Schweiz. In den letzten Wochen seines Lebens lag er gekrümmt, in eine fötale Position zusammengerollt, in seinem Bett, das er nicht mehr verlassen konnte. Die Krankheit hatte seine Sehnerven zerstört, eine Nahrungsaufnahme war durch schlimmen Pilzbefall der Mundschleimhaut nicht mehr möglich. Jean-Jacques dämmerte dahin, und das Team, das ihn sehr mochte und viel mit ihm unternommen hatte, als er noch nicht sterbend war, wartete auf seinen Tod. Man sprach in der Umgebung nur noch gedämpft, ging auf Zehenspitzen, um seine Ruhe nicht zu stören. Man glaubte, dass man ihm das schuldig war, schränkte sich in den eigenen Lebensäußerungen sehr ein und nahm kollektiv Rücksicht. Eines Abends vertraute Jean-Jacques seine Not und Traurigkeit seinem Lieblingspfleger Yves an: »Ich bitte euch sehr, mit dieser fürchterlichen Ruhe aufzuhören. Ich kann nun fast nicht mehr aus mir alleine leben, aber ihr könnt es doch für mich tun, sozusagen stellvertretend. Ich kann es nun nur noch durch euch tun, am Leben teilzunehmen. Also lasst mich nicht vor der Zeit in die Stille und Leblosigkeit fallen. Macht Lärm, ich will euer Lachen und eure Schimpfworte hören, will hören, wenn euch etwas hinfällt und das Geschirr aneinanderstößt, eure Schritte, die ich unterscheiden kann, und macht das Fenster auf zur Straße, um Gottes Willen, lasst Leben herein!«

Dann kann es geschehen, dass sich Welt auftut für einen anderen Menschen, mitten durch uns hindurch, dass Leben einem anderen zuwächst, weil wir uns ihm nicht verschließen. Lebens-Mittel zu sein für einen anderen, welch höchste Form von Rücksicht und Liebe.

VOM GEIST DER ERGÄNZUNG

Ich schlief und träumte, dass Leben Freude ist.
Ich erwachte und fühlte, dass Leben Dienen ist.
Ich handelte und verstand, dass Dienen Freude ist.
TAGORE

Das Leben und sich selbst zu würdigen, bildet die Grundvoraussetzung, anderen Menschen, Patienten und Angehörigen, ihre Würde zuzugestehen. Das scheint uns – so sollte man meinen – selbstverständlich, entspricht diese Aussage doch einem Leitgedanken der Hospizarbeit (»In Würde sterben«) und vor allem auch Artikel 1 unseres Grundgesetzes. Doch entspricht sie auch der Wirklichkeit? Entspricht sie den manches Mal zu Tage kommenden Gefühlen in unserem Alltag, wenn wir mit verletzter oder verlorener Würde konfrontiert werden? Hospizarbeit, Palliativmedizin und Trauerbeistand bedeuten eine tägliche Konfrontation mit vermeintlich zerbrechendem oder zerbrochenem Leben. Menschen, die auf ihr Sterben zugehen, verlieren nach und nach das, was ihnen wichtig und selbstverständlich war, manchmal entfremden sie sich selbst und dem, was ihre Würde auszumachen schien.

Eine einst gefeierte Schauspielerin des Staatstheaters muss sich durch einen Hirntumor von ihrem einst so ausdrucksstarken, schmalen Gesicht verabschieden, dann verliert sie auch noch die Fähigkeit ihrer anmutigen Bewegungen, zum Schluss stehen ihr keine Worte mehr zur Verfügung, ihr Leid auszudrücken.

Ein angesehener Politiker erleidet durch eine Knochenmetastasierung unausha ltbare Schmerzen und muss erleben, wie er nach und nach Kontrolle und Beherrschung verliert und zu einem wimmernden Bündel Mensch wird.

Eine Familie wird Zeuge des unaufhaltsamen Verfalls ihrer an Alzheimer erkrankten Mutter, einst dominierender Mittelpunkt, heute gebrochen, auf Betreuung angewiesen und verloren in ihrer eigenen, anderen verschlossenen Angst und Wirklichkeit.

Ein an Aids erkrankter Priester hat im letzten Stadium seines Lebens den Kontakt zu seinem Beruf, zu seinem Namen und zu sich selbst verloren. Tief in seinem von der Krankheit zerstörten Geist dämmern noch alte Bilder von Sakramentenspendung und Ritualen. Das Personal des Altenheimes, in welchem er mangels besserer Möglichkeiten betreut und gepflegt wird, findet ihn mehrmals bei obskuren Feiern, in denen er Kerzen anzündet, Kirchenlieder singt und nicht vorhandene Besucher zur »Exkrementenverehrung« aufruft.

Menschen verlieren im Sterbevorgang vieles, was ihr Leben ausmachte. Rollen, Funktionen werden gegenstandslos und verlieren ihre Gültigkeit. Während des Sterbens fallen kontinuierlich Teile des Selbstbildes ab, die Bedeutung von Arbeit und Sexualität, die Rolle des Chefs, des Familienvorstandes, von Elternsein, Freund, Ehegatte werden in Frage gestellt. Je mehr wir uns im Leben mit unseren Rollen identifiziert haben, umso weniger Möglichkeiten hatten wir, uns mit dem zu verbinden, was hinter den Rollen liegt. Wenn die

Zeit fortschreitet und sich unsere Möglichkeiten, uns in Rollen darzustellen, verringern, wird unser Handlungsraum immer enger und unsere Freiheit wird immer kleiner. Der Zaun unserer Selbstdefinitionen, den wir um uns herum aufgebaut haben, wird enger und beschneidet uns immer mehr. Zurück bleiben wir dann als auf das Allerwesentlichste reduzierte Existenzen, manchmal sogar ohne Selbstwahrnehmung und die äußeren Insignien unseres Menschseins.

Wer solche Geschichten, wie oben erzählt, erlebt oder auch nur hört, ist in seinen ethischen Kapazitäten in der Tat einer höchsten Belastungsprobe ausgesetzt. Wenn das Wort *würdig* (mhdt: *wirdec*) etymologisch »der Ehrung wert« bedeutet, stellt sich bei diesen Darstellungen durchaus die Frage, ob hier von Ehre gesprochen werden kann, eine Ehrung statthaft ist. Der Anschein von Zerbrochenheit dieser Lebensschicksale erzeugt eine Vorstellung, die auch religiöse Menschen an der Idee der Ebenbildlichkeit des Menschen mit Gott Anfragen stellen lässt, wenn nicht gar verzweifeln lässt. Aber gerade hier haben wir unsere Bewährungsprobe zu bestehen.

Ehrung heißt, einem Menschen Ansehen zu geben, dies geschieht im wörtlichen Sinne, indem wir nicht verlegen oder ablehnend den Kopf wenden. In der Tat wird dies uns in manchen Fällen größere Überwindung kosten, denn unsere spontane Emotionalität fühlt sich irritiert oder abgestoßen. Deutlich wie nirgendwo sehen wir hier, dass der Mensch nicht immer von sich aus oder auch nicht auf Dauer das göttliche Antlitz hat, sondern, dass wir es zu sehen und zu *ergänzen* aufgerufen sind.[4]

Der Geist der Ergänzung ersetzt dieses Defizit und verbindet den Menschen mit dem, was hinter seinem Rollen- und Funktionsbewusstsein liegt und verloren gegangen zu sein scheint.

Bei einem Besuch eines New Yorker Krankenhauses lernten wir den anglikanischen Krankenhausseelsorger kennen, Father John, einen jungen, attraktiven durchtrainierten Mann, der auch außerhalb seines Berufes Leben und Lebensqualität zu kennen schien. Er berichtete gut gelaunt von seinem Alltag in der Klinik, seinen Patienten und den Fragestellungen, mit denen er zu tun hatte. Dann führte er uns durch die Klinik. In einer Abteilung gab es Menschen mit sehr offensichtlichen, ins Auge springenden mehrfachen Behinderungen. Wir waren verlegen und erschrocken, bemühten uns, unser Entsetzen hinter interessierten Fragen nach Herkunft der Anomalien und ihren Behandlungsmöglichkeiten zu verbergen und die Patienten dabei nicht unverhohlen anzustarren. Im Weiterplaudern nahm Father John einen kleinen, sehr entstellten Jungen mit spastisch verrenkten Gliedern und speichelndem Mund auf den Arm, fuhr ihm zärtlich durch das Haar, hielt ihn zu uns hoch und sagte: »Isn't he beautiful?« Der Junge hatte sehr schöne braune Augen, aber Father John sagte nicht etwa: »Hat er nicht schöne Augen?« oder »Sieht er nicht trotzdem lieb aus?«, nein, er sagte schlicht: »Isn't he beautiful?«.

Indem Father John dem kleinen behinderten Jungen seine Schönheit zusprach, diente er ihm und öffnete ihn und uns der Erfahrung von Ganzheit.[5] Er reparierte nicht etwa sein beschädigtes Ansehen, indem er es auszugleichen versuchte durch Erzählungen, was dieser Junge noch tun kann, oder uns abzulenken trachtete. Reparatur geht von der Vorstellung des Kaputten aus, wir reparieren *kaputte* Autos, *zerbrochene* Gegenstände, *defekte* Schaltungen, *schadhafte, fehlerhafte, mangelhafte* Dinge. Für jemanden, der etwas repariert, ist dieses Etwas entzwei, es muss ausgebessert, instand gesetzt,wieder gutgemacht werden. Reparieren ist ein Urteil, das trennt und Distanz schafft, denn es bezeichnet mit der Sichtweise des Entzweigegangenen das Differenzieren, Unterscheiden, Absondern. Der Diener der Ganzheit dagegen geht davon aus, dass das, was er er-gänzt, ebenso wie er selber zum Heilen, Unversehrten, Vollkommenen gehört. Es gibt verschiedene Anschauungen in Bezug auf bedrohtes Leben und damit verbundene Begleitmöglichkeiten: Wer das Leben oder eine Existenz als schwach ansieht, der hilft, wer das Leben oder eine Existenz als zerbrochen ansieht, der repariert, wer das Leben oder eine Existenz als ganz ansieht, der dient. Jemand, der einem anderen dient, ist bereit, sich von etwas Größerem in Dienst nehmen und gebrauchen zu lassen. Reparieren tun wir vieles im Leben, dienen nur einem, der Ganzheit.

Eine wundergute kleine Geschichte erzählte mir neulich mein Tierarzt.

Nachdem ihn seine Hündin mit einem robusten Wurf von sechs Labradorjungen überrascht hatte, brachte er in seiner Praxis ein Schild an: Welpen zu verkaufen. Solche Schilder haben es in sich, dass sie besonders Kinder magisch anziehen, und bald erschien auch ein kleiner Junge von ungefähr sieben Jahren. »Für wie viel wollen Sie die Welpen verkaufen?«, fragte er. Der Arzt antwortete: »Nun, für irgendwas zwischen 100 und 200 Euro!« Der kleine Junge förderte nach einem Griff in die Tasche etwas Wechselgeld zu Tage. »Darf ich sie mir trotzdem einmal ansehen?« Der Arzt lächelte und führte den Jungen in seinen Hof. Dort wuselten sechs Hundebabys, kleine braune Fellbälle, um Lana, die stolze, mehrfach prämierte Mutter. Einer der kleinen Welpen fiel immer wieder hin, war deutlich unterlegen bei dem Versuch, das Gesäuge der Mutter zu erreichen. Er wurde von seinen Geschwistern zur Seite geschoben und im wahrsten Sinne des Wortes übergangen. Der Junge zeigte auf genau diesen kleinen Hund und fragte: »Was fehlt ihm?« Der Arzt erklärte, dass dies eine traurige Sache sei. In einer Untersuchung habe er festgestellt, dass dieses Tier eine nicht richtig ausgebildete Hüftpfanne habe und dass er, wenn er am Leben bliebe, wohl sehr stark hinken würde. Der Junge wurde sehr aufgebracht und sagte, dass er genau diesen Hund kaufen wolle. »Nein, nein«, sagte der Arzt, »für den kleinen Kerl kann ich kein Geld nehmen. Wenn du ihn wirklich haben willst und das mit deinen Eltern besprochen hast, dann gebe ich ihn dir so.« Der Junge reagierte sehr aufgebracht. Er schaute dem Tierarzt direkt in die Augen und wies mit dem ausgestreckten Zeigefinger auf den behinderten Welpen. »Ich möchte nicht, dass Sie ihn mir einfach so geben. Dieser Hund ist genauso viel wert wie die anderen. Ich bezahle den vollen Preis. Ich gebe Ihnen heute meine 5 Euro als Anzahlung, und dann werde ich Ihnen jeden Monat mein Taschengeld bringen, bis er abbezahlt ist.« Der Arzt versuchte es noch einmal: »Du musst ihn wirklich nicht abbezahlen. Deine Anzahlung reicht mir. Ich müsste ihn ja sonst einschläfern, denn er wird nie richtig laufen und springen können, weißt du.« Da beugte sich der kleine Junge hinab und rollte sein Hosenbein hoch, um ein dünnes Bein in einer Metallschiene vorzuweisen. Dann sagte er sanft: »Ich kann selbst nicht so gut rennen und laufen, und der kleine Hund braucht jemanden, der ihn versteht.«

Wie oft, kann uns ein Blick in die Herkunft der Sprache weiterhelfen. Es mag hilfreich sein sich vor Augen zu führen, dass das Wort *health* (Gesundheit) vom angelsächsischen *hale* kommt, das auch mit *whole* (ganz) wie auch mit *heil* verwandt ist, was das Gleiche bedeutet. *Heil sein* bedeutet also ganz sein, und dieses *whole* kommt auch dem hebräischen *schalom* nahe. Ebenso stammen die Worte *holy* und *heilig* ebenfalls von derselben Wurzel wie *whole* ab. Dies deutet darauf hin, dass der Mensch von jeher die Ganzheit, das Heilsein, als unabdingbare Notwendigkeit dafür empfunden hat, dass das Leben lebenswert sei, und dies in seinem Sprachschaffen als wesentliche Aussage hinterlassen hat.

Es ist für alte und sehr kranke Menschen eine zutiefst erschütternde Erfahrung, wenn sie sich von ihrer inneren Unversehrtheit und ihrer Ganzheit abgetrennt erleben. Begleiter, die sich in der Geisthaltung der Ergänzung üben, können eine lindernde Wirkung auf diesen Schmerz und diese Entblößung ausüben.

Peter Rohrschacher ist neunundachtzig Jahre geworden. Er lebt mit seiner Frau Ella und der Familie seines ältesten Sohnes in einem großen Haus am Rande der

Stadt. Nach 45 Jahren Arbeit bei der Eisenbahn geht Peter regelmäßig zu den Pensionistentreffen, auf denen er Zugehörigkeit und Normalität erlebt, auch wenn seine Frau jeden seiner Schritte nach außen begleiten muss. Peter ist seit drei Jahren immer weniger mit dem in Kontakt, was seine Angehörigen und Freunde als »die Wirklichkeit« bezeichnen. Er lebt in einer anderen Welt als seine Angehörigen, unterhält sich mit Personen, die für andere nicht sichtbar und hörbar sind, und hat seine eigenen Regeln, was Hygiene und Scham betrifft. So geschieht es immer häufiger, dass er sein Geschäft neben dem Lieblingssessel im Wohnzimmer verrichtet. Wenn er dann damit konfrontiert wird und vor allem von seiner Schwiegertochter zur Rede gestellt wird, schimpft er auf die »Hurliburlis, die das einfach machen, um mich zu ärgern«. Noch schlimmer ist es und regt ihn sehr auf, wenn es die »Bösewichtis« waren oder gar die »Luziferis«.

Seine Frau und die Familienmitglieder haben sich eine Weile geduldig bemüht, diese »Ausreden« zu überhören und ihn wieder an die Toilette zu gewöhnen. Mit Belobigungen, wenn es ausnahmsweise gut ging, mit Schimpfen, wenn es nicht klappte, mit allerlei Tricks, im Guten und im Bösen. Als es immer häufiger passiert, geschieht es eines Tages, dass ihn die Enkelkinder hänseln und ihm die Windel der Jüngsten anbieten, der auch gerade das »Sauberwerden« beigebracht wird. Voller Wut und Aggression schlägt er, der einst so liebevolle Großvater, auf die Kinder ein.

Ella hat, als sie die Vergeblichkeit ihrer Reinlichkeitsmaßnahmen erkannt hat, die Stelle neben dem Sessel mit täglich frischen, wie zufällig vergessenen Zeitungen ausgelegt, um den kostbaren Gabbehteppich nicht noch mehr zu ruinieren. Als sie Peter eines Tages wieder einmal neben seinem Missgeschick vorfindet, trifft sie sein selten heller Blick von Einsicht in sein Tun, Verständnis für die grausame Lage und peinlichem Schuldgefühl mitten ins Herz. Sie kniet sich neben den sofort wieder auf die in sein Haus eingedrungenen Feinde schimpfenden Mann, nimmt ihn in die Arme und sagt ganz zart und verständnisvoll: »Gegen das hilft nichts, nicht wahr? Da kann man die Türen verschließen und die Rollladen herunterlassen, und es geschieht doch. Da fühlst du dich furchtbar zornig und hilflos ausgeliefert, nicht wahr, mein Liebling!« Peter nickt unter Tränen und schmiegte sich in die Arme seiner Frau.

Ella ließ sich von ihrer Liebe zu Peter leiten und dem sicheren Wissen, dass er richtig fühlte, dass nur die Aussagen verworren und quer waren, nicht aber das hinter den Aussagen lebende Gefühl. Wenn wir Begleiter im Geist der Ergänzung sprechen und handeln, dann in dem Vertrauen, dass hinter allen äußeren Anzeichen von Mangelerscheinungen, Defekten und Unvollkommenheiten etwas lebt, was nicht zerbrochen ist und nicht zu zerbrechen ist.

Der Arzt Edward Trudeau hat vor einem Jahrhundert überzeugend die Maxime ärztlicher Handlungsbereiche formuliert: *»Mitunter heilen, oft lindern, aber immer Trost sprechen und heil zurücklassen!«*

Wenn wir einem anderen ergänzend begegnen wollen, bedeutet dies auch, dass wir *unsere* Ganzheit mitbringen und mit einbringen. Unsere eigene Ganzheit, das heißt, uns mit allem, was zu uns gehört, als Gegenüber anzubieten: mit unseren Mängeln, unseren Wunden, unseren Ängsten. Die Erfahrung und Erforschung unserer Ängste ist die Brücke zu den Ängsten des anderen, die Kenntnis und Akzeptanz unserer Wunden ist die Brücke zu den Wunden des anderen.

Ich wurde eines Tages von der Stationsschwester einer Abteilung des Krankenhauses, an dem meine Arbeitsstelle angesiedelt ist, zu einer Beratung gebeten. Die Schwester war einige Tage zuvor in einer Fortbildung von mir gewesen. Nun empfing sie mich mit den Worten: »Wir wissen nicht mehr weiter mit dieser Patientin. Sie haben neulich gesagt, dass man auch das Sterben im Krankenhaus würdig gestalten kann, aber nun sehen Sie selbst ...« In ihren Worten glaubte ich unverhohlene Kritik zu hören. Im Krankenzimmer fand ich eine Frau meines Alters vor, mit Luft kämpfend, keuchend vor Atemnot und überall mit Stuhl beschmiert. Sie hatte Durchfälle, die nicht einzudämmen waren, von denen die Schwestern meinten, es seien »Angststühle«. Sie rutschte in ihrem Bett hin und her, hoch und runter, sodass sie sich immer wieder neu beschmutzte, wenn sie gerade sauber gemacht worden war. Sie schlug um sich und schrie. Der Einfachheit halber hatte man ihr das Nachthemd nicht wieder angezogen und überlegt, wie man sie im Bett fixieren könnte. Ich empfand Mitleid mit der in aller Schwäche diesen schrecklichen Zustand wach miterlebenden Frau, glaubte aber auch, meinem Ruf in diesem Haus ein heroisches Einschreiten schuldig zu sein. Ich bat die übermüdete Schwester aus dem Zimmer – und übernahm. In den nächsten zwei Stunden tat ich alles, was ich konnte und gelernt hatte. Alle paar Minuten begleitete ich sie zur Toilette, machte sie frisch, versuchte sie zu beruhigen, sang leise, streichelte sie, atmete ruhig und ausgeglichen, ging auf ihre Ängste ein, lenkte sie ab, dominierte, manipulierte, verhielt mich abwechselnd matriarchalisch, kontrollierend, sanft, liebevoll, streng. Und ich war voller Angst. Wenn dies hier misslang, was würde man dann über die »Frau von Tod und Sterben«[6] erzählen!

Irgendwann gab ich auf. Ich setzte mich neben das Bett, tief traurig über die aussichtslose Situation und tief erschöpft von meinen Anstrengungen. In meiner Hilflosigkeit und meiner Angst fühlte ich mich der fremden Frau seltsam verbunden. Zwischen zwei mühsamen Atemzügen sagte diese plötzlich zu mir: »Sie strengen sich sehr an. Lassen Sie's doch einfach gut sein!« Und starb wenig später.

Wenn wir dienen, dienen wir nicht mit unserer Stärke, wir dienen mit unseren Wunden, unserer Dunkelheit, unserer Begrenzung. Die Ganzheit in uns dient der Ganzheit des anderen. Ist es nicht manchmal die unausgesprochene Frage, mit denen uns Patienten und Klienten konfrontieren, mit denen sie sich nicht an die »Spezialisten für Spiritualität« (wer ist das überhaupt?) wenden, sondern an uns: »Du, der du mich behandelst, pflegst, begleitest, mit welchem Blick betrachtest du mich? Bin ich nichts als ein verfallender Körper, der bald verschwunden sein wird? Welchen Wert misst du mir bei?«

In der Würdigung eines Menschen sehen wir seine Repräsentanz der gesamten Menschheit und des in ihr innewohnenden Geistes. Einen Menschen zu würdigen, ihn vielleicht um seine bedrohte oder abhanden gekommene Würde zu ergänzen – dies ist weit mehr als die Wertschätzung nach Carl Rogers –, heißt, ihm das Durchgeistigte zuzusprechen. Das Verbindende von Körper und Seele ist dieses Durchgeistigte. Ein früher Sprecher der Christenheit, Paulus, nennt dieses *pneuma*, »Hauch«, der die wunderbare Komposition »Mensch« bewohnt, inspiriert und erhellt.

Bei sehr alten und sehr kranken Menschen, aus denen sich die körperliche Evidenz und Vitalität mehr und mehr zurückgezogen hat (mir sagte einmal eine sterbende Bettnachbarin im Krankenhaus: »Das mit dem Sterben ist gar nicht so schwer, das Leben zieht sich einfach aus einem zurück wie das Wasser bei Ebbe«.), finden wir manchmal sehr anschaulich dieses Durchgeistigte als Durchsichtigkeit. Wir finden sie manchmal auch auf dem Antlitz von Verstorbenen, als hätte sie eben dieser Hauch gewaschen, als hätte er sie besänftigt und ihre Falten geglättet.

Dieses Durchgeistigte birgt ein Mysterium.

VOM GEIST DES GEHEIMNISSES

Die vielen Dinge, die du tief versiegelt
durch deine Tage trägst in dir allein,
die du auch im Gespräch nie entriegelt,
in keinen Brief und keinen Blick sie ließest ein,

die schweigenden, die guten und die bösen,
die so erlittenen, darin du gehst,
die kannst du erst in jener Sphäre lösen,
in der du stirbst und endend auferstehst.[7]

GOTTFRIED BENN

Der Geist des Geheimnisses ist eine entscheidende Haltung, die es gerade im Umgang mit sterbenden und leidenden Menschen einzuüben gilt.

Hat ein solches Thema in unseren Vorstellungen, in unserem wissenschafts-orientierten Denken heutzutage überhaupt Platz? Wird eine solche Geisthaltung hier nicht eher als eine Armutsdeklaration gesehen, als ein Offenbarungseid unserer aufgeklärten und aufklärerischen Möglichkeiten, die uns glauben machen, den Menschen fassen, erklären, deuten zu können?

Unlängst selber zu Gast in einem Krankenhaus, wurde mir noch einmal mehr deutlich, wie sehr diese Häuser und Kliniken Orte der Entblößung sind. Natürlich meine ich damit nicht die notwendige Diagnostik, Radiologie, Ultraschall, Endoskopie, und alle die so hilfreichen Interventionen der Medizin, vor allem der Chirurgie. Ich meine das fehlende Gleichgewicht zwischen notwendiger Entblößung und Schutz bietender Verhüllung. Ich meine damit die vielfach erlebte Haltung des Personals, mir als Patienten keinen inneren Raum zu lassen, in den ich mich zurückziehen, ja in dem ich mich verbergen kann, in dem ich unverfügbar bin.

Als Kind scheint dieses Unverfügbar-Sein so einfach: Wenn kleine Kinder miteinander Fangen oder Verstecken spielen, ist es immer wieder zu beobachten, dass sie plötzlich das erhitzte Gesicht hinter den kleinen Händen verstecken und auf diese schlichte Art ebenso belächelt erstaunlich für den erwachsenen Zuschauer wie auch gelingend für sie selber nicht mehr sichtbar oder greifbar sind. Mit dieser einfachen Geste können sie sich offenbar vorübergehend aus dem Spiel nehmen und dem Zugriff der Welt entwinden. Diesen so notwendigen Schutz, der auf Kinderart möglich ist, wünscht sich der den Blicken und Kontrollen ausgelieferte Kranke in einer Klinik sicher sehr oft.

Ein Patient sagte mir einmal, dass er sich am liebsten einen Zaun um sein Bett errichten möchte. Er hat an einem Tag einmal gezählt, wie viele Menschen sich ihm – in durchaus nachvollziehbarer Absicht – nähern, ihn berühren, untersuchen, etwas fragen: 48-mal, sagte er mit einer Miene von Abscheu. Die einzige Möglichkeit, sich dem zu entziehen oder zu verschließen, sei, sich schlafend zu stellen, aber auch das werde in der Regel nicht akzeptiert.

Kann man sich ein Schild an einem Krankenzimmer, ja wenigstens an einem Sterbezimmer, vorstellen, auf dem »Bitte nicht stören« steht, weil der Patient gerade Besuch seines nächsten Menschen hat?

Wo käme man da hin, könnte die Antwort auf diese Frage sein, wenn man jedem an einem solchen Ort das Recht auf Rückzug und Sich-Verbergen ließe! Ich glaube, dass, wenn wir es als Grundrecht respektierten, es gar nicht so häufig eingefordert würde. Sloterdijk weist in seiner »Kritik der zynischen Vernunft« nicht von ungefähr auf die sprachlichen Analogien zwischen moderner medizinischer Diagnostik und den Machenschaften der Geheimdienste hin. *»Der Arzt betreibt gewissermaßen somatische Spionage. Der Körper ist der Geheimnisträger, der so lange beschattet wird, bis über seine inneren Umstände so viel bekannt ist, dass Maßnahmen getroffen werden können … Und wie die Agenten setzen die Mediziner großen Ehrgeiz in die Verschlüsselung von Informationen, damit das ›Objekt‹ nicht weiß, was man über es weiß.«*[8]

Nicht nur in den naturwissenschaftlichen Zusammenhängen, sondern auch zunehmend in unserem Alltagsleben gehen wir oft von der Annahme aus, dass nur das im Menschen, in unserem Patienten wirklich und wichtig ist, was wir von ihm sehen und von ihm wissen, was gemessen, gewogen, durchleuchtet, darstellbar, diagnostizierbar ist; das aber ist nicht alles.

Der Patient, der Klient will aber nicht nur als Kranker gesehen werden, als Mensch mit einer Störung oder einem Defekt, sondern als Person, die ihre Geschichte, ihre innere persönliche Linie hat – und vor allem ihr Geheimnis.

Das Geheimnis eines Menschen anzuerkennen und stehen zu lassen, könnte gerade ein besonderer Geist sein, der in der Hospizbewegung und Palliativmedizin wirkt.

Vor Jahren saß ich mit drei Kolleginnen zu einer Dienstbesprechung zusammen. Wir hatten uns im Rahmen eines Projektes zusammengeschlossen, in dem es um die Unterstützung Angehöriger und Hinterbliebener von sterbenden oder verstorbenen Tumorpatienten ging. Einmal in der Woche nahmen wir uns zwei Stunden Zeit, um unsere Erfahrungen in der Begleitung auszutauschen. Voll unverhohlenem Ärger berichtete eine der Kolleginnen von einer Frau, die sich seit einem halben Jahr in Trauer um ihren Lebenspartner befände und mit der sie »keinen Zentimeter weiter« käme. Sie sagte, dass sie kein Unterstützungspotenzial mehr für diese Frau habe und den Kontakt beenden wolle. Sie schloss ihre Ausführungen mit einem Schulterzucken und den Worten: »Sie ist halt ein oraler Typ.« Abgesehen davon, dass diese psychologische Klassifizierung für nichts hilfreich war, empörte und beschämte mich die kalte Bloßlegung der mir unbekannten Frau durch diese Worte zutiefst.

Gerade in den therapeutischen Berufen stehen die Benennung, und dies heißt leider allzu oft einen Stempel aufdrücken, eines Krankheitsbildes oder eines inneren Zustandes manchmal trennend zwischen dem Behandler und dem Patienten. Irvin Yalom beschreibt dies recht treffend:

»Was? Wo die Diagnose denn meiner Meinung nach hingehöre? ... Die psychiatrischen Fachzeitschriften sind voller bedeutungsloser Diskussionen über abgestufte Diagnosen. Strandgut der Zukunft. Ich weiß, dass die Diagnose bei manchen Psychosen wichtig ist, aber bei der alltäglichen Psychotherapie spielt sie kaum eine Rolle – und wenn, dann eine negative. Haben Sie jemals darüber nachgedacht, dass es einfacher ist, eine Diagnose zu erstellen, wenn man den Patienten zum ersten Mal sieht, und dass es immer schwieriger wird, je besser man einen Patienten kennen lernt?

Gewissheit ist umgekehrt proportional zum Wissen. Schöne Wissenschaft, wie?«[9]

Wenn wir manchmal beim Spazierengehen ein Blatt aufheben und es anschauen, kommt uns in den Sinn, dass wir sehr wenig von ihm wissen oder verstehen. Wir wissen vielleicht, von welchem Baum es herabgefallen ist, kennen seine Form, Farbe, den Aufbau und den Namen, aber nichts darüber, *was* es ist. Ein Botaniker könnte uns viele Einzelheiten über das Blatt erzählen, seine Gestalt, seine Zusammensetzung, seine Herkunft, seine Art, letztendlich aber nichts über sein tiefstes Wesen. Trotz aller wissenschaftlichen Forschung weiß niemand, was im Kern ein Ding ausmacht.[10] Bloß weil wir etwas einen Namen geben, heißt das nicht, dass wir es verstehen. Seine Essenz wird immer den Definierungsversuchen widerstehen. Wenn wir uns nicht in Namen und Beschreibungen verlieren, öffnet sich alles in eine große Frage: die Frage, was es bedeutet, ein menschliches Wesen zu sein. Geburt und Tod sind die Grenzen unserer bewussten Existenz. Wir versuchen zu begreifen, wer wir sind, indem wir herauszufinden suchen, woher wir kommen und wohin wir gehen. Dies ist einer der Gründe, warum der Tod Faszination für uns bedeutet. Indem wir uns ihm annähern, manchmal auch in der Begleitung sterbender Menschen, hoffen wir, einen Blick in ihn und unsere wirkliche Natur tun zu können. Der Tod verschließt sich uns aber als letztes Geheimnis.

Wer Sterbe- und Trauerbegleitung unter dem Gesichtspunkt eines spirituellen Weges sehen und erleben möchte, wird lernen und anerkennen, dass der andere, der Mensch, mit dem er zu tun hat, mehr ist als die Summe der Ergebnisse aller Diagnostik. Der Geist des Geheimnisses, von dem ich hier zu sprechen versuche, akzeptiert, dass er nicht alles von einem Menschen weiß und wissen muss. Oft verstellt dieses Wissen die Möglichkeit einer unvoreingenommenen Begegnung mit einem Menschen. Auch im Rahmen der Hospizarbeit sind wir oft geneigt, das »schreckliche Krankheitsbild«, die »verworrene Lebensgeschichte«, den »abgrundtiefen Schmerz«, die »unstillbaren Sehnsüchte«, die »nicht zu kontrollierenden Symptome«, das »erhabene Schicksal« vor und über dem zu ihm gehörenden Menschen zu sehen, manchmal sogar anstatt seiner. Diese Einteilung in Merkmale verstellt manches Mal den Blick auf den Menschen dahinter, auf die Gesamtheit des Menschen dahinter, der viel, viel mehr ist als alles ihn Beschreibende und Klassifizierende.[11] Der andere ist, was unser Wissen und unsere Wahrnehmung übersteigt. Er besitzt seinen innersten Raum, der unseren sinnlichen und intellektuellen Aneignungswünschen widersteht und sich unserem Zugriff und unserer Kontrolle entzieht.

Sich kein Bild zu machen, dieser Leitsatz des jüdischen Glaubens in Bezug auf das Göttliche, ist auch hier ganz und gar zutreffend. Wir pressen die uns anvertrauten Patienten und Klienten manches Mal in Bilder, müssen dies auch gelegentlich, sind aber gefährlich geneigt, sie bleibend zu schablonisieren und damit zu ent-eignen, ihre Eigenheit wegzunehmen, was nichts anderes als den lieblosen Akt meint, sie sich selbst zu entfremden.

Am Abend einer Fortbildungsveranstaltung erzählt ein leitender Hospizarzt von einer sehr problembelasteten Patientin, die sich ihm in Gesprächen aber immer entzogen habe. Wie sehr er ihr »nachgesetzt« habe, sie »gezielt bearbeitet« habe, alles an »verfügbaren Kräften und Methoden aufgefahren« habe, es ihm aber dennoch nicht gelungen sei, »zu ihrem Kern vorzustoßen«. Er habe erkennen müssen, dass ihr nicht zu helfen sei, und habe resigniert. Mit großer Freude konnte ich still zuhörend erleben, wie ihn die anwesende Kollegin liebevoll, aber bestimmt auf seinen kriegerisch-strategischen Wortschatz aufmerksam machte und zu bedenken gab, dass diese Patientin vielleicht nur ihr bekannte, gute Gründe gehabt hätte, sich (ihm) nicht zu öffnen und stattdessen ihre Probleme ungelöst ertrüge.

Immer wieder diskutiere ich mit Koordinatorinnen ambulanter Hospizdienste die Frage, wie umfangreich ihre ehrenamtlich Mitarbeitenden die Krankheitsgeschichte, die medizinischen Fakten und palliativ-therapeutischen Optionen eines zu begleitenden Menschen zur Kenntnis nehmen und darin eingewiesen werden müssen. Ich vertrete die Meinung, dass zu viel Wissen manches Mal nur Neugierde und Angst (was alles geschehen könnte, wenn ich da bin; wenn es so harmlos beim Patienten angefangen hat, könnte nicht auch ich krank werden? ...) schüren und sich als manifestes Bild vor die Unvoreingenommenheit und Reinheit einer ersten Begegnung schieben. Wie leicht wird dann doch Herr Weber mit seiner ihm eigenen

Geschichte, mit seinem persönlichen Hintergrund, seinen Eigenarten und Vorlieben, seiner besonderen Ausstrahlung zum Patient mit Lungentumor, Lebermetastasen und wenig verbleibender Lebenszeit und allen Anzeichen des nahen Todes.

Auch im Umgang mit verwirrten Menschen, einem anderen Bereich der Leiderfahrung, erleben wir häufig den menschlichen, allzu menschlichen Verlockungsruf, »hinter« ein Geheimnis sehen zu wollen.

Wir verdanken hier sehr viel den Praktikern der Validation, die uns gelehrt haben, vermeintlich wirre, unlogische Äußerungen eines nicht in unserer Wirklichkeit befindlichen Menschen mit eben dieser Wertschätzung gegenüberzutreten. Falsch verstanden und unerträglich aber wird Validation dort, wo besonders eifrige Anhänger einer Methode sich aufgerufen fühlen, jeder Äußerung auf ihren allertiefsten Grund gehen zu müssen und jedes Wort analytisch in seine Einzelteile zerlegen zu müssen, um den verwirrten Menschen »auf die Schliche« zu kommen und ihre Bilder in unsere Sprache zu übersetzen.[12] Dies zeugt nicht von Respekt, nicht von Vorsicht, nicht von scheuer Annäherung und nicht von Zutrauen. Zu lernen ist eine Haltung, keine Methode, die Geisthaltung, dass jeder Mensch sein zutiefst Inneres verborgen oder verworren halten darf, dass er nicht ein zu beschattender Geheimnisträger ist, den es wie eine Landkarte zu ergründen gilt. Eine Methode, die keine Haltung trägt, trägt nicht.

Frau van de Stralen war trotz ihrer 84 Jahre noch immer eine schöne Frau. Ein eindrucksvolles, klares Gesicht, wenn auch manchmal etwas streng, volle Lippen eines großen Mundes, ein langer Hals, die trotz zahlreicher

Silbersträhnen immer noch dunkle Haarpracht zu einer lockeren Hochfrisur getürmt. Auch war sie sehr zuvorkommend, aber nie wirklich herzlich oder vertraut mit einer von uns. Sie war schon eine merkwürdige Frau. Nie erzählte sie aus ihrem Leben, auch nicht, wenn sie darum gebeten wurde, um etwas Nähe herzustellen. Man wusste nur, dass sie gebürtig aus Antwerpen war, es sie nach langem Amerikaaufenthalt nach Bonn verschlagen hatte, weil dort ihre Enkelin wohnte, und dass es sonst »niemanden mehr gibt von uns«. Gerne hätten wir mehr von ihr erfahren, wir vermuteten ein interessantes Leben hinter ihrer besonderen Erscheinung. Es war auffallend, dass sie zwar Vertrauen zu den behandelnden Ärzten auf der Palliativstation hatte, an der dort betriebenen Forschung aber kein gutes Haar ließ. Auch ließ sie sich grundsätzlich keine Spritzen setzen, und baden und waschen durfte sie nur die Enkelin, die deswegen extra zweimal am Tag zu ihr kam. Obwohl es uns allen schwer fiel, akzeptierten wir ihre »Geheimniskrämerei«. Auch die Enkelin erzählte nichts, »Sie werden es schon früh genug erfahren«, sagte sie lediglich. Als es zu Ende ging, litt Frau van de Stralen an heftigen Panikattacken und Albträumen. »Nein«, rief sie dann sehr oft, »heute nicht, bitte, bitte, nicht.«

Wir standen ohnmächtig dabei.

Als sie starb, war niemand da, der sie zurechtmachen konnte. Wir gingen davon aus, dass das Waschverbot an uns mit dem Tod erloschen sei, und kümmerten uns um ihren Leichnam. Als wir sie auszogen, sahen wir mit tiefer Betroffenheit eine schwarz-bläuliche Nummer, die in ihren Unterarm eintätowiert war. Was sie im Dritten Reich hat erleiden müssen und womit sie so gequält worden war, nahm sie mit in ihr Grab.

Der Geist des Geheimnisses bietet eine andere Tätigkeit als die des Ergründens an: die des Staunens. Im Staunen treten wir einen behutsamen Schritt zurück und umfassen unser Gegenüber mit einem scheuen Blick, so wie wir gelegentlich andere Naturwunder anschauen: einen erhabenen Berg oder ein tosendes Meer. So birgt das Staunen gleichermaßen die Be-wunderung als auch die Ver-wunderung.

Das natürlich Wunder-bare gibt es in jedem Menschen. Carl Gustav Jung nennt es in Anlehnung an die Schriften von Rudolf Otto das »Numinose«. Ernst Bloch bezeichnet es als »das ganz andere ganz Andere, das nicht groß, nicht überwältigend genug von dem, was des Menschen ist, denken kann«.

Indem wir uns und dem anderen dieses Numinose, diesen ganz anderen Raum jenseits des Banalen und Trivialen, außerhalb des Sichtbaren, Tastbaren, Begreif-baren zuerkennen, geben wir uns und ihm die Möglichkeit, ihn wiederzuentdecken, ja ihn wieder zu bewohnen.

Die meisten von uns erinnern sich an die Aufregungen der Kindheit, in der es ohne weiteres möglich war, in einer Welt von Geheimnissen und Magie zu leben. Die Form der Wolken barg ein Geheimnis oder eine Überraschung, Vogelstimmen, Felsen im Fluss oder Pflastersteine auf dem Weg gaben uns Antworten auf Fragen, die wir ihnen gestellt hatten. Als wir älter wurden, engte sich die Welterfahrung ein. Unsere Gemüter wurden auf einen Pfad geleitet, der Logik und wissenschaftliche Begründung hieß. Da war wenig Raum für das Unerklärliche. Wenn wir nur hingebungsvoll lernten, so würden wir das Universum verstehen, lockten die Lehrer der Naturwissenschaften. Sogar das Unendliche war eine benennbare und zu errechnende Größe. Wir wurden angehalten, alles von einer gemeinsamen Perspektive anzuschauen, dies schaffte gemeinsame Anschauungen, Normen und Werte, ließ aber die Fähigkeit schwinden, von einem eigenen Punkt aus zu schauen, zu staunen und sich zu wundern.

Ich erinnere mich, dass ich lange Zeit mit einer fantasievollen Freundin mit aus Büchern ausgeschnittenen Figuren großartige Abenteuer unter Einbezug der Badewanne, des Waschbeckens und sogar der Toilettenschüssel in den jeweiligen Badezimmern spielte. Die Papierfiguren lebten in einem unwegsamen Gebirge an Seen und Meer und mussten viele Gefahren überstehen. Eines Tages weigerte sich meine Freundin mitzuspielen. Ich bettelte und bettelte, aber sie blieb standhaft. Ich verstand die Welt nicht mehr. Irgendwann gestand sie mir, dass sie ihrer Mutter von unserem Spiel erzählt habe und dass diese ihr gesagt habe, dass unsere Figuren doch nur alberne Zeichnungen auf Papier seien und dass sie endlich vernünftig werden solle. Ich erinnere mich, dass ich um den Verlust unserer gemeinsamen Welt tief getrauert habe.

Ist es möglich, die Kind-Vorstellung des Weltgeheimnisses in sich wieder zu beleben, wieder auferstehen zu lassen? Das Geheimnisvolle hat ja nie unsere Welt verlassen, wir haben nur seine Welt verlassen.

Manchmal erlauben uns sterbende Menschen, das Geheimnisvolle wieder zu fühlen und seine Welt zu betreten.

Eine Sozialarbeiterin eines ambulanten Hospizdienstes erzählte mir die folgende Geschichte von Peer.

Peer befand sich sehr nahe an seinem Lebensende. Am Vormittag des Sterbetages erhielt seine Frau die Nachricht vom plötzlichen Unfalltod seines Bruders Robert. Sie lief ins Nachbarhaus, wo Mutter und Schwester lebten. Gemeinsam mit der Sozialarbeiterin, die der Familie beistehen wollte, diskutierten die vier, ob man Peer vom Tod des Bruders in Kenntnis setzen sollte. Sie beschlossen, es nicht zu tun, da es für ihn zu belastend wäre, weil sein Sterben schon begonnen hatte und der Tod unmittelbar bevorstand. Die Familie glaubte, dass diese schrecklichen Neuigkeiten ihn in einen großen Stress versetzen könnten, da er schon bewusstlos war, und man wollte ihm wenigstens in seinem ganzen Leid und Durcheinander einen ruhigen Übergang ermöglichen. Seine Frau und die Hospizmitarbeiterin gingen dann zurück an Peers Bett. Als sie das Zimmer betraten, erwachte Peer aus dem Koma, richtete sich auf und fragte vorwurfsvoll, warum ihm niemand erzählt habe, dass Robert gestorben sei. Die beiden waren völlig verblüfft und fragten zurück, woher er das denn wisse. Er gab leise zurück, dass er mit Robert gesprochen habe, als er ihn im Tunnel getroffen hätte. Dann legt er sich zurück und fiel wieder ins Koma. In den späten Abendstunden folgte er seinem Bruder.

Für einen starken Intellekt oder ein hohes Sicherheitsbedürfnis provozieren solche Geschichten Zynismus. Dieser glaubt nur, was er sieht.Von seinem Herzen getrennt, kann der Verstand nicht an etwas glauben, was als »Wunder« abgewertet wird. Unser Verstand verhält sich wie die Mutter meiner Freundin, als sie sie aufforderte, sich doch endlich erwachsen zu verhalten.

Mein französischer Großvater wurde mir als strenger Wissenschaftler und religiöser Skeptiker beschrieben. Er belächelte seine Frau und die Kinder ob ihrer Gläubigkeit und tat christliche Wunderbeschreibungen als Nonsens ab. Zehn Jahre vor seinem eigenen Tod starb seine Frau unerwartet und von einer Minute auf die andere. Er war tief erschüttert. Jahre später beichtete er seinem ältesten Sohn, dass ihm wenige Stunden nach Großmutters Sterben etwas ganz Merk-würdiges und Wunder-bares widerfahren sei: Sie sei noch einmal zu ihm gekommen, habe ihn zärtlich an der Wange berührt und habe ihm leise ins Ohr geflüstert, dass es ihr sehr leid tue, dass sie ihn so schnell habe verlassen müssen, dass sie aber davon überzeugt sei, dass er seine Trauer bewältigen würde und seine Seele wieder froh werde. Er sagte, dass er mitnichten wisse und verstehe, was da und wie es geschehen sei, aber es sei geschehen, und seit diesem Tag sei ihm bewusst, dass es zwischen Himmel und Erde und Geburt und Tod etwas gebe, das nicht zu erklären sei. Durch diese eine, noch nicht einmal spektakuläre Erfahrung wurde seine Überzeugung für das Geheimnisvolle und Wunderbare unerschütterlich.

Vielleicht dienen direkte Erfahrungen eines Mysteriums dazu, unsere Ansichten von Wirklichkeit durcheinanderzurütteln. Durch die Arbeit mit sterbenden und trauernden Menschen bin ich mit einer völlig neuen Sicht von Wirklichkeit und Augenscheinlichkeit in Berührung gekommen. Ich habe manches Mal in ihre Augen gesehen, wenn sie mit etwas bisher nicht

Gesehenem und bisher nicht Gehörtem kommunizierten oder ihren Arm ausstreckten, um etwas bisher nicht Gefühltes zu berühren. Ich habe in solchen Momenten meine Sinne als sehr beschränkt erlebt.

Ein in Palliativmedizin erfahrener Hausarzt war bei einer sterbenden Patientin zu Hause. Nach der Untersuchung verstaute er die Utensilien in seiner Tasche. Die Patientin, die auf der Couch saß und zwischendurch ein paar Worte sprach, war plötzlich still. Er schaute auf die Patientin, dann ging er zu ihr, nahm ihren Kopf in seine Hände und blickte dann tief in ihre Pupillen. Die Patientin starb genau in diesem Augenblick. Als er später die Geschichte in der Balintgruppe erzählte, sagte er: »Ihr Blick brachte mich an den Rand des eigenen Lebens. Dieser Blick war ohne Ende. Da war niemand mehr, nur die Unendlichkeit des weiten Raums ...«

VOM GEIST DER ABSICHTSLOSIGKEIT

Was willst du, das ich dir tun soll?

MARKUS 10,51

Aus der Haltung, einem Menschen sein Geheimnis und seinen geheimen Raum, der wie im Märchen nur von ihm betretbar ist, zu lassen, ergibt sich, dass wir weder den Schlüssel für diesen Raum suchen müssen noch den Schlosser herausfinden müssen, der diesen Schlüssel herstellt. Meist, so ist meine Erfahrung, haben unsere Patienten und Klienten so wie wir selber diese Schlüssel für unsere ganz anderen Räume durchaus noch in Besitz, oft sind sie nur verlegt im Durcheinander des Lebens oder der Umzugspanik des Sterbens. Und dies kann ja auch einen Sinn haben.

Gerade die unter uns, die sich mit besonderer Hingabe den psychosozialen und spirituellen Aufgaben der Sterbebegleitung widmen, stellen oft große Anforderungen an sich selber, Patienten und Klienten beim Abschließen mit dem Leben und bei der so genannten Sinnsuche zu helfen. Im Eifer dieses Helfens wird häufig übersehen, dass wir dabei gerne unsere eigenen Übertragungen zu leben geneigt sind und dem anderen munter einen Sinn anempfehlen, der viel eher der eigene wäre als der fremde. Zum Zweiten kann auch hier wieder Enteignung geschehen, indem wir uns als Helfer um etwas kümmern, was nicht unseres ist und wozu wir keinen Auftrag haben.

Insgesamt erlebe ich in meiner Supervisionspraxis, dass das Gefühl des Ungenügens, der Hilflosigkeit und des Ausgelaugtseins auf Seiten der so genannten Helfenden häufig gespeist wird aus einem übergroßen Anspruch an sich selber, die Probleme der sterbenden und trauernden Menschen lösen zu müssen. Ganz abgesehen davon, dass dieser überhöhte Anspruch ein hohes Maß an Frustration bringt für die, die sich ihm unterwerfen, trägt er auch das Zeichen von Hoffart und Überheblichkeit. Wer glauben wir zu sein, dass wir, und sei es auch nur stellvertretend für den daran Leidenden, seine Probleme lösen dürfen und gar können? Von seiner Bedeutungsgeschichte her entlarvt das Wort *lösen* seinen enteignenden Charakter: Von einem Baum wurde die zum Gerben verwendbare Rinde – die Lohe – abgerissen, daraus entstand das Verb *losen*. Einem Menschen ein Problem lösen zu wollen, heißt, ihn von seiner Aufgabe, seinem Zweifel, seiner Fragestellung und seiner Anforderung, ja von seiner Biografie abzuschneiden, abzutrennen. Ihm das Zutrauen zu verweigern, dass er seinen Umgang damit finden kann.[13]

Vor vielen Jahren hatte ich das Glück, in der Schweiz ein Seminar mit Elisabeth Kübler-Ross zu besuchen. Außer ihrer so bescheidenen, uneitlen Art faszinierte mich besonders eine Erzählung von ihr:

Ein ungefähr 70-jähriger Mann lag im Sterben und klagte ihr, dass er Zeit seines Lebens nie hätte treu sein können. Dass es auch zu diesem Zeitpunkte eine Geliebte gäbe und er glaube, dass der Moment gekommen sei, es seiner Frau zu gestehen und um Verzeihung zu bitten. An dieser Stelle habe er heftig geweint und dann gesagt, dass er nicht wisse, wie er mit seiner Frau darüber sprechen könne. Die junge Ärztin, die sie war, habe ihn beruhigen wollen und ihm gesagt, dann werde eben sie mit seiner Frau sprechen. Darauf habe sie der Patient empört hinausgeworfen. Ein paar Tage später habe sie ihn wieder besucht und gefragt, was sie falsch gemacht habe, schließlich habe sie ihm doch nur sein Problem abnehmen und mit seiner Frau sprechen wollen. Da habe dieser Patient sehr mutlos geantwortet: »Noch nicht einmal das trauen Sie mir zu.«

Nach dieser Geschichte habe ich damals in der Schweiz verstanden, dass einem Patienten etwas abnehmen bedeuten kann, ihm etwas wegzunehmen, und mir tief vorgenommen, dass ich darauf achten will, dass sterbende und trauernde Menschen vielleicht mutlos und schwach sind, aber nicht hilflos, klein und inkompetent.

Wenn wir in der Begleitung sterbender und trauernder Menschen eine Absicht verfolgen, und sei sie noch so hehr und wohlmeinend, machen wir uns groß, denn wir glauben zu wissen, was für den anderen gut und sinnvoll ist. Vielleicht ist es die schwerste Lektion, die wir überhaupt im Leben lernen müssen, nicht den Ergebnissen und Wirkungen unserer Handlungen anzuhaften. Sogyal Rinpoche sagt, dass es eine Form von Aggression sein kann, Ziele für andere zu setzen, und dass man sich in Wirklichkeit oft selbst ein Erfolgserlebnis verschaffen will.

Margret Dabringhoff, eine alte Dame von über achtzig, wurde im Haus ihrer Tochter vom ambulanten Hospizdienst betreut. Sie hatte noch zwei weitere Töchter, die sich mit ihren Familien liebevoll und ausdauernd um die alte Dame kümmerten. Der Hospizdienst war durch eine ehrenamtlich tätige Mitarbeiterin vertreten, Frau Köbes, die selber schon in ihren Siebzigern war, ihre Arbeit hingebungsvoll leistete, aber oft daran zweifelte, ob ihre Anwesenheit überhaupt nötig und hilfreich war. Frau Dabringhoff und Frau Köbes verstanden sich gut, hatten sie doch ein gemeinsames Hobby: Musik und Tanz, über das sie sich, wenn es möglich war, austauschten. Bis zum Tod ihres Mannes vor einigen Jahren war Frau Dabringhoff jeden zweiten Samstag mit ihm zum Tanzen gegangen. Frau Köbes hatte in einer Fortbildung gehört, dass es möglich war, selbst sehr schwache, selbst komatöse Patienten in den letzten Lebensstunden mit dem in Kontakt zu bringen, was ihnen einst lieb und wert gewesen sei; dann könnten sie leichter sterben. Frau Köbes hatte sich für die Sterbestunde ihrer Patientin mühsam eine alte Tanzplatte besorgt, deren Musik ihr ein Enkel schon auf CD gebrannt hatte. Diese hatte sie im Wohnzimmer von Familie Dabringhoff zurechtgelegt, auch der CD-Player stand schon hinterm Vorhang bereit. Am Vorabend des Todes sah Frau Köbes ihre Stunde gekommen. Sie stellte leise die Musik an und erzählte Frau Dabringhoff, dass sie beide nun zum Tanzen gingen. »Sind wir denn auch schön angezogen?«, fragte diese. Frau Köbes frohlockte innerlich, dass alles so gut klappte. »Natürlich«, sagte sie, »wir haben unsere feinsten Kleider und die besten Tanzschuhe an.« Sie selbst begann ihre Arme in der Luft hin und her zu bewegen, als ob sie tanzte. »Ich mag nicht«, tönte es vom Bett. In Frau Köbes keimte Enttäuschung auf, doch dann wuchs sie über sich hinaus. »Dann bleiben Sie einfach hier. Es ist völlig in Ordnung, wenn Sie ein paar Tänze aussetzen oder überhaupt nicht wollen.« Margret Dabringhoff entspannte sich und fiel sanft ins Koma.

Einige Wochen nach dem Tod besuchte Frau Köbes noch einmal die Familie, die sie freundlich empfing und ihr noch einmal von Herzen dankte für all das, was sie der Mutter getan hätte. Frau Köbes wehrte ab, sie sah gequält aus. »Ach«, sagte sie abwehrend und mit dem alten Selbstzweifel, »wenn ich nicht da gewesen wäre, wäre doch alles genauso verlaufen.« Da sah sie die Tochter liebevoll an und sagte sehr sacht: »Und wer hätte Mutter dann die Erlaubnis gegeben, sich beim Tanzen auszuruhen?«

Im Taoismus ist das »Nicht-Handeln« (besser: das nicht zielgerichtete Handeln) ein fester, zu erstrebender Zustand: Wu-wei. Er wird häufig missverstanden, weil man ihn oft mit Nichtstun übersetzt und als eine Form des Quietismus interpretiert hat. Wu-wei bedeutet nicht, dass der Mensch durch seine Inaktivität vermeidet, mit dem Lauf der Dinge in Konflikt zu kommen. Die großen Weisen, die den Zustand des Wu-wei erfahren haben, befinden sich in einem Zustand von Gleichmut und ruhender Beobachtung. Tschuang Tse schrieb, dass das Versagen kein Anlass zum Bedauern sei, und Erfolg kein Anlass zum Glückwünschen. Carl Gustav Jung, der stark von den östlichen Philosophien beeinflusst war, drückte den natürlichen Zustand des Wu-wei aus, als er in seiner Biografie sinngemäß schrieb: *»Wenn man sagt, ich sei weise oder ein Wissender, so kann ich das nicht akzeptieren. Es hat einmal einer einen Hut voll Wasser aus einem Strom geschöpft. Was bedeutet das schon? Ich bin nicht dieser Strom. Ich bin an dem Strom, aber ich mache nichts. Die anderen Menschen* *sind an demselben Strom, aber meist finden sie, sie selber müssten es machen. Ich mache nichts. Ich denke nie, ich sei es, der dafür sorgen müsse, dass die Kirschen Stiele bekommen. Ich stehe da, bewundernd …«*

Absichtslosigkeit im Handeln ist die Befreiung einer Bedürfnishaltung oder einer Erwartung, die mit einem besonderen Ergebnis verknüpft ist. Für uns alle ist dies sehr schwierig. Wir glauben handeln zu müssen, um etwas zu erreichen, zu verbessern, zu ändern. Der Absicht mangelt die Weisheit und Milde des Nichtwissens. Doch was geschehen soll, geschieht, auch ohne unser Eingreifen.

Mit dem Ort Kloster Steinfeld verbinden mich gute Erinnerungen und tiefe Erfahrungen, vor allem durch die Fortbildungswochen, die ich einige Jahre lang dort für die Akademie Steinfeld und für die dort tätige Freundin abhalten durfte. Besonders die Bibliodrama-Wochen sind mir im Gedächtnis. Dieses Mal war es in der Karwoche, die zusammengewürfelt wirkende Gruppe bestand aus 18 Menschen, wie sie unterschiedlicher nicht sein konnten. Zwei Religionslehrerinnen, ein emeritierter Professor für Maschinenbau, eine Ordensfrau, ein Physiker, drei Studentinnen, eine Krankenschwester, eine Malerin und Bildhauerin, ein Novize des Klosters und einige, die in alle Seminare der Akademie kamen. Die Motivationen zum Besuch des Seminars waren durchaus auch unterschiedlich: Manche kamen aus Neugierde, was hinter der Methode steckt, manche mit Skepsis, was das ihrem Glauben bringen könnte, manche mit vorgefasster Begeisterung, weil sie diese schon irgendwo einmal erlebt hatten, manche mit dem schlichten Wunsch nach Innenschau und einer anderen Begehung der Kartage als bisher, aber alle wollten, dass etwas Spannendes geschieht. Nun hat es sich bei meinen Bibliodrama-Fortbildungen so auf sich, dass wir nie einen Jesus haben, das heißt, wo auch immer ich diese Seminare abgehalten habe, es fand sich nie ein Teilnehmer dazu bereit, die Jesusdarstellung zu übernehmen. Dennoch sind die Fortbildungen sehr intensiv und aussagekräftig, manchmal aber zunächst frustral. So auch in diesem Seminar: Auf dem Marktplatz, an dem eine Heilung stattfinden sollte, saßen etliche Blinde, Lahme, Verkrüppelte und warteten. In den Einzelinterviews hatten alle sehr eindrücklich und erschütternd erzählt, was sie krank gemacht hat und warum sie zum Ort, wo Heilung geschieht, gekommen sind. Nun begannen langsam die mir schon bekannten Diskussionen, wo Jesus denn bliebe, ob man ihn verpasst habe, was man denn nun machen könne, wenn er nicht käme … Ich weiß aus Erfahrung, dass genau an dieser Stelle, gerade in der Enttäuschung um ein Nichtgeschehen, oft sehr viel an Eigeninitiative und Glaubenserweckung geschieht, ja dass oft die eigentlichen Wunder da passieren, die dann in der Nachbesprechung als zutiefst berührend benannt werden. Noch aber waren wir nicht so weit, es musste noch ein wenig ausgehalten werden.

Da geschah es, dass der Professor, der die Rolle eines Lahmen übernommen hatte, zu mir herübergehumpelt kam, sich hinter mich stellte und mir verschwörerisch ins Ohr flüsterte: »Wollen Sie, dass ich ganz leise rausgehe und als Jesus wieder reinkomme? Es muss doch was geschehen …«

Ich konnte den Teilnehmer ja gut verstehen, muss aber heute beim Gedanken daran immer noch leise lächeln.

Anhaftung beginnt, wo wir ein Ziel ins Auge fassen und darum zu kämpfen anfangen, dass sich die Umstände unseren Wünschen beugen. Wir verbringen viel Zeit und Kraft damit, was uns davon abhält, die Aufmerksamkeit darauf zu richten, was wirklich – unabhängig von unseren Wünschen – da ist. Das Leben aber hat seine eigene Tagesordnung, nicht unsere, und wir leiden so lange daran, bis wir dies einsehen. Nicht anhaften heißt nicht: kein Interesse zu haben oder vom anderen oder Ideen wegzurücken, sondern nicht an Erwartungen gebunden zu sein, wie sich Dinge entwickeln müssten, um gut, sinnvoll, hilfreich zu sein.

Eines Tages bemerkte ich unter unserem alten, morschen, nicht mehr tragenden Kirschbaum im hinteren Winkel des Gartens einen großen Ast, den der Sturm der letzten Nacht abgerissen hatte. Er versperrte den Weg, und ich nahm mir vor, ihn noch am gleichen Tag wegzuräumen und der Grünmüll-Abfuhr mitzugeben. Durch mehrere Telefonate vergaß ich es. Einige Wochen später hatte er sich mit dem Boden wieder verbunden, teilweise war er verrottet, teilweise hatte er haarfeine Würzelchen ins Erdreich gesenkt, mittels derer er Kraft und Leben für eine neue Existenz sog.

Einige Jahre später hatte sich an dieser Stelle ein junger, kleiner Kirschbaum entwickelt, der wenige, aber besonders köstliche Früchte trug.

In der Sterbe- und Trauerbegleitung verzichtet der Geist der Absichtslosigkeit auf alle offenen und geheimen Absichten, den Patienten/Klienten zu etwas zu bewegen, ihn zu etwas zu bringen, zu motivieren, zu überreden, und wäre der Begleiter noch so sehr von diesem Ziel, von diesem Nutzen- und Heilbringenden überzeugt. Dieser Geist kann sich manchmal im positiven Sinn auch zeigen als der Geist der Ratlosigkeit, indem wir auf Ratschläge verzichten. Um nicht falsch verstanden zu werden: Ich meine hier natürlich nicht den Verzicht auf Möglichkeiten der Schmerztherapie, auf Vorschläge zur Symptomkontrolle, die Unterbreitung von pflegerischen Hilfsangeboten, sondern die Ratschläge zur Lebens-und Sterbebewältigung, die die Hospizbewegung und Palliativmedizin gelegentlich in die Ecke eines »Hochglanz-Schöner-Sterben« und in Verruf bringen. Es ist eine weltweit verbreitete Epidemie, »helper's disease« wird sie in der amerikanischen Hospizbewegung genannt.

Der Glaube an die Würde des Patienten, an seine Lebenskraft selbst im Sterben, an die Existenz seines inneren Raumes verhilft uns dazu, uns ihm in Achtung zu nähern, seine Person mit ihrer unsichtbaren Dimension, seiner Intimität und seinem Geheimnis zu respektieren und entgegen aller äußerlichen Schwäche Vertrauen in die ihm innewohnende Stärke und Fähigkeit aufbringen zu können und ihn darin zu unterstützen. Wir so genannten Helfer leben viel zu sehr von der altruistisch wirkenden Aussage: »Ich kann dir helfen«. Die, denen wir dies anbieten, brauchen viel häufiger ein »du kannst«. Mir gefällt, dass im angelsächsischen Sprachraum das Wort für das soziale Helfen »support« ist und die Helfer »care givers« heißen, also die, die die Sorge und den Raum bereitstellen, innerhalb dessen sich die Hilfsbedürftigen zu helfen lernen und sich zu helfen wissen, weil es ihnen zugemutet und zugetraut wird.

Ich frage mich, ob Angehörige und Helfer den Sterbenden nicht manchmal erdrücken mit ihrer Sinnsuche für ihn. Nicht von ungefähr sind häufig diejenigen die Eifrigsten, die genau dieses Manko in ihrem Leben erkennen. Ich halte gerade das nicht für spirituell ausgerichtete Begleitung, auch wenn das Wort Sinn darin vorkommt. Begleitung in dieser Dimension heißt für mich, vor dem sterbenden Menschen als Handelnder zurückzutreten, ihm Raum und Zeit zu geben, dass er sich nach innen wenden kann und seine besonderen Fragen stellen und seine besonderen Antworten finden kann. Begleiter sind nicht die, die Sinn suchen, Sinn erschließen, erklären oder deuten, sondern die, die Zeuge sind, stille, nicht kommentierende und verschwiegene Zeugen, wenn der Sterbende bereit ist, ans Ende seiner selbst zu gehen und sich dem zu öffnen, was über ihn hinausgeht (was mehr ist als seine bisherige Identität, sein Körper, seine Krankheit, seine Symptome).

Es stellt sich hier die Frage: Wie können wir denn nun einen Sterbenden, einen Trauernden begleiten, ohne an eine Absicht, ihn oder sie irgendwo hinbringen zu wollen, verhaftet sein? Worin können wir uns üben, um von den inneren Tagesordnungen abzulassen?

Im letzten Jahr besuchte ich eine ehemalige Klientin, die schwer erkrankt war und mich gebeten hatte zu kommen. Ich blieb einige Tage in der Stadt und ging täglich zu Johanna, die von ihrer Tochter Susanne versorgt wurde. Bei einem meiner Besuche unterhielt ich mich mit Susanne im Flur. Über ihre Schulter konnte ich Johanna im Bett liegen sehen. Während ich sie ansah, wurde mir schlagartig bewusst, dass sie dabei war zu sterben. Ich wollte es gerade Susanne sagen, als das Telefon klingelte und Susanne ins Wohnzimmer lief, um abzuheben. Ich ging ins Schlafzimmer zu Johanna. Als ich sah, dass sich mein Verdacht bestätigte, lief ich wieder in den Flur, um Susanne zu holen, die immer noch am Telefon war, laut sprach und lachte. Mir kamen Losungen der Hospizidee in den Sinn: An der Hand eines anderen sterben; letzte Dinge klären; sich versöhnen; den letzten Atemzug erleben ... Irgendetwas ließ mich dennoch zögern und es nicht tun. Ich dachte plötzlich: Johanna muss vielleicht ohne das Beisein von Susanne sterben. Dann starb Johanna tatsächlich, und Susanne beendete ihr Telefonat und kam zurück ins Zimmer. Als ich ihr sagte, dass ihre Mutter gerade im Moment gestorben sei, schrie sie auf. Dann sagte sie leise: »Gott sei Dank war ich nicht dabei. Ich hätte es nicht ausgehalten, und Mami hätte es nicht gewollt.«

Wenn wir aus der Intuition heraus handeln, werden wir Teil des Geheimnisses. Wir können manchmal nicht erklären, warum wir in einer besonderen Weise etwas tun oder unterlassen. Wir tun es, weil es der Klarheit des Augenblicks entspricht und sich uns als das einzig Angemessene erschließt.

Mit Willkür aber und mit unreflektierter »Irgendwie-Spontaneität« hat Intuition nichts zu tun. Sich in Intuition zu üben, Intuition zu trainieren in aller Ernsthaftigkeit und beschwerlichen Strenge mit sich selbst, heißt, sich dem Schöpferischen anzuschließen, so wie ein Baum Wasser aus den Wurzeln zieht. Intuition erzeugt Vertrauen, in der Bedrohung bestehen zu können, nicht ihr entgegenzuwirken. Durch den Anschluss an das Schöpferische können Hoffnung und Kreativität fließen, kann »heiliges« Spiel stattfinden. Der Einfall (der ja nicht von ungefähr Ein-fall heißt, und nicht etwa Ein-mach!), der kommt, muss wahrgenommen werden, angenommen werden.

Um die Welt zu verstehen, sollten wir nicht nach ihr greifen, sondern die Hände öffnen. Das heißt auch, dass man Intuition nicht erzwingen kann.

Im vorletzten Jahr im Spätherbst verbrachte ich den Sonntagnachmittag mit einem alten Freund im Bergischen Land. Wir besuchten eine gemeinsame Freundin, machten eine Wanderung und tranken Kaffee. Wir genossen den Schlendrian und den Austausch. Der Freund machte den Vorschlag, dass wir den schönen Tag mit einem Kinobesuch ausklingen lassen könnten. Da wurde ich plötzlich unruhig. Das gehe nicht, hörte ich mich abrupt sagen, ich müsse noch unbedingt zu meiner Kollegin Frau S., die zwar schon länger ernstlich krank war, von der uns aber wöchentlich umfängliche E-Mails erreichten, in welchen sie ihre neuesten Therapieoptionen, ihren Lebenswillen und ihre Hoffnung bekannt gab. Zwei Wochen zuvor hatten wir wegen eines Projektes und längerfristiger Pläne noch mehrere Stunden im Büro zusammengesessen, in der Woche zuvor noch ausführlich telefoniert. An diesem Abend war es mir dringlich, sie zu Hause – wo ich erst zwei Mal gewesen war – zu besuchen. Über angemessen oder nicht, dachte ich nicht nach. Als ich gegen 9 Uhr an ihrer Haustüre klingelte und überlegte, wie ich diesen doch ziemlich späten Besuch erklären könnte, öffnete mir ihr Mann und fragte: »Wer hat Ihnen denn Bescheid gesagt?« Seit dem Morgen ginge es ihr so schlecht. Im

Zimmer fand ich eine Sterbende. Sie wurde wach, erkannte mich, wir hielten uns eine Weile an den Händen (von dieser Art war unsere Beziehung eigentlich nicht), verabschiedeten uns.

Auf dem nächtlichen Heimweg war mir klar, dass ich sie nicht mehr lebend wiedersehen würde. In den frühen Morgenstunden erhielt ich die Nachricht, dass sie in der Nacht gestorben war.

Eine Kollegin von mir, eine erfahrene Krankenschwester, die in einem stationären Hospiz arbeitete, war berühmt-berüchtigt dafür, dass sie das Sterben eines Patienten voraussagen konnte. Sie schien sowohl den Tag als oft genug auch die Stunde zu wissen, wann das Ende kommen würde. Ich war fasziniert von dieser Genauigkeit und bat sie, doch einmal die Zeichen, die zu ihrer Vorhersage führten, aufzulisten. Es wäre unschätzbar, wenn wir alle daraus lernen und etwas ableiten könnten. Sie tat dies für eine Weile, aber je exakter sie alles beobachtete und aufschrieb, umso mehr ging ihre Intuition verloren. Sie verschwand einfach.

Das Geheimnis der Intuition kann nicht mit den Mitteln und Möglichkeiten herausgefunden werden, die uns sonst für unser Wissen oder unsere Kenntnis zur Verfügung stehen. Wenn wir nach ihr greifen wollen, entschlüpft sie uns, suchen wir uns ihr zu öffnen, so finden wir sie oft und überall.

Geschehen lassende Intuition ist ein Teil von Mystik, wenn Mystik die Erfahrung der Einheit mit dem Ganzen ist. Durch Absichten ist das Bewusstsein aus der Gegenwart gerissen, hält sich bei zukünftigen Zuständen auf. Dasselbe geschieht, wenn wir uns erinnern. Unsere Erinnerungen sind die Grundlage unseres Weltbildes. Sie lösen Erwartungen aus, die unsere direkte Wahrnehmung der Wirklichkeit so stark färben, dass man behaupten könnte, sie schaffen sie. Dadurch sind wir gespalten in Gegenwärtiges und Vergangenes, wir sind nicht bei uns, sondern außer uns. Dieses Gespannt- und Zerrissensein ist eine Grundstruktur unseres Daseins. Absicht, Aktivität und Wille sind Konstitutiva des Ich, und das heißt, je mehr sie ausgebildet sind, umso mehr befestigen sie Trennungen und verhindern das Einfühlen. In der Intuition geht es darum, wahrzunehmen und sich betreffen zu lassen. Freilich ist es nicht richtig, diesen Zustand als reine Passivität oder Subjektlosigkeit zu verstehen. Vielmehr kommt man durch das Zurücktreten des Ich und Sich-Verbinden mit dem anderen Menschen in Kontakt mit einem tiefer liegenden, nicht-individuellen Aktivitätszentrum, das man mit der Psychoanalyse »Selbst«, mit der Zenlehre »Es« oder mit Platon »Weltseele« nennen kann.

Richtig verstandenes aktives Zuhören als Kommunikationsfach und ständiges Wahrnehmungstraining schulen den Kontakt mit diesem Aktivitätszentrum.

Indem wir dies üben und üben, hören wir ganz allmählich auf, mit Fiktionen, Bewertungen und Absichten zu begleiten. Aber wir sollten nicht so tun, als ob das leicht wäre. Meist hören wir mit einer inneren Tagesordnung zu. Wir neigen dazu, alles, was ein anderer uns erzählt, in Beziehung zu unseren eigenen Meinungen, Standards und Maßen zu hören. Wir hören durch den Filter unserer Absichten, warten nur darauf, dass der andere eine Pause macht, um unseren Standpunkt zu verdeutlichen. Oft genug ist unsere Motivation für ein Gespräch, auch mit einem Schwerstkranken oder Trauernden, etwas zu erklären, ihn zu überzeugen, statt zuzuhören, was er zu sagen hat. So hören wir oft wenig, was tatsächlich gesagt wird, und verstehen noch weniger. Indem wir Worte verpassen, verpassen wir den Menschen, der sie ausspricht.

Neulich erzählte mir der Supervisor eines Hospizes eine kleine Geschichte, über die wir nachträglich lachen konnten:

Eine ehrenamtliche Mitarbeiterin betrat im Krankenhaus das Zimmer ausgerechnet seiner Mutter. »Oh, das ist gut, dass Sie kommen. Endlich kommt überhaupt jemand. Ich habe solche Angst und möchte gerne mit jemandem darüber sprechen«, rief sie aus. Die Mitarbeiterin, die noch ganz neu war, bekam es selber mit der Angst zu tun, richtete die Kissen, täuschte Eile vor und sagte, sie käme morgen wieder. Dann könne man reden. Anschließend rief sie ganz aufgelöst die Koordinatorin an, was sie denn sagen solle in einem solchen Fall und wie sie sich verhalten könne. Die Hauptamtliche beruhigte sie, gab ihr einige Tipps und baute sie wieder auf. Am nächsten Tag ging die Frau wie versprochen wieder zu der Patientin. Sie war bestens vorbereitet und guten Mutes, nun über die Angst der Patientin zu sprechen. Die Patientin saß im Bett, schaute Fernsehen und sagte ganz wohl gelaunt: »Oh, da sind Sie ja wieder. Kommen Sie und schauen Sie etwas mit, da läuft meine Lieblingsserie …«

Wenn wir wachsam gegenüber unseren (Vor)Urteilen und geheimen Absichten sind, werden wir das Hinhören nicht kontaminieren und stören. Die einzige Möglichkeit, ein Urteil und eine Absicht zu entschärfen, ist, sie unserem Bewusstsein zugänglich zu machen. Es ist möglich, jemanden durch unsere Absichten und Meinungen hindurch zu begleiten, so wie wir die Linse einer Kamera auf einen Gegenstand im Vordergrund richten und trotzdem des Hintergrunds gewahr sind.

Wieder einmal besuchte mich Frau Faber, die Freundin eines früheren Patienten auf der Palliativstation, der nun daheim im Sterben lag. Sie war sehr offen im Umgang mit ihren Gefühlen. Wir hatten uns schon mehrere Male getroffen, und jedes Mal hatte sie sehr intensiv über ihre Trauer gesprochen. Wir saßen einander gegenüber, und ich begann die Unterhaltung, indem ich mich vornüberbeugte und meine Arme auf die Knie legte. Ich erwartete, dass Frau Faber fortfuhr, über ihre Trauer zu sprechen. Sie schaute mich an und sagte: »Wissen Sie, wenn Sie sich so hinsetzen und so ein Gesicht machen, dass Sie mich zwingen, zu trauern?! Heute fühle ich mich aber nicht traurig, sondern möchte über ganz was anderes sprechen!«

Ich war nicht absichtslos da gewesen, jedenfalls nicht in meinem zutiefst liegenden Bewusstsein. Die Inhalte und Abläufe der vergangenen Sitzungen hatten in diesem Moment meine Verfügbarkeit für sie getrübt. Mir wurde deutlich, wie fein und unterschwellig meine Art der Begegnung sie zu beeinflussen und zu überreden versucht hatte.

In der absichtslosen Begleitung Sterbender, ihrer Angehörigen und Freunde stehen sich dann nicht mehr die allmächtige Begleiterin und die sozusagen allbedürftige Patientin oder Klientin in extremer Asymmetrie gegenüber, sondern Partnerinnen. Solche Begegnungen sind Momente geteilter Ohnmacht, sind Augenblicke, in denen wir keine Angst davor haben, in Kontakt zu treten. Zwischen dem anderen und uns entsteht Übereinstimmung, angesichts der Frage von Leiden und Tod gleichermaßen hilflos zu sein. Und jeder von uns wächst in dieser Erfahrung, denn im Akzeptieren der eigenen Hilflosigkeit und Armseligkeit liegt der erste Schritt zu unserem wirklichen Selbst.

Absichtslose Geistes-Gegenwart

Das absichtslose Zugegensein, die Wahrnehmung der Würde und des Geheimnisses eines anderen Menschen und das ihm Zutrauen, seine Dinge in seiner Art zu regeln und seinen Weg zur Selbstwerdung zu gehen, erfordert eine ungeheure Konzentration und Achtsamkeit, ein tiefes Ausgerichtet-Sein auf ihn im Augenblick der Begegnung. Wie selten gelingt uns dies in unserem Arbeitsalltag, im Gespräch, wenn auch einem ganz kurzen, wirklich, das heißt nicht nur leibhaftig, beim Patienten, beim Klienten zugegen zu sein?

Wie viel mehr sind wir in abgelenkten Gedanken bei anderen, bei anderem, bei der Vorstellung, was noch zu tun ist oder in der anhaftenden Erinnerung an das, was vorhin noch war. Angefüllt gehen wir in den nächsten Kontakt und wundern uns, wenn dann kein Platz in uns ist zur Begegnung.

Ich war in den letzten Jahren öfters zu Gast (zu Gast?) im Krankenhaus, und dies, wie man sich vorstellen kann, nicht wirklich gerne. Natürlich gab es großen medizinischen Nutzen, für den ich dankbar bin, aber es gab auch Schmerzen, Angst, ich fühlte mich ausgeliefert und war schlaflos. Doch jeder dieser Aufenthalte hat mich immer etwas gelehrt. Aus dem folgenden kuriosen Beispiel habe ich viel für mich verstanden:

Es war Mittwochmorgen, fünf Ärzte und zwei Krankenschwestern waren zur Chefvisite um mein Bett versammelt, man besprach die Werte, war zufrieden mit der Narbe, überlegte den Einsatz eines zusätzlichen Medikamentes und erwog das Hinzuziehen eines anderen Spezialisten – alles verlief korrekt, nur mit einem Schönheitsfehler: Das Bett war leer. Ich, um die es, wie ich glaubte, ging, war gerade noch im Badezimmer, hörte meinen Namen – immerhin den! – durch die angelehnte Tür und bemühte mich, so schnell wie möglich in mein Bett und das Zentrum der Wahrnehmung zu gelangen. Dort angekommen, bekam ich nur noch mit, wie man sich mit einem Nicken ab – und dem nächsten Bett zuwandte.

Diese Begebenheit hat mich gelehrt, wie schnell und leicht die Begriffe Anwesenheit und Zugegensein ad absurdum geführt werden können. Mit Geistesgegenwart meine ich nicht unbedingt eine lange innige Anwesenheit, sondern eine – wenn auch kurze – authentische Begegnung zwischen zwei Menschen, in der beide wirklich vorkommen.

Wenn solche Begegnungen zwischen zwei Menschen geschehen, sind das gesegnete Augenblicke.

Immer wieder hören wir in Fortbildungen und Supervisionen die Klage: »Das ist ja alles gut und schön, mag auch im Prinzip richtig sein, aber uns fehlt dazu einfach die Zeit.«

Ohne hier Sozialromantik zu betreiben und ohne die vorherrschenden Strukturen in einem Krankenhausbetrieb und einer Arztpraxis zu beschönigen, ist festzustellen, dass dieser Einwand nur begrenzt gültig ist. Es ist nicht immer eine Frage der Zeit, sondern manchmal mehr eine Frage, wie, mit welcher Haltung, die begrenzt zur Verfügung stehende Zeit gefüllt wird. Allein der Blick, mit dem wir einen Patienten, einen Klienten betrachten, mit dem wir ihn umfangen, *trifft* eine Aussage. Die Aussage, ob wir ihn bestätigen in seinem Sein und ob wir ihm im Umgang mit seiner Krankheit und mit seinem Leid zutrauenden Raum geben. Und anschauen müssen wir ihn doch so oder so. Hierbei ist quantitativ keine Zeit einzusparen, aber die Art des Schauens hat verschiedene Qualitäten. Der Augen-Blick enthüllt, ob wir geistesgegenwärtig sind, ob wir bei ihm sind mit aller uns im Moment möglichen Achtsamkeit und Wahrnehmung. Indem wir ihn wahrnehmen, nehmen wir seine Gegenwart und sein Sein für wahr. Ein so angeschauter Mensch fühlt sich für wahr genommen und findet Zugang zu dieser seiner Wahrheit und seinem Wesen.

Da wir aus Sorge vor eigenem und fremdem Leid gerne innerlich Reißaus nehmen, schaffen wir es selten, voll und ganz da zu sein, wirklich anwesend zu sein. Ständig verpassen wir den Augenblick, den wir gerade (er)leben. Doch nur, indem man in ihm ist und ihn bewusst erlebt, entdeckt man seine Einzigartigkeit, seine Kostbarkeit und seine vollkommene

Frische. Er wiederholt sich nie. Es gibt nichts Heiligeres als ihn, nichts Umfassenderes und Absoluteres. *In Wahrheit ist er alles, was es gibt.*

»Wie lange währt eine Lebensspanne?«, fragte der Meister.
»Siebzig Jahre«, sagte einer.
»Bis man stirbt«, meinte ein anderer.
»Stimmt beides nicht!«
»Wie lange dauert eine Lebensspanne dann?«, fragten die Schüler.
»Sie dauert einen Atemzug«, erwiderte der Meister.

Wenn es uns gelingt, mit Andacht in der Gegenwart und bei einem anderen zu sein, werden alle Techniken und Fertigkeiten der Begleitung unwesentlich. In solchen Augenblicken wird deutlich, welcher Geist gegenwärtig ist, das heißt, in welchem Geist wir wirken, wes Geistes Kind wir sind. Dann ist unsere Haltung be-geistert, unsere Arbeit an einem Sterbebett be-seelt.

VOM GEIST DER HILFLOSIGKEIT

Gärtner sind wir, blumenlos gewordene
kein Heilkraut lässt sich pflanzen
vom Gestern nach Morgen.
Der Salbei hat abgeblüht in den Wiegen –
Rosmarin seinen Duft im Angesicht der neuen Toten verloren –
selbst der Wermut war bitter nur für gestern.
Die Blüten des Trostes sind zu kurz entsprossen
reichen nicht für die Qual einer Kinderträne.[14]

NELLY SACHS

Kein Ziel zu haben, keine Absicht zu verfolgen und so auch keine Entwicklung durch unser Handeln überprüfen und keinen Erfolg der Bemühungen feiern zu können, kann uns im Nahesein mit Sterbenden und Trauernden noch einmal mehr unsere Hilflosigkeit spüren lassen.

Auch Hospizbewegung und Palliativmedizin sind seinerzeit angetreten gegen die ärztliche, pflegerische und psycho-soziale Ohnmacht und Hilflosigkeit angesichts des erlebten Leides von Patienten in der Finalphase. Sagten Vertreter der kurativen Medizin mit großem Ausdruck des Bedauerns: »Wir können nichts mehr für Sie tun«, so begehrten die Anhänger der Palliativmedizin auf: »Wir können immer noch eine ganze Menge für Sie tun …«

Seither erobert die Palliativmedizin in großen Teilen Krankenhäuser, Altenheime, Sozialstationen und Arztpraxen, der Hospizgedanke setzt sich mehr und mehr durch und durchdringt Pflegekonzepte und Betreuungsmodelle.

Praxis und Forschung sorgen dafür, dass Schmerztherapie immer effizienter wird, sterbende Patienten und Angehörige werden von und in Hospizen umsorgt, die Bilder des Sterbens und seiner Prozesse haben sich z. T. radikal verändert von einem Dahinsiechen zu einer manchmal ge- und erfüllten letzten Lebensphase, die Möglichkeiten von Sinnfindung und Lebensqualität in sich birgt. Die Zahl der Hospize und Palliativstationen beträgt mittlerweile bundesweit über 500 insgesamt mit mehr als 2.200 Betten.[15]

Internationale und nationale Kongresse zur Palliativmedizin und Hospizarbeit rechnen mit Tausenden von Besuchern, Curricula zur Befähigung der verschiedenen Berufsgruppen sind erstellt, es wurden sogar Lehrstühle für Palliativmedizin eingerichtet.

Man sollte meinen, dass von Hilflosigkeit angesichts von Leid, Schwäche, Sterben, Tod und Trauer nicht mehr die Rede ist. Aber: Sie ist noch da – wenn auch nicht immer offensichtlich und als solche deklariert.

Der Umgang mit der Hilflosigkeit hat aber nur sein Gesicht und seine Sprache verändert. Auch der Siegeszug der Palliativmedizin und ihre immer breiter werdende Akzeptanz haben im Blick auf die Symptombekämpfung, Schmerzkontrolle, Gesprächsbereitschaft und der gemeinsamen Palette aller möglichen Interventionen nicht übersehen können, dass die Erkenntnis, letztendlich nichts mehr tun zu können, immer noch gilt, wenngleich die Trennmarke sehr viel weiter nach hinten verschoben worden ist. Denn auch hier gibt es den so genannten Point of no Return. An dieser Schwelle muss der Patient innerlich alleine weitergehen mit seinem Druck, seiner Verzweiflung, seinen unbeantworteten Fragen, seiner mangelnden Sinnerschließung, seiner doch noch so bitter fühlbaren Lebensplanung.

Ärzte, Pflegende, Seelsorgende, Ehrenamtliche, Psychologen und Sozialarbeiter stehen an dieser Schwelle ohne jede Macht und ohne jede Antwort und fühlen allzu oft diese ihre Hilflosigkeit. Gleichzeitig legen sie häufig genug eine Fülle von Strategien an den Tag, mit dieser Hilflosigkeit umzugehen, ohne sie zu benennen oder zuzulassen.

Eine weit verbreitete Strategie, mit Hilflosigkeit in Kontakt mit Tod und Sterben umzugehen, möchte ich benennen mit

Nach Paris übersiedeln

Ich möchte sie erläutern an einer kleinen, bei Sigmund Freud nachzulesenden Anekdote:[16]

Ein Ehepaar sitzt zu Hause beim Abendessen und unterhält sich über die Zukunft. Da äußert der Ehemann: »Wenn einer von uns beiden stirbt, übersiedele ich nach Paris.«

Dahinter steckt die Strategie des Ausblendens und des Wegschauens vom Leid: Nicht wirklich ich, sondern du erlebst das Schreckliche. Der eigene Tod ist unvorstellbar. Wir Menschen sind bereit zu vertreten, dass der Tod der Ausgang allen Lebens ist, dass er unleugbar und unvermeidlich ist, in Wirklichkeit benehmen wir uns aber, als ob es ganz anders wäre.

Ein Biologe sagte mir einmal: *»Die Menschen sind die einzige Gattung, die glaubt, der Tod sei eine Option«.* Manchmal holt uns das Wissen, dass der Tod unausweichlich ist und auch uns betreffen wird, ein: wenn ein naher Freund oder ein Familienmitglied stirbt. Wir können nicht länger wegschauen, indem wir die Todesnachrichten überblättern oder das Thema wechseln, wenn das Gespräch darauf kommt. Obwohl der Schmerz in uns wehtut, hemmt unser Eingebundensein in die betroffene Familie unseren Fluchtreflex. Wir kümmern uns. Wir überlegen in unserem Inneren: Es könnte auch ich gewesen sein. Und was dann?

Und dann schließt der Schlaf wieder unsere Augen, und wir schlummern weiter in einer Welt dahin, die für immer existieren wird.Unsere Furcht vor dem Tod vernebelt den Blick auf das Leben, wie es ist: begrenzt.

Übersetzt in die Palliativmedizin und die Hospizarbeit bedeutet dies, dass wir glauben, das Sterben der anderen nur ertragen zu können, wenn wir es zeitweise von uns selber abkoppeln. Der Satz, den wir sagen können, heißt: »Ich *weiß* zwar, dass ich sterben muss ...«, er wird aber sofort von allen möglichen Einschränkungen umrahmt, wie: aber nicht so bald, nicht so früh, nicht so schmerzhaft, nicht so ausgeliefert, nicht so. Er schließt mit einem großen: nicht.

Auf einer Tagung des Bundesfamilienministeriums zum Thema Hospizarbeit hielt ein Salzburger Journalist das Eingangsreferat. Er hatte sich eine besondere Pointe ausgedacht: Zu Anfang verteilte er willkürlich eine Anzahl von Mozartkugeln im Publikum. Während die damit Beglückten die Schokolade auswickelten und in den

Mund steckten, begann er seine Ausführungen mit dem Hinweis, dass ebenso zufällig, wie der eine eine Kugel ergattert hatte und der andere nicht, auch der Tod sich den einen griffe und den anderen nicht.

Ich gehörte zu den einen: Mir blieb die köstliche Süßigkeit angesichts der Unmittelbarkeit des Zusammenhangs im Halse stecken. Seither mag ich keine Mozartkugeln mehr.

Im wirklichen Einlassen auf den Patienten und sein Sterben wird die Rückfrage an die eigene Beziehung zum sicheren Tod gestellt. Diese Beziehung kann man nicht kognitiv und per Willensbeschluss ein für alle Mal herstellen, sondern sie will im Laufe eines Lebens er-fühlt, er-lebt, er-litten werden. Ein Weg ist, die vielen kleinen Tode, die wir im Laufe unseres Lebens streifen: Verlusterlebnisse, Augenblicke des Scheiterns, Momente des Versagens, zunächst zu sehen, sie zu erkennen und schließlich anzuerkennen. Sie zu gestalten und so zu bestehen. Ein Pfleger in einem stationären Hospiz drückte das so aus: *»Um arbeiten zu können und effektiv zu sein, muss ich jeden Morgen in meinen eigenen Tod aufwachen! Es hilft mir, mich in meiner Arbeit und meinem Leben fortzubewegen, ohne stecken zu bleiben.«* Dies heißt, die eigene Lebensgeschichte reflexiv und emotional zu verstehen und anzunehmen, sich ihr nicht etwa in Resignation zu unterwerfen, sondern als Leistung und in Leistung zu respektieren. Wer sich selbst bejahen lernt in all den Gebrochenheiten des Lebens, kann den ungeheuren Bruch, den der Tod bedeutet, zumindest ansehen, vielleicht irgendwann annehmen. So reifen wir bestenfalls in eine Aneignung des Todes, was weit mehr ist als eine intellektuelle Akzeptanz einer Lehre vom Tod, weil sie das existenzielle Aufnehmen einer über uns verhängten Bestimmung ist, die in Freiheit von uns beantwortet werden will.

Das muss auch Thema in allen Fortbildungen in Hospizarbeit und Palliativmedizin sein und sich vor allen Dingen auch im Stil der Fortbildungen spiegeln. Erst wer gütig im Umgang mit sich selbst wird, kann gut zu anderen sein. Wer Barmherzigkeit am eigenen Leibe spürt, kann gnädig und bejahend im Umgang mit anderen sein.

Eine zweite Strategie im Umgang mit Hilflosigkeit möchte ich allegorisch benennen mit:

Fische vor dem Ertrinken retten

Den Sinn erläutert die folgende kleine Parabel:

Ein Affe holt einen Fisch aus dem Wasser und legt ihn auf einen Ast. »Was hast du vor?«, fragt ein anderer Affe, der sehr verwundert ist, denn Fische zählen nicht zur täglichen Kost. »Ich rette ihn vor dem Ertrinken«, ist die Antwort.

Dahinter steckt die Strategie der Abwendung und Überwindung von Leid durch Überagieren: Ich muss alles Erdenkliche und Ausdenkbare tun, um alles erdenkliche und ausdenkbare Leiden zu verhindern.

Auf dem Hintergrund palliativer Arbeitsbereiche haben wir es in der Regel mit Menschen zu tun, denen kein spätes, ruhiges, lebenssattes Sterben vergönnt ist, sondern die sich mit heftigsten Schmerzen, schweren Symptomen und bohrenden Fragestellungen und Problemen quälen – zusätzlich zum leidvollen Gewahrsein des unabwendbaren, unmittelbar bevorstehenden Todes. In einem oftmals übergroßen Anspruch an uns selber versuchen wir häufig, alles auf einmal in den Blick zu nehmen, jedem und allem zu begegnen und mit einer machtvollen Behandlung in den Griff zu nehmen. Ich möchte hier nicht einer resignativen Passivität das Wort reden, aber bei diesem »Perimortalen Omni-Kompetenzsyndrom«[17] erleben wir häufig die zwingende Wechselbeziehung zwischen »leidlosem Machen und machtlosem Leiden«[18].

Herr Jewtuschenko kam aus der Ukraine. Er war schon lange in Deutschland, hatte als Gärtner gearbeitet, mit seiner Familie sehr bescheiden in dem Gartenhäuschen einer Villa gelebt. Trotz seiner Zurückhaltung, ja manchmal sogar Schroffheit, hatte er sich bei seinem Arbeitgeber wegen seiner Naturliebe, seines Könnens und seiner Zuverlässigkeit Respekt erworben. Er hatte Lungenkrebs, sein Leben ging dem Ende zu. Da seine Frau stark an Diabetes litt und ihn deshalb nicht pflegen konnte, lag er in einem Hospiz, das zwei Monate zuvor in unmittelbarer Nachbarschaft erbaut worden war. Herr Jewtuschenko, genannt Herr Boris, war einer der ersten acht Patienten. Ein junger Pfleger bemühte sich sehr um ihn. Er organisierte eine ganze Truppe von Ehrenamtlichen, die ihm nach einem ausgeklügelten Zeitplan die Zigarette hielten, da er nicht mehr alleine rauchen konnte. Für die Familie hatte er mit sanftem Zwang eine wöchentliche Ausspracherunde eingerichtet, damit sie über ihre Fragen und ihre vorgezogene Trauer reden könnten. Er hatte in der Vorbereitung auf seine Arbeit viel über den Sinn und Nutzen von Biografiearbeit gehört, also verwandte er die morgendliche und abendliche Pflege hauptsächlich dazu, Herrn Jewtuschenko subtil, aber hartnäckig auf seine Kindheit und sein Leben in der Ukraine anzusprechen. Diese so genannte Biografiearbeit lief aber wegen der mangelnden inneren Beteiligung des Patienten äußerst schleppend. Als Herr Jewtuschenko nur noch das Nötigste sprechen konnte und die Anzeichen des baldigen Todes immer deutlicher wurden, vergrößerte der junge Mann seinen Eifer. Er setzte sich an sein Bett: »Sie brauchen keine Angst zu haben, Herr Boris, ich bin bei Ihnen«, sagte er. »Wenn das geschähe Ihnen, Sie auch hätten Angst«, brummte Herr Jewtuschenko. »Sie sehen kalt aus. Wollen Sie eine zusätzliche Decke?«, fragte er. Herr Boris: »Natürlich ich bin kalt, fast tot ich bin.«

Und nach einer weiteren Stunde voller Fürsorglichkeit und Hilfsangebote hustete es aus Herrn Jewtuschenkos Bett: »Hier man sagt ist möglich sterben in Geborgenheit. Ist auch möglich, bitte, sterben in Ruhe?!«

Die, anders als im Beispiel beschriebene, oft vorhandene Dankbarkeit von Patienten und Angehörigen und große Erfolge – besonders in der Schmerztherapie und Symptomkontrolle – geben dem Auftrieb unseres Handelns Recht. Aber nicht alles im Sterbeprozess eines Menschen unterliegt unserer oder seiner Kontrolle.

Es mag geschehen, dass wir die Schmerzen eines Patienten gut einstellen können (beherrschen! nomen est omen), seine Angst vor dem Sterben aber ungemindert und ungehindert fortbesteht, ja sich möglicherweise sogar noch stärker artikuliert.

Wir alle werden immer sensibler für die verschiedenen offen und verdeckt gezeigten Leiden sterbender Menschen. Das ist auch gut so. Aber das Resultat unseres Handlungsimpulses »Problem erkannt« lautet in vielen Bereichen unserer Wirklichkeit allzu selten »Problem gebannt«.

Die Macht, noch etwas tun zu können, wurde in der Palliativmedizin vom Ziel der Heilung auf das Ziel der Linderung und Lebensqualität verschoben. Allerdings müssen wir uns den Teil der Wurzel, die Macht, genau anschauen, denn wo ein Machtanspruch auftaucht, ist häufig genug das Ohnmachtsgefühl sein Zwilling, zumindest in den Bereichen, wo nichts (mehr) beherrschbar ist.

»Die langen und immerwährenden Debatten, wie in konkreten Situationen zu entscheiden ist, was ethisch erlaubt sei und was nicht, verdecken oft sehr unzulänglich, dass hier auf der rationalen, medizinisch-therapeutischen und auch ethischen Interventionsebene an den real existierenden und belastenden Gefühlen der Helfer vorbeigeredet wird.« (vgl. A. Heller)

Entlarvt sich nicht auch manchmal in den sehr gut gemeinten Überlegungen, Herr über Leben und Tod zu sein, dieses geheime Denken in Macht- und Ohnmachtkategorien? Auch hier gilt: Wer die Kleinheit und Angst in sich selbst entwertet, macht manchmal die Hierarchie in seiner Innenwelt nach außen deutlich. Die Einsicht in dieses Syndrom und der Verzicht darauf zeugen von Weisheit und Mut.

An dieser Stelle gilt es, den Glauben an die Allmöglichkeit in diesem so jungen und erfolgsversprechenden Teil der Medizin noch einmal auf seine Tragfähigkeit zu überprüfen. Es gibt Gegebenheiten, denen wir mit »Demut am Leben« gegenüberstehen müssen. Da gilt es, den Machtanspruch zu ent-machten. Wenn ich mich vom Gedanken des Allmachtbaren verabschiede, so muss ich in der Folge auch keine Ohnmacht empfinden. Das, was machbar ist, sollte unter Realitätsprüfung und dann mit allen Kräften versucht und umgesetzt werden, das aber, was nicht beeinflussbar ist, mit einer Haltung fern von Depression angenommen werden.

Vielleicht hilft auch gerade in den sich unserem Einfluss entziehenden psycho-sozialen Fragestellungen der Hinweis auf das lateinische Wort *adiuvare*[19], statt unserem deutschen aktivistischen Helfen.

Auch die eigene klare Rollendefinition und die ernsthafte Besinnung auf die viel zitierte Multidisziplinarität können uns den Weg vom Machbaren zum Aushaltbaren ebnen.

Eine dritte Strategie der Umleitung gefühlter Hilflosigkeit könnte

Wachstumshilfe für Setzlinge

genannt werden. Sie stammt aus einer chinesischen Geschichte.

Im Staate Song glaubt ein Bauer, dass die Reissetzlinge auf seinen Feldern nicht schnell genug wüchsen. Darum zog er sie eines Tages alle ein Stückchen in die Höhe und kam erschöpft nach Hause.

»Heute bin ich rechtschaffen müde«, erläuterte er seiner Familie, »habe ich doch den ganzen Tag den Setzlingen beim Wachsen geholfen.«

Da lief sein Sohn zum Feld und fand sie alle verwelkt.

Dahinter steckt, auf die Begleitung Sterbender übertragen, die Strategie der Leidensbemächtigung durch Ideologisierung. Wir spüren unseren Unwillen und unser Unvermögen, Schwäche als Schwäche zu sehen, Elend als Elend zu empfinden. Alles sollte kompetent, großartig, schnell, kreativ und flexibel vonstatten gehen.

Die Theorie der Palliativmedizin und Hospizarbeit ist in Erkenntnis vergangener Versäumnisse und Ausblendungen wie kaum ein anderer Bereich von hohen Idealen, dogmatisierten und teilweise selbstüberfordernden Leitbildern geprägt.

Auf einer Krankenhausstation, die sich sehr dem Hospizgedanken verpflichtet fühlt, kursierte folgende bittersüße Anekdote:

Eine 70-jährige Patientin sitzt aufrecht im Bett. Nur die Reinigungskraft ist bei ihr im angrenzenden Badezimmer. Die Patientin klingelt und klingelt. Niemand erscheint. Da wirft sie wütend ein Buch gegen die Wand. Als die Hilfe nachschauen kommt, was den Lärm verursacht hat, und sie anteilnehmend fragt, was los ist, schluchzt die Patientin, dass sie sterben wird. »Keine Sorge«, versuchte die einfache Frau sie zu beruhigen, »solange Sie nicht in der Phase der Annahme sind, lässt man das hier nicht zu!«

Der Alltag welkt an diesen Leitbildern dahin wie zu schnell gezogene Setzlinge. Diese Idealbilder haben häufig keinen nährenden Charakter, vielmehr verhindern sie allzu oft das Gelingen kleiner und realistischer Schritte angesichts eines zu Ende gehenden Lebens und der begrenzten Ressourcen aller Beteiligten. Dennoch wird tapfer, munter und zuversichtlich gesprochen von:

- »Bewältigung« des Sterbeprozesses,
- vom Ziel des »Loslassens«,
- von der Forderung, Sterbende »nicht allein zu lassen«,
- von dem Muss, »unmittelbare Nähe herzustellen«,
- von der Proklamation eines »schönen und guten Sterbens«.

Dem Tod wird sein Stachel genommen, indem er beschönigt wird. Von Elisabeth Kübler-Ross stammt das unglücklich formulierte oder falsch verstandene Zitat »Sterben ist nur Umziehen in ein schöneres Haus«. Wie hilflos fühlen sich dann alle die, die diesen Umzug ganz anders erleben und ihn möglicherweise dann auf ihr Versagen als Möbelpacker zurückführen, wenn es ihnen nicht gelang,

- die desolate Beziehung zum Lebenspartner kurz vor dem Tod zu ändern,

- die lang geübte familiäre Kommunikationsstrategie des »Schweigens über wichtige Dinge« zu brechen
- den Sterbenden zu Annahme und Sinnerfüllung zu verpflichten
- die Trauer der Hinterbliebenen zu »stoppen«.

Der Weg aus der Enttäuschung und dem drohenden Wirklichkeitsverlust geht nur über das Überprüfen und Verändern seiner Begleit-, Behandlungs- und Pflegeziele.

Die Zielperspektive muss verkleinert werden. Nur am Patienten, nur an seinen Bedürfnissen, nur an seinen Ressourcen, Gegebenheiten und Möglichkeiten darf die Orientierung und Planung ausgerichtet sein. Ein ideologisches Leitbild ist eine mögliche Richtschnur, nie der letztgültige Maßstab.

Der Maßstab ist einzig der sterbende Mensch, er darf keiner Ideologie geopfert werden.

Auch eine letzte Strategie mag anhand eines Bildes und einer Geschichte eingeleitet werden:

Alles weghauen, was nicht nach Löwe aussieht

Ein berühmter Bildhauer arbeitet gerade an einem Marmorlöwen. Starr vor Bewunderung fragt ihn ein Besucher, worin das Geheimnis seiner Kunst bestehe. Der Meister antwortet: »Das ist gar nicht so schwer. Ich schlage einfach alles weg, was nicht nach Löwe aussieht.«

Hinter dieser kleinen Erzählung steht die Strategie der Leidabwehr durch unbedingtes Wollen. Wenn man an seine Grenzen kommt, ist vermeintlich mit Einsatz des starken Willens doch noch alles zu erreichen. Die Hilflosigkeit nämlich gehört nicht zu dem Bild, was ich mir (und anderen) von mir mache; sie gehört nicht zu meiner Statur: Man muss nur wollen, und schon ist sie überwunden.

Ein Patient, selber Arzt, wurde aus der Thoraxabteilung der städtischen Universitätsklinik zu der Palliativstation geschickt. Er war wegen eines Selbsttötungsversuchs in der dortigen Psychiatrie, ein Befund in seiner linken unteren Lunge hatte dann weitere Untersuchungen nötig gemacht. Er hatte einen ausgedehnten Lungentumor mit Metastasen im gesamten Körper. Die auffälligste Besonderheit von Herrn Dr. Warburg war aber der häufige Schluckauf, der seinen ausgemergelten Körper fast unablässig schüttelte. Die Spasmen ließen ihn stottern, hinderten ihn am Essen, gaben ihm keine ruhige Minute, weder tags noch nachts. Sein Leiden war unvorstellbar. Der Oberarzt, der ihn zur Symptomkontrolle überwiesen bekam, war sehr erschüttert von dem, was er sah. Er sagte, dass er noch nie einen so traurig dreinblickenden Menschen gesehen habe, und dass er es einfach furchtbar fände, dass man in diesen Tagen, in diesem Zeitalter vor einem Schluckauf kapitulieren sollte. Dass der Patient Kollege sei, hätte natürlich auch Einfluss auf seine ehrgeizigen Bemühungen, ihm zu helfen. Er versuchte es mit allen Mitteln, herkömmlichen und unkonventionellen. Er hieß ihn, als er sich dieses einen Hausmittels erinnerte, Zucker auf die hintere Zunge streuen, dann ließ er ihn Lachgas einatmen, Knoblauch schnupfen, alle möglichen Medikamente ausprobieren: alles ohne Erfolg. Was konnte man für diesen gequälten Mann tun, der erklärte, nicht mehr leben zu wollen, wenn dies nicht aufhöre. Der Oberarzt verbrachte Stunden am Computer, um ähnliche Krankengeschichten und Heilungsoptionen, zumindest Linderungsmöglichkeiten, im Internet zu recherchieren. Ein Kollege aus der Schmerzambulanz riet ihm zu einer posthypnotischen Suggestionstherapie. Die zwanzigminütigen Sitzungen, die nun jeden Morgen stattfanden, verliefen ebenfalls ohne jede Wirkung, wenn man vom Gemurmel, den verschwörerischen Blicken und dem kaum unterdrückten Kichern des Pflegepersonals absieht.

Das ganze Unternehmen hatte bereits drei Wochen gedauert, in denen sich auch der Oberarzt kontinuierlich schlechter fühlte. Da entschloss er sich zu einer chirurgischen Maßnahme, zu der er den Patienten überreden musste: Er ließ den linken Zwergfellnerv durchtrennen. Es brachte keine Änderung des anhaltenden Schluckaufs, außer Atemnot bei bestimmten Belastungen. Das Unbehagen des Oberarztes steigerte sich zur Panik, er fühlte sich als Versager und vermochte dem kranken Kollegen nicht mehr unter die Augen zu treten. Er entließ ihn nach Hause.

Dieses erschütternde Beispiel zeigt, dass es auch nach dem Paradigmenwechsel vom Alles-möglich-Machen bis zum Lassen und Aushalten auch hier den unliebsamen Kontakt mit äußeren Grenzen gibt: pflegerische, medizinische, psycho-soziale und vor allem institutionelle Grenzen. Gerade im letztgenannten Bereich erschweren oder verhindern gelegentlich organisatorische und finanzielle Bedingungen, institutionelle

Umstände, strukturelle Gegebenheiten oder auch gesundheitspolitische Mängel eine palliativmedizinisch ausgereifte Betreuung sterbender Menschen auf einer breiten Ebene. *»Mehr denn je weiß man, was fachlich zu tun wäre. Theoretisch sind die Ziele formuliert, die Qualitätsmaßstäbe ausdifferenziert.«* (Andreas Heller) Nur: Die Umsetzung ist häufig nicht möglich. Viele Männer und Frauen in der Palliativmedizin und Hospizarbeit *»leiden an diesem gravierenden Gegensatz zwischen persönlichem Wollen und Können und strukturellem Nicht-Können, zwischen ausgeprägtem persönlichen Veränderungsbewusstsein und hartnäckigen organisatorischen und finanziellen Realitäten.«* (ebd.) Gerade den in der Palliativmedizin und Hospizarbeit Engagierten zeigt sich die Diskrepanz zwischen Einsicht in die mangelnden Verhältnisse und der Unmöglichkeit, sie direkt zu verändern, am bittersten.

»Machen Sie doch nicht so ein Gesicht, Doktor Düsseldorf«, sagt der kleine Oskar zu seinem behandelnden Arzt[20]. »Sie waren immer sehr korrekt beim Behandeln meiner Krankheit. Hören Sie also auf, so schuldbewusst zu gucken. Es ist nicht Ihre Schuld, wenn Sie den Leuten schlechte Nachrichten überbringen müssen, Krankheiten mit lateinischen Namen, die nicht zu heilen sind. Sie müssen sich entspannen. Zur Ruhe kommen. Sie sind nicht Gottvater. Sie können nicht über die Natur bestimmen. Sie sind nur eine Art Mechaniker. Sie müssen ... sich selbst nicht so wichtig nehmen, sonst werden Sie den Beruf nicht lange ausüben können.«

In einem Vortrag von Dr. Beck aus Göttingen steht der schöne Satz: *»Palliative Arbeitsbereiche sind Orte des*

Lebens, der Freude und der Trauer … der effektiven Hilfe und der Hilflosigkeit … Sie sind nicht heilig und lautlos, sondern sie sind menschlich laut und leise.«

Oder eine Kollegin äußert beim Erzählen über ein exulzerierendes Karzinom: »*Im Moment bin ich schockiert und glaube, mir fällt nichts pflegerisch Hilfreiches ein. Aber es lässt mich nicht los, die Ohnmacht fordert mich richtig heraus, und nach einer Zeit fällt mir was ein …«*

Aus den beiden Polen Hilfe und Hilflosigkeit entsteht erst die Spannung, die die Palliativmedizin und Hospizarbeit zu dem gemacht haben, was sie heute sind. Gäbe es nur den einen Pol, bedeutete dies Ruhe bis hin zur Stagnation. Mit dem umwertenden Blick auf die Hilflosigkeit als Motor unserer Bemühungen können wir sie als positives Gefühl erkennen. Ohne Hilflosigkeit in der kurativen Medizin gäbe es heute keine Palliativmedizin, ohne Hilflosigkeit in der Pflege keine Kreativität und Flexibilität in der Symptomkontrolle, ohne Hilflosigkeit angesichts des Sterbens keine Hospizidee. Die Hilflosigkeit ist das, was uns in Bewegung hält, ausgewogen, klug, geschickt und diplomatisch und mit langem Atem zu planen und zu erneuern. Nicht mit dem Kopf durch die Wand gehen, aber auch nicht stoisch, verbittert an seinem Platz bleiben, sondern im gesunden Rhythmus des Probierens und Nachsetzens. So ist jede einzelne Station, jedes einzelne Hospiz und jeder der ambulanten Hospizdienste entstanden.

Am Ende dieses Kapitels bietet sich eine Begrifflichkeit an, die es meines Erachtens verdient, aus der Verbannung geholt und mit neuem Leben gefüllt zu werden, gerade im Bereich der Begleitung sterbender und trauernder Menschen: die Demut.

Die Demut, die ich meine, hat nichts zu tun mit Selbsterniedrigung, Selbstverachtung, Unterwürfigkeit oder Willfährigkeit. Demut (*Dien-Mut*) ist die Erkenntnis eines Samson, eines Goliath und eines Siegfried, dass eine Panzerung, und sei sie auch aus Drachenblut, am Ende nichts nützt, da immer ein Fleckchen bleibt, an dem wir »hilflosen Helfer« tödlich verletzbar bleiben. Für diese Einsicht, die äußeren Panzerungen und Stützen fahren zu lassen und sich in der eigenen Verletzlichkeit zu erleben, braucht es den erwähnten Mut.

Hilflosigkeit, so gesehen und umbewertet, zeigt sich als Kraft

- zu leisten, was dem anderen dient,
- in Geduld heranzuziehen, wo schnelle Erfolge versagt bleiben,
- in Respekt immer neu zu beginnen, wo Enttäuschung anficht,
- auszuhalten, was nicht zu ändern ist.

Es bedeutet das Zuschauen im Erstaunen, das Einlassen auf die Realität, das Anerkennen dieser Wirklichkeit, ohne sie in allen Einzelheiten zu verstehen und zu begreifen und das Annehmen seiner eigenen Rolle.

Hilflosigkeit als -losigkeit macht unsere Schritte schleppend. Der Entschluss zur Anerkennung von Hilflosigkeit als Akt der Demut mag uns zur Leichtfüßigkeit verhelfen.

VOM GEIST DES FRAGENS UND DES AUSHALTENS VON FRAGEN

Hier fühle ich, dass auf jene Fragen und Gefühle, die in ihren Tiefen ein eigenes Leben haben, nirgend ein Mensch Ihnen antworten kann; dann irren auch die Besten in den Worten, wenn sie Leisestes bedeuten sollen und fast Unsägliches ... und ich möchte Sie, so gut ich es kann, bitten, Geduld zu haben gegen alles Ungelöste in Ihrem Herzen und zu versuchen, die Fragen selbst lieb zu haben wie verschlossene Stuben ... Leben Sie ... die Fragen. Vielleicht leben Sie dann allmählich ... in die Antwort hinein.

RAINER MARIA RILKE

»Was sage ich dann?«, dies ist die meist gehörte Frage in unseren Fortbildungsveranstaltungen.

Der Arzt hat das letzte Röntgenbild und die neuesten Laborwerte gesehen. Resigniert muss er erkennen, dass er mit seinem Latein, den kurativen Möglichkeiten seiner Behandlung, am Ende ist. Er hat dem 37-jährigen Patienten versprochen, zu ihm zu kommen, wenn er sich alles angeschaut hat. Nun steht ihm wieder einmal dieser schwere Gang, der in seinem Beruf als Onkologe fast zum Alltagsgeschäft gehört, bevor. Er will nicht kneifen, aber der flehentliche Blick und die hoffnungsvolle Aussage des jungen Familienvaters: »Diese schweren Geschütze müssen nun aber doch gegriffen haben, nicht wahr?«, machen ihn müde, verzagt und wortleer. »Was sage ich denn nun?«

Auf Zehenspitzen geht die Altenpflegerin wieder in das Zimmer des alten Bewohners, der seit Tagen nicht mehr recht ansprechbar ist. Sie kennt ihn seit seinem Einzug in das Pflegeheim, das sind nun mehr als eineinhalb Jahre, und sie zwei verbindet eine besondere Zuneigung. Er spricht den Dialekt des Landstriches, in dem sie ihre Kindheit verbrachte. Sie betritt im Laufe des Tages immer wieder das Zimmer, beugt sich über ihn, benetzt seine Lippen mit einer Pipette und richtet die Decke. Es ist ihr in aller Traurigkeit ganz lieb, dass er nicht mehr spricht und die Augen geschlossen hält. »Ist es jetzt so weit mit mir?«, kommt da plötzlich die Stimme aus der Bettengruft. Sie läuft aus dem Zimmer, murmelt etwas, dass sie gleich wiederkommt. »Und was sage ich dann?«

Sohn und Schwiegertochter stehen mit dem behandelnden Hausarzt vor der Tür des Wohnzimmers, in dem die 78-jährige Mutter auf der Couch liegt. Sie haben den Arzt nach draußen begleitet, weil er ihnen unmissverständliche Zeichen gegeben hatte, mit ihnen sprechen zu wollen. Die alte Dame kennt ihre Krebsdiagnose und die fehlende Aussicht auf Wiederherstellung und Gesundung; sie leidet unter zahlreichen Symptomen und großer Schwäche. Unvermutet hat sie eben Kinder und Arzt damit überrascht, nächste Woche die Reise nach Brasilien machen zu wollen, von der sie schon so lange träumt. Man möge ihr doch bei der Planung behilflich sein. Der Arzt vertraut den erschrockenen Kindern an, dass sie die nächste Woche möglicherweise gar nicht mehr erleben werde, und rät ihnen, »mitzuspielen«. Hinter der Türe werden sie nun gleich dem erwartungsvollen Gesicht der Mutter begegnen. »Und was sagen wir dann?«

Die junge Sozialarbeiterin ist nach einem ambulanten Beratungsgespräch auf dem Weg nach Hause. Sie ist noch ganz voll von dem eben Gehörten und Gesehenen.

Der entkräftete schwer kranke Mann hat alleine mit ihr sprechen wollen. Nichts in dieser Unterredung war ihm so wichtig wie die dringliche Bitte, seiner Frau nichts, aber auch gar nichts über die Schwere und Endgültigkeit seiner Krankheit zu verraten. Sie sei ja selber nicht die Jüngste und Kräftigste, und man müsse sie jetzt nicht auch damit noch belasten. Nach dem am Krankenbett abgerungenen Versprechen wurde sie von der Ehefrau schnell in die Küche gezogen. Der Kranke dürfe auf keinen Fall erfahren, wie es um ihn stünde, das verkrafte er nicht und nun sei der letzte Liebesdienst für sie, so schwer ihr das auch fiele, Zuversicht auszustrahlen und gute Miene zum bösen Spiel zu machen. In eben diesem fatalen Spiel sah sich nun die Sozialarbeiterin verstrickt. »Und was sage ich dem einen – hinter dem Rücken des anderen ...?«

Eine ehrenamtliche Mitarbeiterin eines Hospizdienstes hat sich in den Monaten der Begleitung mit der gleichaltrigen Patientin, die an einer sehr großen, nach außen wachsenden Geschwulst im Gesicht leidet, angefreundet. Sie geht tapfer und verbindlich mehrfach die Woche zu ihr, obschon ihr der Anblick sehr zu schaffen macht und die Geruchsbelästigung fast nicht zu ertragen ist. »Bleiben Sie bis zum Ende an meiner Seite? Ekeln Sie sich nicht vor mir? Womit habe ich das verdient? Warum lässt Gott das zu? Helfen Sie mir beim Sterben, wenn ich es nicht mehr aushalte?«, sind die Fragen, die ihr im Wechsel und mit nachgehender Eindringlichkeit gestellt werden. »Und was sage ich dann?«

Ich glaube, dass wir in eine Kultur geboren sind, in denen Antworten finden und Antworten geben ein hoher Wert zugeschrieben wird. Etwas zu beantworten, klar und umfassend, bedeutet Sachverstand, Einblick und Kompetenz und entbindet Zuversicht. Wir alle tragen die Vorstellung in uns, dass Fragen etwas sind, was zu beantworten ist mit Worten, Meinungen, Untersuchungsergebnissen, Erkenntnissen. Die Welt zu erklären, fühlen wir uns aufgerufen und sind der Ansicht, wenn wir ihr Warum und Weshalb kennen, dass es dann leichter und freier sei, in ihr zu sein.

Die 87-jährige Marijke W. lebt seit Jahren in einem holländischen Pflegeheim. Mehr und mehr lassen ihr Erinnerungsvermögen und das Verständnis der sie umgebenden Strukturen nach. Lange Zeit bleibt sie in all dem freundlich und geduldig, wie man sie kannte. In den letzten Monaten vor ihrem Tod aber »quält« sie die wohlmeinenden Pflegekräfte mit der permanenten Frage: »Welcher Tag ist heute?« »Mittwoch«, antwortet zum Beispiel Schwester Miep. »Nein«, klagt sie, »ich will wissen, welcher Tag heute ist.« Schwester Miep versucht es anders: »Der 18. Dezember«, bietet sie an. Die alte Frau beginnt zu schimpfen: »Du sollst mir nicht so dummes Zeug sagen, ich will doch nur wissen, welcher Tag heute ist.« Miep probiert nun etwas Neues: »Ah, in sechs Tagen ist Weihnachten, das wollten Sie gewiss erfahren.« Die alte Frau ist kurz vor den Tränen. Sie beginnt zu zittern und hebt flehentlich die Hände: »Welcher Tag ist das bloß, welcher Tag, bitte, bitte, welcher Tag?« Miep streichelt ihr hilflos die Schulter und verlässt eilig das Zimmer. Wochenlang versucht sich das Team in immer neuen und besseren, genaueren Antworten. Man bietet zur Abwechslung auch einmal die Uhrzeit an, weil man mutmaßt, dass das Wort Wochentag vielleicht mit dem Wort Uhrzeit verwechselt wurde. Man telefoniert mit der Tochter, ob die möglicherweise weiß, welcher Tag in der Vorweihnachtszeit für ihre Mutter eine so große Rolle gespielt hatte, dass sie nun immerzu danach frage. Auch mit Vorsingen versucht man es: »So ein Tag, so wunderschön wie heute ...« Marijkes traurige Augen bleiben blicklos und ohne Reaktion. Allabendlich schaltet man den kleinen Fernseher in ihrem Zimmer an in der Hoffnung, dass die Nachrichtensendung und der dortige eindeutige Bezug zum Tag und die Einordnung in das Alltagsgeschehen ihr Aufhellung vermittle. Sie bleibt davon unberührt. Diese eine Frage beherrscht jeden Besuch und jeden Kontakt. In den letzten Lebenstagen murmelt sie diese eine Frage wie ein immer währendes Gebet. An ihrem Todestag geschieht etwas, das alle tief bewegt. Sie sitzt in ihrem Bett, ordnet unentwegt mit den Händen die Bettdecke, streicht unsichtbare Falten glatt und schüttelt nicht wahrnehmbare Staubflöckchen fort. Ihr Gesicht ist von großer Ruhe. Mit genauer Einteilung der noch verbleibenden Luft verkündet sie dann ihren letzten Satz: »Heute ist der Tag vor morgen.« Und dann stirbt sie, endlich wissend.

Die tief bewegenden Fragen eines sterbenden oder an seine Kraftgrenzen kommenden Menschen auszuhalten, heißt, mit ihnen in den großen Fragen des Lebens zu stehen, heißt, sich ihrer Bilderflut und Bedrängnis auszusetzen ohne Gegenwehr. Das gemeingermanische Substantiv *antwurti*, neuhochdeutsch Antwort, bedeutet ja auch eigentlich »Gegenrede« und entlarvt sehr sinnfällig etwas, was ich immer wieder in Gesprächen beobachte: Ein Mensch erzählt ein Erleben, stellt etwas dar, und sein Gegenüber fällt ihm ins Wort: Ja, aber ...

»Das Wetter zu Pfingsten habe ich mir anders vorgestellt ...« »Ja, aber für den Garten ist der Regen ganz nötig.« »Ich finde den Preis für den gebrauchten Diesel sehr hoch ...« »Aber du musst bedenken, die laufen ja auch mehrere Hunderttausend.«

Unser Miteinandersprechen wird immer öfter zu einer Aber-Rede, deren einleitendes Ja nicht darüber hinwegtäuscht, dass der andere widerspricht und die Äußerung des Erzählenden nicht wirklich anerkennt ... Im wahrsten Sinne des Wortes ist Antwort hier Ent-gegnung.

Wer eine Antwort gibt, übernimmt auch die Ver-Antwortung. »Warum lässt Gott das zu, dass mein Mann so leiden muss?«, ist eine Frage, die nicht von außen beantwortet werden kann. Gibt man dennoch eine solche, muss man damit rechnen, dass der Fragesteller sehr viel Energie und Kraft benötigt, sich in die fremde und ihm zusammenhangslose Antwort einzufinden und sie gar zu übernehmen. Aber sie bleibt ihm wahrscheinlich immer fremd wie eine Prothese. Die andere Möglichkeit ist, dass er sich nach heftigen Anstrengungen des Einlebens in die ihm nicht gehörende Antwort enttäuscht von ihr abwendet und nun entweder seine Frage vergessen hat oder sie gar nicht mehr stellen will. Eine von außen gegebene Antwort auf eine Warum-Frage kann diese nicht nur nicht lösen, sondern sie um ein Vielfaches vergrößern.

Im Laufe seiner Meditationspraxis muss ein Zen-Schüler viele Koans lösen. Wir alle kennen diese rätselhaften Fragen und wissen, dass sie nicht mit Mitteln des Verstandes und der Logik gelöst werden können, sondern mit dem, was »hinter« dem Verstand liegt. Zwischen einem Koan und einem zum Beispiel mathematischen Problem aber liegt der wesentliche Unterschied darin, dass die Lösung des mathematischen Problems im Problem selbst impliziert ist, während die Antwort auf das Koan im Leben des Übenden steckt. Nun gibt es so genannte Lösungsbücher für die rund 1700 Aussprüche, die die bekanntesten Antworten auf die am meisten verbreiteten Koans zusammengestellt haben, um Außenstehenden das Wesen und den Sinn dieser Meditationsthemen zu beschreiben. Das Lesen der Lösungen ist aber für den Lernenden nicht hilfreich, weil es geradezu den Blick auf die eigene Antwort verstellt und sie verhindert, indem er nachzuvollziehen versucht, was die gelesene wohl bedeuten mag und was sie vielleicht mit ihm zu tun haben könnte. Die Antwort zu wissen, sie aber nicht gefunden zu haben, ist vielmehr ein großer Schmerz und vertieft das Gefühl der Unzulänglichkeit.

Wir Sterbenden und Lebenden, die sich einen spirituellen Weg erschließen wollen, könnten versuchen, eine Kultur des Fragens statt des Beantwortens zu leben. Fragen stellen zerstört die Gewohnheit des abschließenden, besitzbaren Begriffbildens in uns. Fragen zu stellen führt uns ins Herz der lebendigen Wirklichkeit anstatt in das Bergwerk der angehäuften Begriffe oder den Friedhof der toten Worte. Eine Frage ist eine Straße irgendwohin, eine Antwort ist ein umschließendes Haus. Mit jeder Frage setzen wir unsere Reise durch die Welt der Begriffe fort. An dem Punkt, wo wir über das Fragen fast den Verstand verlieren, fängt die Heimkehr zu uns selber an.

In jeder gelingenden Begleitung oder Therapie wird der Therapeut seinem Klienten nicht sagen, was er über ihn mutmaßt und wo er glaubt, die Lösung seiner Probleme und Sorgen zu finden sei. Er wird stattdessen in Zuneigung und Zuwendung den Raum bereitstellen, in dem der Klient seine Antwort entdecken kann; denn nur diese ist wirksam und leitet den Klienten zu sich. Die andere bleibt wirkungslos. Die Bedeutung einer Fragestellung kann nicht auf Begriffe zurückgeführt werden. Sie liegt in der Wirkung, die sie auf den Geist dessen ausübt, der die Frage empfängt und in sich vernimmt.

Der Geist des Fragens geht davon aus, dass im anderen die für ihn selbst verfügbaren Antworten angelegt und vorhanden sind. In sich hinein zu lauschen, ist der schöpferische Akt des (sich) Fragens. Begleitung und Fortbildung dienen dazu, sich diesem inneren Wissen zu öffnen.

Vor einigen Jahren wurde ich zu einer meiner schwierigsten Begleitaufgaben gerufen. In einer Familie, die recht zerrüttet war, hatte sich der jüngste Sohn, Achim, im Alter von 12 Jahren das Leben genommen, indem er sich erhängt hatte. Auslösendes Ereignis waren die zu erwartenden Zeugnisnoten nach einem blauen Brief, der ins Haus gekommen war. Achim hatte in einem Abschiedsbrief hinterlassen, dass er die Verärgerung der Eltern auf seine mangelhaften Leistungen sowie den Verlust von Anerkennung durch seine Klassenkameraden mehr fürchte als den Tod. Die Lehrerin, die mich aus einer Fortbildungsveranstaltung kannte, hatte mich angerufen, mir die furchtbare Niedergeschlagenheit in der Familie, bei den Eltern und den drei Brüdern, geschildert und mich eindringlich aufgefordert, die Familie zu besuchen und meine Hilfe anzubieten. Ich habe versucht, mich davor zu drücken, weil ich glaubte, dem, was mir da begegnen würde, nicht gewachsen zu sein. Auch hatte ich noch weniger Vorstellung als sonst, worin meine Hilfe bestehen könnte. Andererseits fehlten mir Argumente, mich dem Appell der Lehrerin zu widersetzen, ohne kaltherzig zu wirken. Also ging ich schweren Herzens zu der Familie. Was mich dort empfing, übertraf meine Erwartung von Verzweiflung und Trostlosigkeit. Vor Achims Selbsttötung war der Vater gerade in Begriff gewesen, die Familie zu verlassen und endgültig mit einer anderen Frau zusammenzuziehen, mit der er auch bereits zwei Kinder hatte. Die Mutter war deutlich von einem erhöhten Alkoholkonsum gezeichnet, einer der Jungen lebte mehr oder weniger auf der Straße, gebrauchte offensichtlich Drogen und handelte im kleineren Umfang damit. Die beiden anderen lebten noch zu Hause, gingen zur Schule, aber der Kontakt untereinander war auf ein Minimum zusammengeschrumpft. Man sprach nicht mehr miteinander, ging sich aus dem Weg, jeder lebte sein eigenes Leben, nur der Hass aufeinander und nun neuerlich die Traurigkeit über Achim schien sie noch irgendwie miteinander zu verbinden. »Achim musste keine Angst vor uns haben. Wir haben ihn nie geschlagen, warum wusste er das nicht?«, fragte immer wieder der Vater. »Warum ist er nicht früher zu uns gekommen?«, fragten die Brüder, »wir hätten ihn da doch irgendwie rausgeboxt.« »Wusste er denn nicht, dass er mir der Liebste war?«, klagte die Mutter stereotyp. Und auf all das wusste ich natürlich – oder auch

Gott sei Dank – keine Antwort. Ich besuchte die Familie drei lange Jahre lang, in regelmäßigen Abständen, antwortlos, erschüttert, auch ärgerlich auf mich, weil mir nichts wesentlich Unterstützendes einfiel. Ich saß bei ihnen, selten mit allen, mal mit einigen, meist nur mit einem Einzelnen, hörte den Fragen und Anschuldigungen zu, versuchte es irgendwie zu ertragen, gewann sie im Laufe der Zeit auch auf eine Art lieb und verstand im Hören der einzelnen Lebensschicksale mehr und mehr ihr So-Geworden-Sein. Ich hatte nicht das Gefühl, dass sich die Trauer in irgendeiner Weise entwickelte oder neue Lebensperspektiven auftauchten, widerstand aber dem Wunsch, meine Besuche einzustellen oder die Familie »an einen Kollegen abzugeben«, der mir kompetenter oder interventionsfreudiger erschien. Ich glaubte, den Fünfen damit das einzig Dauernde, nämlich meine verbindlichen Besuche zu entziehen. Unmerklich veränderte sich mit den Jahren etwas. Der Vater war öfter zu Hause, die Mutter war immer häufiger nicht angetrunken, der freiheitsliebendste der Brüder hatte sich eine Lehrstelle gesucht, die beiden anderen halfen im Haus und bei der Gartenarbeit. Immer öfter traf ich alle gemeinsam in der großen Wohnküche, wenn ich kam. Zuletzt planten sie einen Urlaub in Spanien und wollten sich dafür ein großes Wohnmobil leihen. Als wir uns vor diesem Urlaub auf Wochen verabschiedeten, sagte die Mutter in einem großen erinnerungswerten Gespräch zu mir: »Manchmal denke ich, der Achim hat das getan, um uns wieder zusammenzubringen. Und schaut jetzt von oben zu.« Und schaute selbst dabei fast selig.

Bei Khalil Gibran stehen die eindrucksvollen Worte. *»Da sagte ein Lehrer: Sprich uns vom Lehren.*

Und er sagte: Niemand kann euch etwas eröffnen, das nicht schon im Dämmern eures Wissens schlummert. Der Lehrer, der zwischen seinen Jüngern im Schatten des Tempels umhergeht, gibt nicht von seiner Weisheit, sondern eher von seinem Glauben und seiner Liebe.

Wenn er wirklich weise ist, fordert er euch nicht auf, ins Haus seiner Weisheit einzutreten, sondern führt euch an die Schwelle eures eigenen Geistes …

Denn die Einsicht eines Menschen verleiht ihre Flügel keinem anderen.« (aus: Der Prophet)

VOM GEIST DES VERTRAUENS

Ob Rosen, ob Schnee, ob Meere
was alles erblühte, verblich,
es gibt nur zwei Dinge: die Leere
und das gezeichnete Ich

GOTTFRIED BENN

Das Leben von Frau W. neigt sich dem Ende zu, die Kollegen auf der Palliativstation sprechen von Finalphase. Es wird erzählt, dass Frau W. vor ihrer Erkrankung eine weithin bekannte und sozial sehr anerkannte Person war und beruflich ein sehr ausgefülltes Leben geführt hatte. Angehörige und nahe Freunde schien es nicht zu geben. Während ihrer recht häufigen Krankenhausaufenthalte wurde sie als sehr gefasst erlebt. Nun liegt Frau W. sehr still, blass und verloren in ihrem Bett, mustert – wenn ihre Augen offen sind – einen Punkt an der Zimmerdecke und murmelt gelegentlich Worte, die Verzweiflung ausdrücken: »Ach, ich armer Mensch!« »Nun geht alles vorbei«. »Auf nichts und niemanden kann ich setzen.« »Alles war umsonst.« oder auch »Es gibt kein Halten, ich werde mich verlieren.« Sie scheint zutiefst erschüttert und untröstlich. Eine Kommunikation mit ihr ist nicht mehr möglich. Die Mitarbeitenden versuchen, immer wieder einmal an ihrem Bett zu sitzen, ihre Hände in den ihren zu halten und beruhigend auf sie einzuwirken, ohne offensichtliche Wirkung. Frau W.s schweres und trauriges Sterben bleibt lange in hilfloser Erinnerung des Teams.

In der Reflexion ihres Todes während der Übergabe und in den nachfolgenden Supervisionen tauchen immer wieder Begriffe wie Ich-Bewusstsein und Selbstvertrauen auf. Eine Kollegin äußert, dass sie wenig Verständnis dafür aufbringen könne, wie sich ein Mensch offenbar so ausschließlich auf sich selber habe verlassen können, wo doch nichts so sicher sei im Leben wie der Verlust dieses Selbst am Ende des hiesigen Seins.

Das Erleben von Frau W.s Sterbeprozess und die nachdenklichen Äußerungen im Team werfen Fragen auf zum Thema Vertrauen und Selbstvertrauen in schweren Lebenskrisen oder am Lebensende:

- Ist Vertrauen für Menschen in solchen Situationen überhaupt eine Option?
- Kann es das Wagnis des Sterbens stützen?
- Ist Vertrauen mit Hoffnung in Verbindung zu bringen?
- Wem oder was ist denn in dieser Krise zu trauen, zu vertrauen?

Dem Sterben trauen?

Ein Bild taucht auf. Ein kleines Kind wirft sich jubelnd vom Klettergerüst in die hoch gereckten Arme des Vaters. Es weiß, dass es aufgefangen, nicht fallengelassen wird. Es erwartet zu Recht, dass der starke Vater es empfängt, hält und trägt. Der im Wort (Ver)Trauen steckende Begriff der Treue bezeugt genau diese Sicherheit; mit dem Vater und seiner Zuverlässigkeit ist aus Erfahrung zu rechnen. Wenn Vertrauen also die

Erwartung in etwas Positives oder Bekanntes meint, dann ist es am Lebensende, so scheint es, keine angemessene Reaktion oder Einstellung. Der im Sterben befindliche Mensch weiß nicht, was auf ihn zukommt. Er hat keine Vorstellung, wie der Vorgang des Sterbens sein wird, noch hat er irgendeine Ahnung davon, wie und was »danach« sein könnte. Er hat keine Erfahrungen und Informationen zur Verfügung, welche ein mögliches Vertrauen begründen könnten. Selbst seine größten überstandenen Krisen im Leben erlauben keinen Vergleich mit dieser letzten Aufgabe der Selbstabgabe, so sind aus den früheren Bewältigungserfahrungen auch keine Coping-Strategien abzuleiten.

Selbst Kunst und Kultur, poetische Bilder wie Bachs Tod als Schlafes Bruder oder der Tod, der nach Schubert als Freund zum Mädchen kommt, schenken keine Berechtigung zum Trauen. Der Vorgang des Sterbens bleibt ein großes und letztes Wagnis und begründet keine Sicherheit. Mit reichlich schwarzem Humor äußerte sich einmal ein in seiner Krankheit weit fortgeschrittener Palliativpatient zum Angebot einer weiteren Therapie mit den Worten: »*Herr Doktor, hier ist Vorsicht geboten. Meine Leichtgläubigkeit könnte ich mit dem Tod bezahlen.*«

Sich anvertrauen

Haben Menschen auch kein Erfahrungswissen mit dem Sterbevorgang, so hatten sie vielleicht doch im Laufe ihres Lebens Begegnungen, in denen sie Beistand erlebt, Freundschaft geschenkt bekommen, Solidarität kennen gelernt, sich nicht im Stich gelassen gefühlt haben. In der nun größer werdenden körperlichen Schwäche oder seelischen Verwundbarkeit gibt es den wachsenden Wunsch, sich auf andere zu stützen, zu verlassen, ihnen Verantwortung zu übergeben. Vertrauen ist dann ein »*Sich-Öffnen und Sich-Erschließen gegenüber dem Objekt des Vertrauens*«, wie Gennerich[21] den Urheber der empirischen Vertrauensforschung Girgensohn zitiert, »*[...] gestützt auf die Zuversicht, dass das Objekt des Vertrauens richtig handeln könne [...]*«. Ein klassischer Satz ist das dann an den Arzt gerichtete »Herr/Frau Doktor, was meinen Sie, kann man jetzt noch tun?« oder auch die Frage: »Wie lange habe ich noch?« oder auch »Was täten Sie an meiner Stelle?« In der letzten Phase ihres Lebens geben Patienten oftmals ihre Entscheidungskraft an einen anderen, dem sie höhere fachliche Kompetenz zusprechen. Hier kommt die viel besprochene Partnerschaftlichkeit und Autonomie oft genug an ihre Grenzen. Viele Schwerstkranke und Sterbende wollen und können nicht mehr entscheiden, haben in der Irritation von Krankheit und Sterben den Boden unter den Füßen verloren, haben keinen Bezug mehr zum eigenen Können und Wissen.

In einer Selbsterfahrungseinheit eines Ärzteseminars zum Thema Verlusterfahrung mache ich bei der so genannten Zettelübung fast immer wieder die gleiche Erfahrung. Von fünf individuell beschrifteten Zetteln geben die Teilnehmer in jeweils drei Runden drei ihrer Zettel an mich ab, in der Hierarchie ihrer persönlichen Wichtigkeit. Den vierten Zettel ziehe aber ich, unbeeinflusst von der Art und Weise, wie sie möglicherweise versuchen, mir einen der beiden letzten Zettel in die Hand zu spielen oder den ihnen wichtigsten mir vorzuenthalten. Im anschließenden Austausch sagen die meisten, dass sie äußerst dankbar gewesen seien, dass nicht sie hätten entscheiden müssen, sondern dass ich ihnen diese Entscheidung abgenommen hätte. Sie hätten diese Wahl gar nicht treffen können.

Dieses Teilnehmerverhalten in einer eher künstlichen Übungssituation spiegelt die Dankbarkeit von Patienten, wenn sie am Ende ihres Lebens ihre Kontrolle aufgeben und sich einem anderen Menschen überlassen können, Vertrauen in ihn und sein Können setzen dürfen. Sie sind oft nicht mehr in der Lage, für sich selber einzustehen, brauchen hier die Übernahme anderer, ihnen wohl gesonnener Menschen, die ihr »Handwerk« verstehen, sich in Schmerztherapie und Symptomkontrolle auskennen und den ihnen Anvertrauten alle erdenkliche Fürsorge angedeihen lassen. Das Wort Sorge erhält hier seine vornehmste Ausprägung: mit Sorge ist hier nicht die drückende Besorgnis als Befürchtung gemeint, der Kummer über etwas, vielmehr das Sich-Kümmern, ein Sorge tragen für einen anderen. Nicht von ungefähr ist der englische Begriff *Palliative Care* nie ins Deutsche übertragen worden, weil er hier verkürzt mit Behandeln und/oder Begleiten übersetzt werden müsste. Care (lat. cura) aber meint etwas Umfassenderes, die sorgfältige Beachtung der Bedürfnisse des anderen und seine scharfe Aufmerksamkeit auf etwas, auf jemanden richten.

Es geschieht immer wieder, dass Menschen, die ursprünglich den tiefen Wunsch des Zuhause-Sterbens hatten, auch nach der Sicherung von Schmerztherapie und Symptomerleichterung nicht mehr von der Palliativstation oder aus dem Hospiz entlassen werden wollen. Die Erfahrung des Gehaltenseins, des Aufgehobenseins im Hospiz/auf der Palliativstation gibt ihnen eine tiefe Geborgenheit, eine große Sicherheit, die sie aus sich nicht mehr herstellen können. Übrigens ist auch hier einer der Gründe zu finden, warum viele Menschen trotz fast 30 Jahren ambulanter, qualifizierter Hospizarbeit in Deutschland immer noch im Krankenhaus versterben.

Den anderen betrauen

Vielfach suchen sich schwerkranke und sterbende Menschen sehr wohl denjenigen selbst aus, dem sie sich anvertrauen wollen und können. Nicht die Profession ist hier Ausschlag gebend, nicht die Sicherheit des Auftretens, nicht die Fülle der verfügbaren Antworten, sondern die Vertrauenswürdigkeit des Gegenübers, die sich oft genug in Blicken, in kleinen Gesten spiegelt.

In einem Krankenhaus in der Schweiz wurde in den neunziger Jahren eine umfangreiche Studie durchgeführt mit der Fragestellung, wem vom Personal die Patienten und Angehörigen im Zeitraum des letzten Jahres am meisten Vertrauen entgegengebracht hätten. Es entspann sich ein leiser Wettstreit zwischen den Chefärzten, den Stationsleiterinnen und den Mitarbeitern der Seelsorge; jeder rechnete sich gute Chancen aus. Die Verblüffung war groß, als die portugiesische Putzfrau, die noch nicht einmal des Schwyzerdütsch ausreichend mächtig war, den Zuschlag der meisten Nennungen erhielt. Ihr Blick beim Betreten und Verlassen des Zimmers und das gelegentliche Lächeln in Richtung der Betten seien so vertrauenerweckend gewesen.

Vielfach werden gerade auch ehrenamtlich Mitarbeitende für eine solche Beziehung ausgewählt: Man hat keine gemeinsame Geschichte miteinander (wie mit Familienmitgliedern), man ist nicht abhängig in Behandlung und Pflege (wie bei Ärzten und Pflegenden) und somit nicht angewiesen, sie erwarten nichts an Mitarbeit oder Compliance und sind im besten Fall absichtslos zugegen. Absichtslosigkeit im Handeln befreit von einer Erwartung, die mit einem besonderen Ergebnis verknüpft ist. Ein vertrauenswürdiger Begleiter hat nicht die Idee, den Schwerstkranken zu einem Sterben im eigenen Sinne zu bewegen. So zeigen sich vertrauenswürdige Helfer oft im besten Sinne des Wortes als ratlose Helfer, indem sie auf Ratschläge verzichten. So muss gewährleistet sein, dass nichts und niemand den sterbenden Menschen beeinflusst oder veranlasst, ein ihm fremdes Sterben zu leben, auch nicht das Sterben, was sich vielleicht der Begleiter für sich selber wünscht, auch und vor allem nicht ein Sterben, was in der Hospizarbeit oder palliativen Umsorgung möglicherweise als Idealbild[22] gesetzt wird. Der Mensch, dem unser Beistand gilt, darf kleinmütig, verzagt, heroisch, lieblos, tapfer, allein, behütet, aggressiv, unwahrhaftig, verzeihend, versöhnt, zärtlich, zugewandt, abgewandt, hoffnungsvoll, verzweifelt und misstrauisch sterben; er darf in seinem letzten Lebensabschnitt so sehr er selber sein, wie es vielleicht nie zuvor möglich war. An dieser letzten Station seines Lebens gibt es keine Ansprüche und Anforderungen an sein Verhalten.

Die Begleiter haben ihm darin, in seinem So-Sein, Beistand zu leisten.

Häufig werden sie dann in der Folge und im Laufe einer wachsenden Beziehung mit Aufgaben betraut. Manchmal dürfen Begleiter Einblicke in Lebensgeschichten nehmen, die anderen verwehrt sind, ein anderes Mal werden sie in Fragen des Erbes mit einbezogen, ein wieder anderes Mal sogar zu Anwälten ihres Willens gegenüber Dritten gebeten. Vielleicht erklären solche Beispiele dann auch das Wort »Amt« beim Begriff des Ehrenamtes, sie bekommen im wahrsten Sinne ein Amt, eine konkrete Aufgabe zugeschrieben, für den Sterbenden und seine Wünsche und Bedürfnisse einzustehen, stellvertretend und anwaltschaftlich.

Manchmal ist das anwaltschaftliche Sorge-Tragen[23] auch etwas abstrakter.

Eine um ihre Tochter, die durch einen von ihr verschuldeten Autounfall ums Leben gekommen war, zutiefst trauernde Frau brachte immer wieder zum Ausdruck, dass sie nie und nimmer an eine Veränderung ihres Schmerzes glauben könne. »Nie«, so versicherte sie mir nahezu kämpferisch, »wird sich dieser Schmerz, der mich von morgens bis abends besetzt, lösen. Was haben Sie dagegen zu setzen, gegen meine Verzweiflung?« Ich sagte ihr, dass ich nichts dagegenhalten könne, auch meine Hände seien leer und ich tief bewegt von ihrer Aussichtslosigkeit. Und doch gäbe es einen unbeirrbaren Glauben, aus der Erfahrung vieler Jahre geboren, dass sie irgendwann einmal wieder dem Leben zugewandt sein werde, nie mehr wie zuvor, doch mit Mut und Lebensinteresse. Ob sie mir erlaube, diese

Hoffnung stellvertretend für sie zu bewahren? Jahre später sagte sie mir bei einer unerwarteten Begegnung auf einer Feier, dass sie diese meine Hoffnung wie ein Geländer begleitet und gestützt habe.

Mit Hoffnung für jemand anderen betraut zu sein, wenn dessen Zuversicht und Glauben wegbrechen, ist eine Aufgabe, die nicht wenig Ansprüche an das eigene Denken und Sein stellt.

Sich vertraut machen

»Zähmen, das ist eine in Vergessenheit geratene Sache«, sagte der Fuchs. »Es bedeutet: sich vertraut machen.« »Vertraut machen? Was muss ich da tun?« sagte der kleine Prinz. »Du musst sehr geduldig sein.«, antwortete der Fuchs. »Du setzt dich zuerst ein wenig abseits von mir ins Gras. Ich werde dich so verstohlen, so aus dem Augenwinkel anschauen, und du wirst nichts sagen. Die Sprache ist die Quelle der Missverständnisse. Aber jeden Tag wirst du dich ein bisschen näher setzen können ...« Am nächsten Morgen kam der kleine Prinz zurück. »Es wäre besser gewesen, du wärst zur selben Stunde wiedergekommen«, sagte der Fuchs. »Wenn du zum Beispiel um vier Uhr nachmittags kommst, kann ich um drei Uhr anfangen, glücklich zu sein. Je mehr die Zeit vergeht, umso glücklicher werde ich mich fühlen. Um vier Uhr werde ich mich schon aufregen und beunruhigen; ich werde erfahren, wie teuer das Glück ist. Wenn du aber irgendwann kommst, kann ich nie wissen, wann mein Herz da sein soll ... Es muss feste Bräuche geben.«[24]

Feste Bräuche, das mag ein anderer Begriff für Struktur sein. Begleitung braucht Struktur, Wiederkehrendes, Verlässlichkeit, und darin Ehrfurcht vor dem anderen. In dem Ausschnitt aus »Der kleine Prinz« werden sehr treffend die Geduld und die nicht sprachliche Kommunikation als Vertrauens-würdigende Voraussetzungen der Beziehung auch zwischen dem sterbenden oder trauernden Menschen und seinem Begleiter beschrieben. Abwarten können, ob oder bis der Patient, Bewohner oder Gast das Angebot der Begleitung überhaupt annimmt, und dann vor allem nicht darauf zu drängen, unverzüglich auf »tiefe und letzte Dinge« sprechen zu kommen, sind hospizliche Fertigkeiten, die in jedes Befähigungscurriculum gehören.

Hat Begegnung stattgefunden, ist sie also gelungen, spürt der sterbende, der trauernde Mensch, dass er vertrauen darf, *»dass dieser Mensch nicht ein Geschäft an ihm betreibt, sondern an seinem Leben teilnimmt; dass dieser Mensch ihn bestätigt […]«*. Vertrauen kann in diesem Zusammenhang verstanden werden als *»Durchbruch aus der Verschlossenheit, Sprengung der Klammer, die um ein unruhiges Herz gelegt ist […]«*.[25]

Wer sich mit einem schwerstkranken Menschen oder einem Menschen in einer anderen Verlusterfahrung vertraut machen will, muss Vertraulichkeit herstellen und beweisen. Manches Mal wird in einer Begegnung etwas nur in die zwei Augen oder die zwei Ohren des Gegenübers gesprochen und geht niemanden sonst etwas an. Es ist eine der wichtigen Fragen in der Begleitung, besonders im ehrenamtlichen Kontext, was von dem, was erzählt, gehört, gesehen wurde, in die Dokumentation, in das Übergabegespräch gehört.

Als Eigenschaft einer Nachricht, die nur für einen ganz beschränkten Empfängerkreis vorgesehen ist, ist Vertraulichkeit die Basis von Vertrauen in einen anderen Menschen. Was dagegen davon in eine Öffentlichkeit, und sei diese noch so klein, gezerrt wurde, zerstört die Beziehung und verschließt das Herz. Die Preisgabe persönlicher Gesprächsinhalte ist Verrat und gibt oft genug die Beziehung preis.

In einer Kleinstadt wurde Herr Sommer während seiner letzten Lebenswochen von einer engagierten ehrenamtlichen Mitarbeiterin des örtlichen Hospizdienstes regelmäßig besucht. Er schien immer mal wieder bedrückt, wenn sie über das hinter ihm liegende Leben sprachen, das in den Augen der Begleiterin erfolgreich, rund und zufriedenstellend wirkte. Eines Abends vertraute Herr Sommer der Frau an, dass »der Schein trüge«. Er habe Zeit seines Lebens gegen seine Pädophilie gekämpft, mit Erfolg, aber vor vielen Jahren habe es einen »Ausrutscher« gegeben, unter dem er immer noch leide, obschon niemand außer ihm und dem Kind davon wisse. Auch seine Ehe habe unter seiner Neigung gelitten. Obwohl seine Ehefrau nichts davon ahne und sie einen gemeinsamen erwachsenen Sohn hätten, habe sie sich immer zurückgesetzt und nicht gewollt gefühlt. In wohlmeinenden Gedanken einer notwendig erscheinenden Versöhnung zwischen den beiden glaubte die Ehrenamtliche, dies der Frau sagen zu müssen. In ihrem geschockten Entsetzen wollte und konnte die Ehefrau die häusliche Pflege von Herrn Sommer nicht mehr fortsetzen, sie könne ihn nicht mehr berühren, sagte sie. Der Sohn, auch in Kenntnis gesetzt, wollte »so einen Vater« nicht mehr sehen. Herr Sommer verbrachte die allerletzten Tage in einer Pflegeeinrichtung. Mit der ehrenamtlichen Dame und dem sie entsendenden Dienst wollte er bis zuletzt nichts mehr zu tun haben.

Sich getrauen

Wenn alle Therapien aufgebraucht sind und keine Hoffnung mehr auf Heilung besteht, leisten Menschen oft Großes. Es gilt anzuerkennen, dass nun aktives Aufbegehren und Kampf nicht mehr die Mittel der Wahl sind, sondern dass die letzte Leistung das Sich-Anheimstellen ist. Sterbende, aber auch um ihre Liebsten trauernde Menschen, lehren uns manchmal andere Umgangsmöglichkeiten als das Aufbegehren gegen etwas, das sich nicht beirren lässt. In der Hingabe erlauben sie sich zu überlassen, zuzustimmen, zu dulden und zu erdulden, einzuwilligen, zu akzeptieren, zu ermöglichen, zu bewilligen, zu ermächtigen, zu gewähren, zu bejahen. Es gehört eine überaus große Portion Mut dazu, das Erleben der Ohnmacht in Hingabe umzuwandeln, denn es löst ja zunächst Unbehagen und Angst aus. Bilder von Kapitulation und Auslieferung tauchen auf, sich etwas oder jemand Fremden zu unterwerfen, den Schritt ins Ungewisse, ins Unkontrollierbare zu machen.

Der Mut, Hingabe zu üben bedeutet einwilligen zu lernen.

Frau Gehlen, eine Frau, die die Verlustgefühle um ihre im Advent des Vorjahres verstorbene Lebenspartnerin lange bekämpft hatte und weder den Schmerz fühlen noch sich von »diesem Tod geschlagen geben« wollte, kam im Spätherbst des Folgejahres wieder einmal, wie alle 2 Wochen, in meine Praxis. Sie wirkte leiser, milder. Sie habe eine Erkenntnis, sagte sie mir. Gestern, als sie dabei war, den Garten winterfest zu machen, sei ihr der Gedanke gekommen, dass sich die Natur nicht wehre gegen das Endende, gegen das Verfaulen und Verrotten, sondern dass sie es hinnehme, ja, dass sich die Natur dem überlasse. Und das nötige ihr beim Zuschauen große Bewunderung ab, dass die Natur sich das traue, denn sie wisse ja nichts vom Frühling und dem Wieder-Werden. Und das wolle sie selber nun auch versuchen, dieses Gewährenlassen. Und sie musste lächelnd, sich ein Schlupfloch erhaltend, hinzufügen:« Einwilligen heißt ja noch nicht unbedingt zustimmen!«

Begleitungen – so wird immer wieder versichert – sind keine Einbahnstraße des Gebens. Begleiter erzählen, dass sie genauso viel, wenn nicht ungleich mehr, von ihren Patienten und den ihnen Anvertrauten zurückerhalten haben, als sie je ihnen gegeben hätten. Eines dieser Geschenke war sicher auch für mich das Miterleben solch tapferer und beherzter Beugungen, die ein Wegweiser sein können für das eigene Sterben.

Dem Selbst trauen

Der Mensch kann nicht leben ohne ein dauerndes Vertrauen zu etwas Unzerstörbarem in sich, wobei sowohl das Unzerstörbare als auch das Vertrauen ihm dauernd verborgen bleiben können […].[26]

Frau W., deren schweres Sterben einleitend benannt wurde, war dieses Unzerstörbare offensichtlich verborgen. Ihre Sterbeangst war darauf begründet, ihr Ich zu verlieren, ihr Selbst, das sie, wie sie annahm, doch Zeit ihres Lebens ausgemacht hatte.

Wenn wir einen toten Menschen anschauen, ist etwas von dem, was er war, nicht mehr da. Dieses Gewesene lebt bestenfalls noch in der Erinnerung derer, die diesen Menschen gekannt und geliebt hatten. Aber selbst diese Gewissheit gab es in Frau W. nicht, denn es gab keine Hinterbliebenen. Ähnlich begrenzt ist das Weiterexistieren in den vollbrachten Werken eines Menschen. Was Frau W. damals in ihrem Beruf innovativ geleistet hatte, war längst von Nachfolgenden in Besitz genommen worden. Schon zu Beginn ihrer Erkrankung hatte Frau W. kaum noch Besuche ehemaliger Kolleginnen erhalten.

»Ach, alles war umsonst«, so die erschütternde Klage von Frau W.,« meine Anstrengungen, mein Bemühen, meine Leistungen, mein Erfolg ... Ich komme nicht mehr vor.«

Die große Angst erzeugende Kränkung des Sterbens liegt darin, dass mein Selbst, das ich als Mich gekannt und auf das ich ein Leben lang gesetzt habe, nicht mehr da ist bzw. nicht mehr da sein wird. Ich habe mich auf etwas Vergängliches verlassen, habe auf Sand gebaut und auf etwas vertraut, dem nicht zu trauen ist, welch ein spät erkannter bitterer Irrtum.

Die Bhagavad Gita unterscheidet zwischen dem persönlichen, niedrigen Selbst (dem Ich in unserem Sprachgebrauch) und dem allumfassenden Selbst (dem Göttlichen). Beide seien aber einander nicht entgegengesetzt. Wenn sich das persönliche Selbst aus den Erscheinungsformen von Natur und Welt befreit, die kleinlichen Verlangen und das selbstsüchtige Überschätzen des eigenen Lebens ablegt, kann es zum Strombett des einen und großen Selbst werden.[27] Das große Selbst, das, was nicht aufhört, ist möglicherweise gar nicht in einem zeitlichen und räumlichen Jenseits zu suchen, sondern in einem Drinnen, einem tiefen Drinnen, in einer radikalen Verinnerlichung.

Ich habe dieses andere, größere Selbst einmal in der folgenden Übung erleben dürfen: Zwei Partner sitzen einander gegenüber, die Übung hat kein enges zeitliches Limit. Einer der beiden (A) stellt dem, der anderen (B) die Frage »Wer ist Du?« B antwortet beispielsweise mit dem Namen: »Ich bin Soundso«, A fragt wieder »Wer bist Du?« Die Antwort könnte nun: »Ich bin Buchhalterin« lauten, oder Vater von drei Kindern oder eine ältere Witwe. A fragt immer weiter im gleichen Wortlaut und B antwortet mit Rollen, Berufen, Hobbies, Verwandtschaftsverhältnissen usw. Die Pausen zwischen Frage und Antwort werden immer länger, die Antworten immer unkonkreter und manchmal auch kryptischer. Ganz zum Schluss bleiben zarte Bilder, Beschreibungen, Worte übrig. In der Übung, bei der ich die fragende Person war, war die letzte, mit Lächeln hervorgebrachte Beschreibung meines Gegenübers: »Ich bin ... der Schaum auf dem Wellenkamm am Meer.« In solchen Begriffen wird der Glaubensverzicht auf ein eigenes originäres Ich deutlich. In diesem Sinne könnte auch das Sterben, in dem alle Rollen als unwichtig verblassen, dem Sich-Auflösen eines solchen Irrglaubens dienen.

Der Schaum auf der Welle hat nichts mehr mit Individualität zu tun, nicht mehr mit der Einzigkeit und Einzigartigkeit, sondern mit der Verbindung mit dem All-Einen und dem darin Aufgehen. Dieses Selbst ist das Ungefährdete und Bleibende, dem einzig zu trauen ist.

VOM GEIST DER NIEDERLAGE

Ich sage ihnen: Wenn ihr aufhören könnt zu siegen, wird diese eure Stadt bestehn ...

CHRISTA WOLF

Richard v. H. war das, was seine Ärzte einen kooperativen Patienten nennen. Seit seiner Erkrankung an einem lymphatischen Sarkom vor elf Jahren hatte er, der Berufssoldat gewesen war, nach einem kurzen Schock aktiv an seiner Therapie mitgearbeitet. Er hatte sich nicht gehen lassen, das hätte er »schwächeln« genannt und sich nie verziehen. Fünf Chemotherapien hatte er ambulant durchgestanden, war am nächsten Tag, manchmal noch am Nachmittag nach der Behandlung, bei der Arbeit erschienen, jedes Mal geschüttelt von Fieber und geplagt von Durchfällen. Als er schließlich an der Universitätsklinik in ein kompliziertes Forschungsprogramm aufgenommen wurde, das eine neue Therapie erprobte, war er stolz und machte dankbar mit. Vorbildlich füllte er die Dokumentationsbögen aus, erschien auf die Minute zu den Besprechungen und klagte auch dort nie über seine verschiedenen Symptome und seine zunehmende Schwäche. »Da muss ich durch«, war einer seiner Sätze, und: »Das wäre doch gelacht, wenn ich mich durch so ein paar Zellen, die verrückt spielen, unterkriegen ließe!« Im Freundeskreis ließ er einmal verlauten, dass, wenn er denn doch irgendwann »daran« sterben müsse, er es dann wenigstens »aufrecht« tun wolle.

Nun war er auf der Palliativstation gelandet, damit seine Schmerzen und seine Übelkeit eingestellt würden und er nach Hause gehen könne, um dort seinen Tod zu erwarten. Richard v. H. wusste nur zu gut, was eine palliative Behandlung ist und dass er an der letzten Station seiner Erkrankung und bei den allerletzten Therapieoptionen angelangt war. Aber er hielt sein Verhalten bei. Man sah ihn nie in einem Schlafanzug, sondern immer mit einem Anzug bekleidet und mit einer Fliege um den mageren Hals. Er lag nicht etwa im Bett, sondern saß aufrecht im Sessel, obschon er auf 43 Kilo abgemagert und sehr schwach war. Bei der Visite fragte er des Öfteren, wie lange die Wirkung dieser Behandlung nun anhalten würde und wann er wieder in sein Büro gehen könne. »Na, dann wollen wir mal wieder!«, waren seine fast schon geflügelten Worte bei den Untersuchungen und Waschungen.

Er kam mir vor wie ein Mensch, der in einem auseinanderbrechenden Boot sitzt und sich am hineinströmenden Wasser festhalten will.

Einmal kam die Nachtschwester in sein Zimmer, weil sie ein Stöhnen gehört hatte, und fand ihn vor dem Waschbecken kniend bei einer Übung mit Hanteln. Sie war so erschüttert von diesem Anblick, dass sie später in der Nacht noch einmal bei ihm vorbeiging, um mit ihm zu reden. Er saß im Sessel und bekannte, dass er sich auch des Nachts nicht ins Bett legen würde, das wäre für ihn der Offenbarungseid und die Einladung für den Tod, ihn zu holen. Und als die Schwester ihn fragte, ob diese Haltung und der ewige Widerstand denn nicht furchtbar anstrengend seien, antwortete er freimütig: »Oh ja, das ist es schon. Aber elf Jahre hat man mich dafür gelobt, dass ich so tapfer kämpfe, und nun soll ich mich plötzlich mir nichts, dir nichts hinstrecken und in die Annahme meines Sterbens rutschen, bloß weil es an diesem Ort passend scheint.«

Dieser Ausschnitt aus Richards Krankengeschichte erinnert an ein Theaterstück, das in Kürze aufgeführt werden soll, aber nicht ausreichend Zeit für Proben zur Verfügung hatte. In den beiden ersten Akten ist der Hauptdarsteller gehalten, ein kämpferisches Verhalten an den Tag zu legen, sich mutig und tapfer zu geben, während nach der Pause die Regieanweisung plötzlich einen geduldigen, abwartenden, sich in alles fügenden Charakter fordert. So schnell kann sich der Schauspieler ohne ausreichende Vorbereitung kaum umstellen.

Ein ganzes Patientenleben lang wurde Richard v. H. bedrängt, sich zu wehren, aufzubegehren, zu trotzen, nichts hinzunehmen von der Zumutung, die seine Krankheit mit sich brachte. Wenn die ihn behandelnden Ärzte Hoffnung gefasst hatten auf Heilung und Lebensverlängerung, so hatte auch er diese Hoffnung in sich zu tragen und zu stabilisieren. Wurde aber irgendwann deutlich, dass diese Hoffnung gegenstandslos und sinnlos wurde und keine Erfüllung brachte, so sollte er sie ebenfalls fahren lassen und umgehend eine andere Einstellung zur Krankheit gewinnen, sozusagen nach Regieanweisung eines Drehbuchs, das ihm nicht selber zu schreiben vergönnt war. Jemand wie er, der aufgewachsen war in einem Elternhaus, in dem Schatten als ungehörig bekämpft wurden, in dem Unsicherheiten und Ängste umgehend mit Medikamenten angegangen wurden, in dem es sich einfach nicht gehörte, Schwäche (aus)zu leben, der später in seiner militärischen Laufbahn das daheim Erlernte karrierefördernd umsetzen konnte, so jemand braucht ein paar Proben mehr, um eine andere, neu gewonnene Einstellung bei der Premiere glaubwürdig umsetzen zu können.

Unsere Gesellschaft hat die Wertschätzung der so genannten passiven Eigenschaften verlernt.[28] Sich gedulden, sich fügen, abwarten, erdulden, sich in Ge-lassenheit üben, erleiden, sich hingeben etc. sind in der heutigen Welt äußerst umstrittene Eigenschaften. In der PEKIP-Gruppe einer Familienbildungsstätte wird der kleine, aggressionsgehemmte Junge angehalten, sich gegen die anderen zur Wehr zu setzen, einer Mitarbeiterin in einem Büro wird geraten, gegen die Mobbingversuche der Kolleginnen mit aller Macht vorzugehen, ein Mann will in Nachbarschaftsstreitigkeiten mit allen juristischen Möglichkeiten sein Recht durchsetzen, zur Not erzwingen – der Wortschatz dieser Beispiele verrät eine Haltung des kriegerischen Aufbegehrens, die unter der Flagge des Wollens ihre Kreuzzüge antritt. Für Werte wie: Hingabe, Niederlage, Aufgeben, Lassen, Verlieren, Demut ... haben wir keinen positiven Hintergrund. Wenn solche oder ähnliche Begriffe vorkommen, werden sie manchmal durch die Endung *-losigkeit* eher als Defizite entlarvt: Widerstandslosigkeit, Hilflosigkeit, Kraftlosigkeit ..., als ein Fehlen von etwas, was zur Lebensbewältigung scheinbar notwendigerweise verfügbar sein sollte. Schon das Wort Bewältigung – z. B. im Zusammenhang mit einer Lebenskrise wie Trauer – zeigt einen großen Irrglauben, als ob wir Lebenden letztlich und grundsätzlich Sieger bleiben könnten.

Als ich jüngst in Wien in einem Seminar zum Thema »Spiritualität in der Palliativmedizin« den Geist der Niederlage vorstellte und die Kursteilnehmer bat, mit diesem und anderen Geistern in einem Rollenspiel zu agieren, weigerte sich eine Teilnehmerin vehement gegen eine solche Haltung, die sie als Zumutung und außerdem als obsolet empfand. *»Wenn überhaupt«*, so sagte sie, *»kann ich mich bestenfalls mit dem Geist der Hingabe auseinandersetzen, aber mit dem der Niederlage, nein, das geht überhaupt nicht!«* Ich konnte es nachvollziehen: In der Hingabe reiche ich »nur« etwas mit den Händen weg – schwer genug –, aber in der Radikalität der Niederlage strecke ich mich mit dem ganzen Körper und Dasein zu Boden, gebe auf, unterwerfe mich, das ist fast unerhört in seiner Geste und Symbolsprache.

Und wir haben es meist nicht gelehrt bekommen, wie sollen wir hoch disziplinierten und autodynamischen Menschen es auch nur versuchsweise darstellen können! Auch ist uns im Laufe unseres Lebens vielfach begegnet, dass Passivität und Dulden als Schwäche und Haltlosigkeit verstanden und gründlich ausgenützt wurden.

Und doch haben wir die Freiheit einer Niederlage vielleicht auch schon einmal als unverhofftes Geschenk erlebt: in Zeiten einer Erkrankung, wo wir ungestraft der Müdigkeit des Körpers und Antriebslosigkeit des Gemüts nachgeben konnten, beruflichen und privaten Anforderungen entgehen und zur Ruhe kommen durften. Oder in der liebenden Zuwendung zu einem anderen Menschen, wo wir uns in und ob unserer Schwäche und Kleinheit geliebt fühlen durften, wo wir nichts veranstalten oder unternehmen mussten, um Liebe zu »erringen«, die uns einfach zufiel und geschenkt war. Und wo wir uns dieser Liebe unterwarfen, hatten wir fern von Siegesgebärde und Triumphgefühl eine Ahnung davon, wie köstlich die Aufgabe von Herrscherwunsch und die Absage an das Bewahren von Kontrolle sein kann. Es kam uns dann vor, als wären wir durch den Verzicht von Eigen-Mächtigkeit und Wollen mit etwas Höherem, Besserem verbunden. Doch nach einer Weile haben wir die Entlastung und den Lustgewinn wieder vergessen und uns erneut der anstrengenden Illusion einer »Bewältigung von Leben« und einer »Verarbeitung von Leiden« gewidmet.

Der Geist der Niederlage ist nicht marktschreierisch, sondern leise und innerlich. Auch ist er nicht in einem kurzen Willensakt zu erreichen, sondern durch ein langsames Hineinwachsen.

Frau Scheffer-Fontaine lag seit zwei Wochen auf dem Rücken und blickte unentwegt zur Zimmerdecke. Sie reagierte kaum auf Fragen. Betrat jemand das Zimmer, so beantwortete sie kurz den Gruß und wandte sich wieder ab. Sie wirkte verschlossen und unerreichbar.

Seit fünfeinhalb Wochen war sie nun Gast im stationären Hospiz. Ihr Aufenthalt hatte viel Aufregung und auch Ärger ausgelöst. Frau Scheffer-Fontaine war das, was man eine »schwierige Patientin« nannte, und »Gast« in etlichen Supervisionssitzungen des Teams gewesen. Sie gab allem und jedem Schuld an ihrer Krankheit, war mit nichts zufrieden, war ungerecht, anspruchsvoll und ausufernd in ihren Forderungen, schimpfte gleichzeitig über alle »stümperhaften« Bemühungen, sie zufrieden zu stellen. Als frühere Schauspielerin eines Staatstheaters hatte sie ihre Diva-Allüren nicht abgelegt. Einmal führte sie Klage darüber, dass ihr ehemals eindrucksvolles Aussehen durch den Verlust der prachtvollen Haare so gelitten habe und dass es offenbar niemanden im Hospiz interessiere, wie sie nun aussehe. Eine mitfühlende Schwester ging darauf in ein Stoffgeschäft und besorgte zwei besondere, apart gemusterte Tücher, die sie Frau Scheffer-Fontaine zeigte und ihr erklärte, wie man daraus einen Turban binden könne. Die Patientin warf sie aus dem Zimmer mit den Worten, dass sie noch lange nicht so tief gesunken sei, dass sie sich mit derartigen Geschmacklosigkeiten zum Affen machen würde. Wenn überhaupt, dann möge man eine Hutmacherin bestellen, das aber natürlich auf Kosten des Hauses.

Nun waren diese Heftigkeiten vorüber, aber die Schwestern fanden die Atmosphäre beileibe nicht entkrampft. Sie konnten mit der Stille in diesem vormals so aggressionsgefüllten und lauten Raum nicht umgehen, weil sie das Verhalten nicht einordnen konnten, es gegen sich gerichtet empfanden und einem weiteren Zustand der Wut von Frau Scheffer-Fontaine zuschrieben.

Auch mich hatte diese Wut schon bitter getroffen. Sie hatte einmal gefragt, ob ihr jemand »etwas Anständiges« zum Lesen mitbringen könne. Daraufhin hatte ich zu Hause meine Bücherwand durchforstet und ihr zwei, wie ich finde, anspruchsvolle Erzählbände ausleihen wollen. Ihr kurzer Blick auf den Einband aber beendete dieses Ansinnen. So ein neumodisches Zeug rühre sie nicht an, verkündete sie, wandte sich ab und ließ mich stehen.

In den Tagen der Verunsicherung durch ihr Schweigen und den offensichtlichen Rückzug ging ich dann doch zu ihr, um herauszufinden, wie man die letzte Zeit für sie und das Team verbessern könne. Zu meinem Erstaunen trafen mich freundliche Augen, sie lud mich ein, Platz zu nehmen und erkundigte sich nach dem Anlass meines unerwarteten Besuches bei ihr, wo sie es uns »doch allen so recht schwer gemacht hätte mit sich und all den Wünschen«. Ich erzählte ihr, dass man über ihr Schweigen irritiert sei und immerzu überlege, wie man ihr die noch verbleibende Lebenszeit erleichtern könne, ob sie nicht an den Treffen der anderen Patienten teilnehmen wolle und ob sie nicht mit jemandem reden und sich austauschen wolle. Sie lächelte mich an. Ihre Augen blickten ungewöhnlich mild. »Ach«, sagte sie, »es irritiert euch, dass ich nicht mehr so rummache? Ich bin jetzt ganz woanders. Wissen Sie, ich tue es doch nur den Muscheln und Austern nach: Tiere, die Perlen bilden, liegen still, und ich bin damit beschäftigt, meine Perle fertig zu stellen.«

In dieser Begegnung habe ich etwas verstanden. Die Entrücktheit und Verschlossenheit diente ihrer eigentlichen Gestaltwerdung. In der Geschlossenheit ihres Zimmers (und der Geborgenheit des Hospizes) gelang es ihr, dem Außen der Welt die Stille eines nachdenklichen Innenraums abzutrotzen, eines Raumes, in welchem das Wirkliche und Schöne entstehen kann. In tiefster, geduldiger Versenkung, als ob sie auf den Boden eines stürmischen Ozeans gesunken sei, ließ sie etwas in sich heranwachsen und -formen, was ihr in den aktiven und lauten Jahren zuvor auf der Bühne und im Rausch des Beifalls nicht geglückt war und was ihre Bestimmung zu sein schien: das Wissen um die wirkliche Bedeutsamkeit des kostbaren und unverwüstlichen Kerns ihres Wesens.

An diesem von ihr selbst benutzten Bild des Perlenbildens hat mich so tief die Kenntnis beeindruckt, dass es nur infolge einer für die Muschel lebensbedrohlichen Verletzung zur Produktion einer Perle kommen kann. Der notwendige Zusammenhang zwischen Verletzung und Perlenbildung und die ergebene Zustimmung zu dieser Notwendigkeit machten mir Frau Schefter-Fontaine zu einer dieser stillen Helden in meinem Arbeitsbereich, wie ich sie immer wieder im Durchtragen ihrer Erkrankung und ihres Schmerzes antreffe.

Wenn wir uns im Geist der Niederlage üben, bedeutet dies, dass wir unsere Verletzungen und unser Leiden als Möglichkeit des Wachstums anerkennen lernen. Dass wir die Ahnung in uns bekräftigen, dass es etwas außerhalb unserer Erkenntnismöglichkeiten und jenseits der Bereiche unseres Wollens geben mag, das nicht zu bekämpfen ist, sondern das es anzuerkennen gilt. Dass wir uns eingestehen, dass nicht wir das Größte sind, weil nur dieses Wir uns bekannt und vertraut ist, sondern dass etwas über uns ist, viel größer als das Bekannte und fern unseres Zugriffs. Und dass es ein erhabener Moment sein kann, mit diesem unvergleichlich Großen in Kontakt und in Auseinandersetzung zu sein.

Seit meiner frühen Jugend begleitet mich die altbiblische Geschichte von Jakobs Zweikampf als Rätsel, das mich nicht loslässt. Wieso, habe ich mich immer wieder gefragt, soll es ein Segen sein, von einem Engel im Kampf so schwer verletzt zu werden, dass man anschließend zeitlebens hinkt? Als ich vor einigen Jahren in London eine überdimensionale Skulptur von Henry Moore zu diesem Thema betrachtete, die unvergleichliche Schönheit und Stärke des Widersachers und den Abglanz dieser Schönheit, Größe und Kraft auf den Zügen des unterlegenen Jakob, habe ich ein wenig von der Bildkraft der Geschichte begriffen. Allein durch die Tatsache, dass sich Jakob dem Kampf stellte und mit dem Engel rang, ihm nicht auswich und dann in Würde unterlag, ließ ihn teilhaben am Wesen des Engels, einen Teil haben von ihm, der von nun an in ihm wohnte. Das war der Segen, der ihm verliehen wurde.

Das tibetische Wort für *Stolz* (*ngagyal*) bedeutet wörtlich übersetzt: ich-sieghaft, die Abschirmung des eigenen Ego, das die Rüstung um das Herz immer fester werden lässt. Der so Stolze sagt: Mir kann nichts mehr etwas anhaben.

Das Gefühl, eine Niederlage erlitten zu haben, bedeutet hingegen, dass etwas zu uns durchgedrungen ist, trotz der Einkerkerung und des angelegten Panzers. Wir sind berührt.

Wie sinnlos gestaltet sich ein Leben, das ständig voller Angst um sich selber kreist und darauf bedacht ist, sich mit allen Mitteln vor wirklichen oder vermeintlichen Gefahren abzusichern. Ein moralischer Aufruf zu weniger Egozentrik, zu mehr Selbstlosigkeit oder Verzicht wird niemanden erreichen. Es geht um die Ermöglichung eines Vertrauens, das den Taumel der Angst in der Wurzel der Existenz beruhigt.

Die letzte Woche seines Lebens hatte begonnen. Richard v. H. war nun zu Hause. Eine Veränderung war mit ihm vorgegangen: Er lag nun die meiste Zeit zu Bett und hörte Musik. »Mach du dies«, bat er immer häufiger seine Frau, »kümmere du dich darum«, forderte er seinen Sohn auf. Der Habitus von Kontrolle und Mühe war vollends von ihm gewichen, sein Gesicht sah nahezu jung aus. Man konnte jetzt erst die Weichheit seiner Züge erkennen, wo die Lippen nicht mehr fest zusammengepresst wurden, die Augen unter der ungeschützten Stirn blickten freimütig. »Ja, der Kampf war fair. Und ich habe redlich gekämpft, doch habe ich es nicht geschafft. Aber wenn der Gegner so bedeutend, so überlegen, so groß ist, dann ist es fast eine Ehre, gegen ihn angetreten zu sein, ja sogar gegen ihn verloren zu haben. In meinem Kampf habe ich das Höchste berührt – was will ich mehr?«

VOM GEIST DES (BEI)LEIDENS

Der Tag wird kommen, nachdem wir uns den Weltraum zu Eigen und nutzbar gemacht und die Winde, die Gezeiten und die Schwerkraft gebändigt haben, dass wir Gott um die Nutzbarmachung unserer Liebesenergien bitten. An diesem Tag werden wir – zum zweiten Mal in der Geschichte der Welt – das Feuer entdeckt haben.

TEILHARD DE CHARDIN

Die Bereitschaft und die Fähigkeit zum Mitleiden scheinen etwas zu sein, was viele Haupt- und Ehrenamtliche in der Hospizarbeit und Palliativmedizin zur Mitarbeit bewegt, sie gleichzeitig aber auch in Sorge versetzt, dieser Arbeit überhaupt gewachsen zu sein. Mir ist es notwendig, diesen Begriff zu hinterfragen, seine Merkmale und Auswirkungen zu durchleuchten und herauszufinden, wie mögliche Überforderung und Fehlrichtungen (wie z. B. das so genannte »tödliche« Mitleid) vermieden werden können.

Mitleid als Geisthaltung

In vielen Religionen und Philosophien galt und gilt Mitleid als Haupttugend der Frommen und Weisen. Man spricht von einem auf den Mitmenschen gerichteten Gefühl, in dem Teilnahme gelebt wird und die Bereitschaft zu helfen mitschwingt. Von den Stoikern dagegen ist bekannt, dass sie das Mitleiden zu den Krankheiten der Seele gerechnet haben. Das Alte Testament der Juden und das Testament der Christen rühmen Mitleid und Barmherzigkeit als göttliche Tugenden. Bei Nietzsche wiederum kennen wir die Ablehnung des Mitleids als Lebensschwäche und Beleidigung der Bemitleideten. Er hält es für einen Selbstgenuss der Schwachen, ein sanktioniertes Überlegenheitsgefühl der Schlechtweggekommenen, das sich durch das Fehlen von Mitfreude verrät.

Albert Schweitzer sieht die Bedeutung des Mitleids für moralisches Handeln als so wesentlich an, dass er sogar Mitleid und Moral gleichsetzt: *»Der wissend gewordene Wille zum Leben ist also von tiefem Mitleid mit allen Geschöpfen ergriffen.«*

Was hat es mit diesem Wert oder Unwert auf sich?

In unserer Gesellschaft ist Mitleid unausgesprochen zwar ein hoher moralischer normativer Wert, allerdings mit ambivalenter Rezeption. In der intimitätsnahen sozialen Arbeit, in den medizinisch-pflegerischen Berufen wird er einerseits als ethische Haltung angestrebt, gleichzeitig dann aber häufig abgewertet – z. B. als Helfersyndrom. Vielfach macht er auch Angst, sich nicht mehr abgrenzen zu können und sich im Leiden anderer zu verlieren. Immer öfter äußert sich diese Angst vor Mitleid als professionelle Deformation im Umgang mit Schwäche, Krankheit und Leid. Man wünscht sich Klarheit und eine eindeutige Regelung dieses leidigen Gefühlsproblems.

Wie kann man – und kann man überhaupt? – diese besondere Teilnahme/Teilhabe am Leben eines anderen Menschen lernen oder einüben, ohne selbst Schaden zu nehmen oder zu missbrauchen?

Mitgefühl als Solidarität des Menschseins

Als Erstes gilt, sich überhaupt mitfühlend zu erleben.

Mir scheint, mitfühlen und später mitleiden ist nichts, was man wollen muss, zu dem man sich entschließen muss, was man versuchen muss. Mitgefühl geschieht. Mitgefühl fließt aus unserem Herzen, wenn wir begreifen – und dieses Begreifen zulassen (und in diesem Entschluss zum Zulassen liegt die ethische Leistung) – , wie sehr wir mit dem anderen Menschen durch unser Menschsein, Geschaffensein verbunden sind. Es gibt keine wirkliche, dauernde oder sogar endgültige Trennung zwischen uns. Wahres Mitgefühl entspringt nicht zwingend dem Wunsch, anderen zu helfen, die schlechter dran sind, sondern der Erkenntnis, dass wir mit allen Lebewesen verbunden sind.

Als junges Mädchen hegte ich eine tiefe Verehrung für den legendären Abbé Pierre, der in einem Vorort von Paris eine kleine Gemeinschaft gegründet hatte (die »Lumpensammler von Emmaus«), in der sich Ordensleute, Priester und Laien hingebungsvoll um Nicht-Sesshafte kümmerten. Da ich außerdem eine große Neigung zu Frankreich hatte, dem Land meiner Mutter, setzte ich den Gedanken, eine Weile in dieser Gemeinschaft mitzuleben und zu ergründen, was es mit dem Mitgefühl auf sich hat, nach dem Abitur um. Die Person von Abbé Pierre beeindruckte mich tief: die hagere Gestalt, die asketischen Gesichtszüge, der lange zerzauste Bart, sein aufmerksamer, warmer Blick, der einen im Augenblick des Gespräches ausschließlich umfing, und seine völlig selbstverständliche, ungekünstelte Art, Nähe zu erlauben, nahmen mich umgehend für ihn und sein Anliegen ein. Ich vergesse nie das Bild, wie sich dieser nicht nur körperlich herausragende Mann in seiner Kutte unter all den zerlumpten, manchmal vor Schmutz starrenden Clochards bewegte. Er stand nahe bei ihnen, lauschte ihren Gesprächen mit leicht zur Seite geneigtem Kopf und hatte seine Hand derweil auf irgendeinen Arm, gegen irgendeinen Rücken oder um irgendeine Schulter gelegt. Er war mitten unter ihnen. Ich sehnte mich danach, ihm gleich tun zu können, empfand gleichzeitig aber auch alle möglichen, diesem Wunsch widerstrebenden Gefühle wie Scheu, Ekel, Beurteilungen, Angst ... Eines Tages ergab es sich, dass wir nach dem gemeinsamen Morgengebet beim Frühstück nebeneinander zu sitzen kamen. Er verbreitete eine solche Atmosphäre von Freimütigkeit, dass ich, die 18-Jährige, allen Mut zusammennahm und ihn in meinem holprigen Französisch fragte, wie er ein solch beeindruckendes Mitgefühl in sich wecken und leben könne. »Das ist ganz leicht«, antwortete er, »es geschieht einfach. Genauso, wie ich dem Wind, dem Nieselregen und auch der Sonne erlaube, mich zu berühren, wenn ich morgens das Haus verlasse, so erlaube ich es den Gefühlen anderer, mich zu erreichen und zu berühren, wenn ich mein Schneckenhaus von Selbstgewissheit und Selbstbezogenheit verlasse ...«

Mitgefühl kann nicht ergriffen, fest gehalten, besessen oder entdeckt werden. Mitgefühl geschieht, wenn wir es zulassen, dass es geschieht. Mitgefühl verfügbar besitzen zu wollen, wäre so ähnlich, wie den Wind unter seine Gewalt bringen zu wollen. Jeder von uns hat die Fähigkeit, sich berühren zu lassen. Das ist es, was in der Communité d'Emmaus zu lernen war: »Mein Haus«

zu verlassen und für das offen zu sein, was mir draußen begegnet. Und manches Mal heutzutage, wenn es vorkommt, dass ich nahezu überwältigt bin von dem, was im Laufe einer Therapiestunde geschehen ist oder in der Dynamik einer Ausbildungsgruppe vor sich gegangen ist, dann war das nicht, weil ich eine so begabte Therapeutin wäre, die alle möglichen Interventionen beherrschte oder besonders gut ausgebildet wäre in geeigneten Instrumenten oder gar Tricks im Sinne von »Wie arbeite ich erfolgreich mit einer Gruppe«, – nein, dann geschah dies, weil ich in dieser Stunde mein Haus verlassen habe und zulassen konnte, dass die Geschichte, das Wesen, das Gesicht, das Lachen oder Weinen, das Herz eines anderen Menschen mich berührte – in der Solidarität des Menschseins.

Ich erinnere mich an eine ältere Gruppenteilnehmerin, die im Rahmen ihrer Trauerbiografie von ihrer Kindheit auf einem ostpreußischen Gut in Trakehnen erzählte. Ich konnte ihr folgen: Ich sah jeden Halm auf den Sommerwiesen, sah die kräftigen braunen Pferde über die Weiden galoppieren, sah die offenen Haustüren der anderen Güter hinter ihren Freitreppen, sah die Alten auf ihren Bänken sitzen miteinander im Gespräch, sah das ungestüme, barfuß laufende kleine Mädchen, das sie einst war, durch weite Räume und über Koppeln stürmen, hörte den Wind in den Pappeln und das Singen der Wasserkessel auf den Herden, das Trappeln der Hufe in den Stallungen, aber auch das Marschieren der Truppen, das Rollen der nahenden Panzer, das Pfeifen der Geschosse und das Räderknarren der abfahrenden, voll beladenen Wagen. Ich spürte den Sommerwind und den Geruch von Freiheit in meiner Nase, aber auch den Schrecken und das jähe Ende einer Kindheit unter meiner Haut. Dadurch, dass ich mit ihr sah, hörte, roch und fühlte, erschloss es sich auch ihr noch einmal in ganzer Fülle. Als wir uns Jahre später unverhofft auf einer Konferenz gegenüberstanden, lächelten wir uns zu – oh ja, Trakehnen!

Wir glauben oft, dass wir immer noch mehr lernen müssten an Fertigkeiten, Fähigkeiten, Möglichkeiten des Umgangs, aber die Rückmeldung von unseren Patienten und Klienten ist oft, dass es genügt hatte, »das Haus zu verlassen«.

Claudia, eine befreundete Sozialarbeiterin, erzählte mir die Geschichte von Robert, einem 55-jährigen Patienten mit einer sehr rasch fortschreitenden amyotrophen Lateralsklerose. Robert war sehr groß, kräftig und gut aussehend gewesen und hatte einen wesentlichen Teil seines Selbstwertgefühls aus seinem tadellosen Körperzustand gezogen. Er war regelmäßig ins Fitnessstudio gegangen und hatte dort mit Gewichten gearbeitet. Nun war es kaum aushaltbar für ihn, dem Verfall dieses seines einst so schönen und kraftvollen Körpers beizuwohnen, ohne ihm etwas entgegensetzen zu können. Claudia verbrachte viel Zeit mit Robert, um gemeinsam mit ihm herauszufinden, ob es einen Teil an ihm gab, der von seiner fortschreitenden Krankheit unberührt bliebe, der auch weiterhin seine Würde, seine Kraft und sein Unbeschädigtbleiben repräsentiere. Sie gingen dieser Frage mit großer Intensität nach.

Während seine Krankheit immer mehr von ihm in Beschlag nahm, wurde Robert im Umgang mit seinen Freunden und seiner Familie immer schwieriger und unausstehlicher. Er kommandierte sie herum, war aber mit nichts zufrieden, was auch immer sie ihm anboten, für ihn taten und wie auch immer sie seine Weisungen ausführten. Claudia fragte Robert das ein und andere Mal, ob er so von seinen Angehörigen in Erinnerung behalten werden wolle, wenn er einmal nicht mehr sei.

Es war auffallend, dass Robert große Angst davor hatte, was nach dem Tod sein könnte. Er war von strenggläubigen katholischen Großeltern erzogen worden und hatte eine tiefe Abneigung gegen die ihm seinerzeit vermittelten Begriffe und Bilder von Hölle und Fegefeuer, und doch lebten sie in ihm fort und beschäftigten ihn sehr peinigend. Claudia, die auch über eine Ausbildung in Gestaltseelsorge verfügte, bot ihm eine Reihe geleiteter Meditationen und Entspannungsübungen an, um ihn mit einem Gottesbild von Erbarmen und Liebe in Kontakt zu bringen.

Robert arbeitete in allem mit und bemühte sich um eine veränderte Einstellung und einen anderen Umgang mit sich, seiner Krankheit und den ihm Nahestehenden. Von Mal zu Mal wirkte er entspannter und milder. Claudia ging sehr gerne zu ihm und war froh und dankbar über all die Dinge, die sie gelernt hatte und nun so sinnvoll umsetzen konnte. Als Roberts Sterben näher rückte und er sich in einer sehr selten gezeigten, innigen Art einmal bei Claudia bedankte für all das, was sie »in ihn investiert habe«, traute sich Claudia danach zu fragen, was ihm denn von allem, was sie miteinander gemacht hätten, am allermeisten geholfen hätte. Robert schaute sie an und sagte: »Was mir am allermeisten geholfen hat? Was mir am allermeisten half, war, dass Sie sich um mich gekümmert haben.« Und dann fuhr er fort: »Ich weiß, dass Sie viele Patienten betreuen, doch Sie gaben mir das Gefühl, dass Sie sich persönlich für mich interessieren und dass ich jemand Besonderes bin.«

Keine unserer erlernten Techniken wird wirksam sein, wenn nicht ein mitfühlendes Herz dahintersteht. Und: Jede wird wirksam sein, wenn nur ein mitfühlendes Herz dahinter steht.

Sich aus der Ich-Besetzung lösen

Dieses »Hausverlassen« als Beginn der Ablösung aus der Ich-Besetzung taucht in vielen Mythologien und Religionen auf und wird zu einer zentralen Metapher. Die Gralsritter verlassen endgültig die Tafelrunde, Abraham verlässt das Haus seiner Väter. Die Jünger werden von Jesus zum Verlassen ihrer Hütten und Häuser veranlasst, Mohammed und seine Getreuen wandern aus Medina aus, Siddharta verlässt sein Schloss, um das Wahre zu leben.

»Der erste Schein des Tages fiel in die Kammer. Der Brahmane sah, dass Siddharta in den Knien leise zitterte. In Siddhartas Gesicht sah er kein Zittern, fernhin blickten die Augen. Da erkannte der Vater, dass Siddharta schon jetzt nicht mehr bei ihm war und in der Heimat weile, dass er ihn schon jetzt verlassen habe.«[29]

Der Begriff Haus steht für den Ort, an dem ich mit mir alleine beschäftigt bin, in dem ich mich eingeigelt habe, an dem ich mir in Selbstgewissheit gefalle, in dem ich mich und meine Welt haushälterisch besitze. Dieses Haus gilt es zu verlassen zum Nirgendwohnen.

Mitleid in Abwehr und Annäherung

Wie reagieren wir aber nun mitfühlend auf Leid, das wir heraustretend wahrnehmen?

Auf einer Ebene scheinen wir eine Beziehung von Anziehung und Ablehnung in unserem Verhältnis zu menschlichem Leiden zu leben. Durch die Darstellungen in den Tagesmedien, Tratsch über das Missgeschick anderer, füttern wir uns kontinuierlich mit Leidensbildern. Es scheint, dass wir stellvertretend an den Prüfungen und Drangsalen anderer teilnehmen, weil wir so am Prozess des Lebens eine Teilhabe zu bekommen meinen, bei der wir allerdings die Kontrolle behalten. Wir möchten es betrachten, können es aber jederzeit abschalten oder verlassen, wenn wir wollen.

Auf einer anderen, tieferen Ebene erweckt das Leid anderer in uns die Erwiderung spontaner Anteilnahme.

Die Mutter ist mit ihren 93 Jahren immer hinfälliger geworden. Am Todestag des Vaters begleitest du sie zum Friedhof und lädst sie hinterher in einem Restaurant zu Kaffee und Kuchen ein. Sie kämpft mit dem Kuchen auf ihrem Teller, um ein Stück zum Mund zu führen, fragt mit überlauter Stimme nach, was die Bedienung gesagt hätte, und als sie zu guter Letzt mit zittriger Hand auch den Rest des Kaffees über ihr Kleid schüttet, trifft dich ein entsetzter, verlegener und zugleich demütiger, um Nachsicht bettelnder Blick, in dem die Verzweiflung über die Ungeschicke des Alters steht. Dein Herz öffnet sich ihr gegenüber. Der Schmerz in ihren Augen erweckt in dir das Bedürfnis, sie zu trösten. »Das macht doch nichts«, und »Ich bin ja hier, um dir zu helfen.«

Gewöhnlicherweise sind wir so aversiv gegen Leid, dass wir alles Mögliche veranstalten, es aus unserem Leben zu vertreiben oder es durch Ursachenforschung zu verhindern. Es ist immer wieder aufs Neue ein kleines, liebevoll belächeltes Wiedererkennen menschlicher Leidverminderungsstrategie, wenn ich einige Tage nach einem furchtbaren Unglück oder einer erschütternden Naturkatastrophe bemerke, wie die Zeitungen mit dem Ergründen aller möglichen Ursachen und Programme zur Verhütung solcher Vorkommnisse gefüllt sind. Die schrecklichen Ereignisse vom 11.9.2001 oder der Schultragödie in Erfurt zeigen uns, dass das Leben keine uneinnehmbare Festung ist und dass es keine Zugbrücke gegen das Leiden gibt. Die einzige Kontrolle, die wir haben, ist die über unsere Reaktion auf das Leid in der Welt und in unserem persönlichen Leben.

Doch ist es eine Sache, mit dem Herzen Anteilnahme zu erleben, und eine völlig andere Sache, wenn dieses Herz überfordert und überwältigt wird. Hierin liegt die Ursache unserer Ablehnung des Mitleids. Denn wenn das fremde Leid zu nahe kommt und zu stark wird und wir keine Möglichkeit der Kontrolle sehen, erfahren wir vielleicht einen Schmerz, der so zerrend ist, dass er die tiefsten Fasern unseres Wesens bedroht, unseren dürftigen Glauben zerschmettert und uns in Verzweiflung zu werfen droht. Wir wägen vorsichtig ab, von wie viel menschlichem Leiden wir uns berühren lassen und was davon Priorität hat, damit unsere brüchige Kontrolle über das Universum nicht gefährdet wird, sobald wir Pandoras Büchse öffnen. Dieses Wählen und Entscheiden findet meistens inmitten eines gewaltigen

Kampfes zwischen Kopf und Herz statt. Wenn unser Herz sich zu öffnen beginnt, kommt der Gedanke: »Ist dieses Problem nicht zu schwer? Habe ich die Kraft, die Ressourcen und überhaupt die Fähigkeit, es zu bewältigen? Werde ich mich je wieder lösen können, wenn ich mich darauf einlasse?« Der Verstand beharrt in einer Position des Selbstschutzes. Diese Angst (und weiter noch die Ablehnung der Angst) ist eine Reaktion des Verstandes auf die inhärente Großzügigkeit des Herzens. Vielleicht versuchen wir die Anspannung zu lösen, indem wir erst einmal ausweichen, die Kenntnisnahme verweigern oder intellektuell verbrämen. Wir setzen irgendeine Idee, Begründung, Taktik, irgendein Konzept zwischen uns und das Leiden. Durch Gedankensprünge gelingt es uns, leidende Menschen in Problemfälle umzuwandeln. Vielleicht definieren wir Grenzen von Raum und Zeit, innerhalb nur derer wir uns berühren lassen, und richten sorgsam Wälle auf, die uns die Sicherheit geben, dass das Leiden nicht in andere Bereiche unseres Lebens hinüberfließt. Auch entwickeln wir als Überlebensstrategie »professionelle Wärme«, demonstrieren kühle Effizienz und unpersönliche Freundlichkeit. Und trotzdem reichen diese Maßnahmen viele Male nicht aus, unsere Befestigungen erweisen sich als »Maginot-Linien«.

Von Nikolas Berdyaev stammt der Satz: *»Die größte Sünde unserer Zeit liegt darin, das Konkrete in das Abstrakte zu verwandeln.«*

Genau das versucht unser aufgeklärter Verstand durch diese oben genannten Strategien und den Versuch, eine Erklärung und Erlösung für das Leiden[30] zu finden.

Ein alter Mann schreibt aus einem Pflegeheim:

»Schwester Sehen-wir-heute-nicht-schon-besser-aus und Schwester Bitte-lass-meinen-Vater-nicht-so-enden waren heute nacheinander bei mir. Dann kam noch der Arzt, der meinen Fall interessant findet. So läuft es ständig weiter, es fehlt nur die begleitende Marschmusik. Ihr würdet euch über die Anzahl der Menschen wundern, die einem beim »Gespräch« nicht in die Augen schauen. Das erlebe ich jetzt noch stärker. Hier drinnen paradieren alle möglichen Verhaltensweisen an einem vorbei. Ich verstehe ja. Ihre Arbeit ist schwer. Ich bin kein angenehmer Anblick. Aber manchmal möchte ich laut rufen: Hallo? Ist dort jemand? Hallo! Hallo!«

Mitleid braucht die Öffnung zum eigenen Schmerz

Wir wissen ja, dass alles Geschaffene seufzt
und sich bis zur Stunde schmerzlich ängstigt.
RÖMER 8,22

Um mit Menschen in deren eigenem Leid zusammen zu sein, müssen wir zumindest versuchen, ihrem Leid zu begegnen, ohne zu schwanken, zurückzuweichen oder uns abzuwenden, auch wenn in vielen Fällen uns Flucht und Wegschauen einfacher und näher sind. Dies setzt voraus, dass wir gewillt sind, auch unserem eigenen Leid zu begegnen. Wenn es unsere lebensdurchgehende Tendenz ist und bleibt, unangenehme Situationen in unserem Leben zu vermeiden, können wir nicht wirklich jemand anderen außerhalb unserer

Ichbezogenheit in einer für ihn schweren Situation besuchen. In dem Maße, wie wir unseren persönlichen Schmerz erkennen und mit den uns zugängigen Aspekten vertraut sind, können wir ausreichend furchtlos und tapfer genug sein, um es mit dem Schmerz des anderen aufzunehmen.

In dem Maße, wie wir unser eigenes Leben als auch mit Leiden durchsetzt begreifen – neben all dem Schönen und uns Beglückenden –, können wir uns dem Leiden anderer, dem anderen Leiden zuwenden und den Grad, in welchem andere Menschen auch Leid empfinden, respektvoll erahnen. Leiden folgt dem Menschen als Schatten, durchzieht sein Leben und prägt die Weltgeschichte über den Menschen hinaus.

Es gibt keinen Weg und keine lebendige Erfahrung, die nicht auch mit Leiden zu tun hätte. Die Erfahrung von Liebe birgt zumindest die Möglichkeit von Verlassenwerden, die Erfahrung von Nähe trägt die Verwundbarkeit in sich. Enttäuschungen,Verzichte, Opfer, Frustrationen, schmerzende Abschiede und Angst erzeugende Neuanfänge – all das sind alltägliche Lebensinhalte. Die Weigerung, sich dem Leben (einschließlich des Leidens) auszusetzen, ja auszuliefern, bedeutet daher auch die Unfähigkeit und Abkehr vom Mitleiden. Mitleid für andere beinhaltet aber auch umgekehrt Mitleid zu sich selbst. Nur wenn wir bereit sind, zu uns selbst zu stehen und uns selbst nicht aufzugeben, sind wir auch in der Lage, anderen beizustehen und sie nicht aufzugeben.

Wozu nun mag es gut sein, Mitleid zu fühlen und auszustrahlen, wenn es doch letztlich die Ursache des anderen Leids nicht fortnehmen und seine Härte nicht wirklich mildern kann?

Mitleiden – Jemandem Bedeutung geben

Als junges Mädchen arbeitete ich manches Mal während der Schulferien und Semesterferien in der nahe gelegenen Universitätsklinik, um mein Taschengeld etwas aufzubessern und mir die kleinen Wünsche erfüllen zu können, die das Leben so angenehm machen. Ich wusch Geschirr ab, belud die Spülmaschinen auf den Stationen, räumte die Küche auf, bereitete die Essentabletts gemäß der schriftlichen Anweisungen vor und durfte ganz selten auch einmal das Frühstück oder Abendessen zu den Patienten bringen. Das war mir bei weitem die liebste Arbeit, weil ich mich dabei ein wenig unterhalten konnte. Ich arbeitete auf der Urologie 1 und war beeindruckt von der meist großen Freundlichkeit und Zuvorkommenheit der Patienten, die sich trotz ihrer Schmerzen und der Krankheit über die Abwechslung eines neuen Gesichtes und meine für sie erübrigte Zeit freuten. Einen von ihnen mochte ich besonders, einen Mann von wohl Mitte sechzig, der mehrmals die Woche an die Dialyse musste und dem man wegen seiner nicht regulierbaren Zuckerkrankheit gerade den zweiten Fuß amputiert hatte. Er nannte mich seinen Sonnenschein und redete gerne mit mir. Eines Tages berichtete er mir von seinem früheren, noch bis vor einem Jahr leidenschaftlich betriebenen Hobby, dem alpinen Klettern, all seinen Gipfeln, die er »geschafft« hatte, dem Glücksgefühl, wenn er oben angekommen war, und dem tiefen Frieden, der ihn dann erfüllte. Sein Antrieb, auf den Berg zu gehen, sei immer der tiefe Wunsch gewesen, oben einen Zustand von völliger Wunschlosigkeit erreicht zu haben. Unversehens war er beim Erzählen in die Gegenwart gerutscht, seine Hände beschrieben das Panorama vor seinen Augen, welche glänzten. Die Wangen waren gerötet. Ich freute mich mit ihm, es war, als ob wir zusammen aufwärts stiegen, als plötzlich die Bettdecke wegrutschte und den Blick freigab auf zwei sehr kräftige Oberschenkel, in denen sich die Muskeln lebendig abzeichneten, sich straffend und wieder entspannend, gerade so, als ob sie liefen. Weiter unten stakten unverhüllt die beiden Stümpfe, die einmal zu seinen Füßen geführt und ihn bergauf und bergab getragen hatten. Beim Anblick dieser armen, sinnlosen Beinreste überwältigte mich derartige Traurigkeit, dass ich in Tränen ausbrach. Sehr lange und sehr groß sah er mich an: »So viel bedeute ich Ihnen? Dass Sie um meinetwillen weinen?«, fragte er staunend. Und dann: »Danke.«

Diese Geschichte habe ich schon manches Mal in Vorträgen und Supervisionsrunden erzählt, wenn Menschen mich fragten, wie sie ihr als unprofessionell empfundenes oder vermeintlich wenig hilfreiches Weinen um den Kummer anderer »abstellen« könnten. Tränen enthalten Schöpferkräfte. Im Mythos werden Welten durch vergossene Tränen neu geschaffen. Wenn in Märchen Tränen fließen, treten Flüsse über ihre Ufer und überfluten verdorrtes Land. Wenn sie auf Wunden tropfen, heilen diese, und wenn sie auf blinde Augen fallen, erhalten sie ihre Sehkraft zurück. Die Träne betrauert und heilt zugleich. Die Sufis haben ein Gebet: *»Brich mir das Herz, Allah, und lass mich in Tränen ausbrechen, um Raum für Liebe zu schaffen!«*

Meine Tränen konnten die Amputation der beiden Füße nicht rückgängig machen und konnten kein Bergwandern ermöglichen. Sie konnten noch nicht einmal seinen schneidenden Schmerz und sein wehes Bedauern dieses großen Verlustes besänftigen oder entschärfen.

Unser tiefes Mitleiden betäubt oder löst nicht etwa die Gefühle, an denen andere schmerzlich leiden, aber es stellt den Raum bereit, dass sie gehört und zur Kenntnis genommen werden. Wenn jemand in der Lage ist, vor einem anderen Menschen zu stehen und selbstverständliche Erlaubnis zu sein für das, wer oder was derjenige ist und fühlt, dann begegnet Leben. Leben erkennt einander, und die Wirkung eines solchen Treffens ist sanfte und freudige Wiedervereinigung.

Echtes Mitleiden mit dem Schmerz eines anderen lässt ihn möglicherweise erkennen, dass er zumindest mir nicht unwichtig, wertlos ist. Sein Dasein ist mir ein Gut. Wenn er mir von Bedeutung ist, ist seine Existenz für wenigstens einen Menschen gewichtig, werthaft und erhaben.

Unser Mitgefühl ist zudem die Brille, durch die sich unser Gegenüber betrachten oder spiegeln kann. Vielleicht gibt er an sich – und andere – weiter, was er in diesem Spiegel erfährt.

Seit zwei Jahren war Frau S. meine Klientin. Sie wurde von heftigen Selbstzweifeln geplagt, ihre Aussagen waren von Selbsterniedrigung und Herabsetzung ihrer Person geprägt. Dass sie für eine große, sie liebende Familie sorgte und erfolgreich eine Abteilung eines Versicherungsunternehmens leitete, konnte sie nicht zu ihren Gunsten werten, Aussagen anderer wie auch von mir, dass sie doch schon viel im Leben geleistet habe, ließen sie unberührt. Ich sah nur immer Zentimeter gemeinsamen Fortkommens, was schon einmal zu Ermüdungen im Kontakt geführt hatte. Eines Abends hatten wir wieder einmal eine Sitzung, als das Telefon uns unterbrach. Ich hatte sie zu Beginn der Sitzung gebeten, ausnahmsweise einmal das Telefon beantworten zu dürfen, weil ich einen sehr wichtigen Anruf erwartete. Als ich den Hörer auflegte und mich wieder zu ihr setzte, war ich verblüfft von der Veränderung in ihrem Gesicht, ihrer straffen Haltung und ihrem Lächeln. Am gleichen Abend sagte sie mir, dass sie höchstens noch einmal im Monat kommen werde und dies voraussichtlich nur noch ein paar Mal. Ich verstand das all nicht. In den nächsten Wochen wartete ich eigentlich auf einen Anruf von ihr, dass sie doch wieder öfter kommen müsse, dass sie nichts wert sei und dass sie besser aus dem Leben scheide. Aber ihre Stabilität hielt an, sie nahm deutlich sichtbar an Kraft und Selbstsicherheit zu und verabschiedete sich eines Tages aus unserem therapeutischen Kontakt. Im Schlussgespräch fragte ich sie, ob sie eigentlich eine Ahnung hätte, was zu ihrer Heilung geführt hätte. »Eine Ahnung«, rief sie aus, »Sie sind mir eine. Ich erinnere mich noch genau an den Tag, als Sie das Telefonat führten. Sie sagten in den Hörer, dass Sie noch nicht kommen könnten, weil Sie mit jemandem Therapie machten, der sehr interessant und grandios sei. Das hat mich überzeugt, dass Sie nicht spielen, sondern dass Sie das ehrlich von mir denken. Und da konnte ich es plötzlich selber glauben!« Ich habe Frau S. niemals gesagt, dass sie sich verhört hatte. Meine

Tochter hatte mir ihr Examensergebnis mitgeteilt, was ich mit »grandios« beantwortet hatte und dass ich es »interessant« fände, dass man ihr eine Promotion angeboten hatte, dass ich nun aber nicht weiter sprechen könne, weil ich eine Klientin da hätte.

Dass dieses Missverständnis dennoch »gewirkt« hatte, führte dazu, dass ich mich noch einmal mehr demütig fühlte gegenüber dem, was Menschen hilft, stützt und führt, und dass ich meine Lebenskraft und meinen Lebenssinn nicht aus meinem vermeintlichen Können und meiner Helferpotenz ziehen muss, sondern dass ich darauf vertrauen darf, dass Beziehung, Nähe, Ehrlichkeit, Zuwendung, aber auch Zufall, sogar Missverständnisse, mehr heilen können als Begabung, Lebenserfahrung, Kompetenz.

Ich glaube, dass es gerade eine wesentliche Voraussetzung für die eigene Erlaubnis zum Mitfühlen ist, dass ich meine grundsätzliche Hilflosigkeit gegenüber dem Phänomen Leid anerkenne und mich bereit zeige, damit zu leben. Gleichzeitig, so seltsam es sich anhören mag, ist die Akzeptanz dieser Hilflosigkeit, Leid nicht in Glück, Schmerz nicht in Seligkeit verwandeln zu können, ein Element, das mich vor dem Ausbrennen bewahrt. Wenn wir verstanden haben, dass der Trost, der für andere in unserem Mitleiden liegt, nicht die Beseitigung des Leidens ist, sondern unser Teilen und Aushalten, werden wir uns leichter und befreiter darin üben können und uns darin sogar in gewisser Weise wohl fühlen können.

Wenn wir akzeptieren, dass Leiden zum menschlichen Leben dazugehört, können wir darauf verzichten, bei

uns und beim anderen ausschließlich Ursachenforschung zu betreiben:
Ja,wenn er gesünder gelebt hätte …
Wenn sie sich nicht immer die falschen Männer ausgesucht hätte …
Kein Wunder, bei diesen Eltern …

Wenn wir akzeptieren, dass Leiden zum menschlichen Leben dazugehört, können wir uns der wertenden Beurteilung enthalten.

Ich möchte noch auf den Begriff »Tödliches Mitleiden« eingehen: Im Kontext unserer neuzeitlichen Euthanasiedebatte taucht immer wieder dieser Ausdruck auf. Tödlich deshalb, weil es dann in Folge zum so genannten »Erlösungsakt«, der Sterbehilfe (mercy killing), führt. Der Begriff Todesengel, der nach einer solchen Tat gelegentlich in den öffentlichen Medien auftaucht, weist in eine gleiche Richtung. Hier ist das Mitleid so stark geworden, dass sich der Mitmensch vermeintlich erbarmt und Hilfe bringt. Obschon eine Straftat, gestattet das Gesetz bei diesen Mitleidstötungen ein gegenüber Mord und Totschlag eindeutig milderes Urteil (achtungswerte Beweggründe). Die vorherigen Aussagen haben deutlich gemacht, dass der Begriff Mitleid in diesem Zusammenhang nicht zutrifft.Vielleicht handelt es sich eher um eine Art Selbstleid, das das zu groß gewordene fremde Leid (manchmal begreiflicherweise) nicht mehr anzusehen und auszuhalten vermag. Vielleicht glaubt jenes so genannte Mitleid sich beweisen zu müssen, indem es das Leid selbst bzw. die Personifizierung des Leides beseitigt.

Wenn wir das Wort Mitleiden hören, bedeutet dies häufig zwangsläufig für uns, dass wir glauben, uns um andere kümmern und Verantwortung übernehmen müssen. Solange wir nicht aufhören können, uns verantwortlich zu fühlen und das Leiden abschaffen zu wollen, werden wir nicht wirklich mitleiden können.

Mitleid ist kein Einzelkind

Ich fragte einmal den Abt eines buddhistischen Klosters, wie er die Lehre des »karuna«, des tiefsten und innigen Mitgefühls für andere, mit seiner Verantwortung um das seelische Wohlergehen seiner Mönche verbinde und welchen Rat er diesbezüglich mir, einer typischen westlichen Vertreterin sozialer Arbeit und der uns alle bedrohenden Gefahr eines möglichen Burnout gebe, um dies zu vermeiden. Er gab mir zu verstehen, dass ich nicht nur »karuna«, Mitleid, anführen dürfe als einen herausgelösten Bestandteil, sondern dass ich alle vier Brahmaviranas der buddhistischen Lehre gemeinsam betrachten müsse. Da seien ja schließlich noch: Freundlichkeit, Lebens-Freude und vor allem Gleichmut, »uppekha«. *Karuna* und *uppekha* müssten zusammengehen, sonst taugten beide nichts. Uppekha ohne karuna wäre Gleichgültigkeit und Desinteresse am anderen, *karuna* ohne *uppekha* aber wäre der Tod für den Mitleid Empfindenden. Er erzählte mir folgende Geschichte:

Innerhalb eines Projektes seines Klosters arbeitete einer seiner Mönche mit sterbenden Menschen, indem er sie zu Hause aufsuchte und durch ihre schwere Zeit begleitete. Er wollte sich um Gladys kümmern, eine ältere Frau, die mit Beginn ihrer Erkrankung in die Wohnung ihrer Tochter gezogen war. Als er Gladys zum ersten Mal einen Besuch abstattete, verbrachte er lange Zeit an ihrem Bett. Sie wirkte sehr verzweifelt und schien dringend jemanden zu benötigen, der ihren Lebensschilderungen zuhörte, weil ihre Familie kaum Zeit für sie aufbringen konnte und es keine Freunde um sie herum gab. R., der Mönch, erzählte, dass er noch nicht einmal Zeit gehabt hätte, sich vorzustellen, so schnell überfiel sie ihn mit ihren Geschichten. Ab und zu hätte er genickt, gelegentlich auch eine Verständnisfrage gestellt, im Wesentlichen sei ihrer beider Unterhaltung ein langer, erschütternder Monolog von Gladys gewesen. Sie erzählte und erzählte. Er versuchte, so aufmerksam wie nur möglich zu folgen. Als er an diesem Abend nach Hause kam, hatte er das Gefühl, dass viel zwischen ihnen passiert sei, der Grundstein für eine gute Beziehung gelegt sei und dass Gladys viele weitere Gespräche benötigen würde, um die schlimmen Erfahrungen in ihrem Leben – wie ein früher Missbrauch, zwei Scheidungen und eine Totgeburt – »meistern« und Knoten lösen zu können.

In der auf seinen Erstbesuch folgenden Woche rief er bei Gladys an, um ein neues Treffen zu vereinbaren. Ihre Tochter war am Telefon und ging zu ihrer Mutter, um zu fragen, wann R. kommen könne. Er konnte eine längere Diskussion zwischen den beiden hören. Schließlich kam die Tochter wieder an den Apparat und sagte zögernd, dass ihre Mutter keine weiteren Besuche wünsche. Auf seine Frage, warum, antwortete sie, ihre Mutter hätte das Gefühl, dass er entschieden zu viel geredet hätte.

Seine allererste kurze Reaktion sei großer Ärger gewesen über das Missverstandensein und die Undankbarkeit dieser Frau. Auch habe er überlegt, ob er etwas falsch gemacht hätte. Dann habe er begriffen, dass dieses Gespräch zwischen ihnen ihr Herz so ungewohnt weit geöffnet hatte, dass sie vielleicht zum ersten Mal einen solch tiefen Zugang zu sich selbst gefunden hatte, dass es ihr im Moment unmöglich schien, diesen fortzusetzen und sich und ihr Leben weiter zu erforschen. Sie musste sich vielleicht wieder in ihr altes sicheres Leben zurückziehen. R. war kurz versucht herauszufinden, ob er mit diesen Gedanken Recht hatte und ob sich nicht doch noch eine Gelegenheit bieten würde, den Kontakt zu Gladys wieder aufzunehmen, aber er übte sich meditierend in uppekha und konnte ihr ihre eigene Entwicklung überlassen.

Gleichmut scheint eine heilsame Schwester des Mitleids zu sein. Gleichmut verzichtet auf überhöhte Wertschätzung des eigenen Helfer-Ichs, während er gleichzeitig die im anderen ruhende Erkennungs- und Heilungsmöglichkeiten achtet und würdigt. Dies verhindert, dass wir uns in unsere Helferstrategien verrennen, in unseren Wegen und Zielen verbohrt sind. Gleichmut benötigt keine Kontrolle, ob unser Gegenüber auch unseren Weisungen, Ideen oder Ratschlägen folgt, denn Gleichmut vertraut.

Immer wieder während meines Arbeitslebens, wenn ich mich zweifelnd hinterfrage, ob meine Interventionen in diesem Beratungsgespräch hilfreich waren oder ob man meinen Ausführungen in einer Supervision folgen würde, erinnere ich dankbar einen Ratschlag, den ich vor Jahren von Ram Dass in Kalifornien erhielt.

Er sagte:

»Do what you can do with the seeds, but do not care for the fruits.« (Mache das Beste, was du kannst, mit dem Samen, aber kümmere dich nicht um seine Früchte.)

Wahrer Gleichmut heißt, wohl zu wissen, dass man sein Bestes gab, sich aber nicht mehr um die Kontrolle kümmern muss. Die Verantwortung liegt beim anderen, nicht beim Mitleidenden.

Von Zhuang Zi, der 369 vor Christus lebte und einer der Hauptvertreter des Taoismus war, stammt der Satz:

»Ich halte das Nicht-Eingreifen für wahres Glück, also gerade das, was die Welt jedoch für die größte Bitternis hält.«

Herzliches Bei-Leid

Diese Art von nicht eingreifendem und nicht Lösung erzwingendem Mitsein ist das, was in unserem alten Wort Bei-Leid[31] noch enthalten ist. Schlicht: bei einem anderen sein und sein Leid aushalten. Wir müssen nicht länger fortlaufen in Aktivitäten, Lösungsversuchen, Abstraktion, Hyperaktivität. Wir können stehen bleiben und das betrachten, was uns erscheint. Wir können das anschauen, was ist. Solches Erleben und Belauschen dessen, was ist, leitet einer vorhandenen Situation vielleicht einen frischen Zustrom von neuen Möglichkeiten zu. Wenn uns klar wird, wie reaktiv wir uns bisher verhalten haben, stellen wir fest, dass uns ganz neue Ausdrucksfähigkeiten der Erwiderung zuwachsen und offenstehen. Jetzt kann eine ganz andere Ebene von Kontakt und Kreativität Wirklichkeit werden. An die Stelle eines in sich verschlossenen Geistes und mechanischer Reaktionen treten innere Weite und Wahrheit. Je mehr wir uns öffnen und diesen Prozess begreifen, desto tiefer, freier und auf natürliche Weise fürsorglicher kann unsere Erwiderung auf den Schmerz sein, der früher oder später auch unser Schmerz sein wird. Dann können wir zu einem warmen, offenen Kraftfeld für andere werden.

Beileid akzeptiert das Leiden,
Beileid gibt dem Mitmenschen Bedeutung und Wert,
Beileid verzichtet auf (Er-)Lösung;
Beileid traut dem anderen einen Umgang mit Leiden zu.

VOM GEIST DES (FEST)-HALTENS

Halte deine Seele, Freund, und ziehe sie fest an dich, damit sie dir nicht entflieht.

ALEXIS SORBAS

Neulich war ich wieder einmal Zeuge der in Hospizkreisen weit verbreiteten Loslass-Ideologie. Und ich beschloss, etwas zum Thema (Fest)-Halten und Bewahren zu schreiben.

Eine betagte Dame mit apallischem Syndrom lag in ihrem mit Gittern versehenen Krankenhausbett. Sie war weit weg von dem, was um sie herum geschah. Die Augen weilten geöffnet an einem Punkt an der Zimmerdecke, ihre Atmung war röchelnd, laut, aber schien nicht notvoll zu sein. An ihrer Seite saß die ungefähr 50 Jahre alte Tochter mit geröteten Augen, hielt die Hand der Mutter, streichelte sie und schaute traurig dem Sterben zu. Da näherte sich die betreuende Krankenschwester, löste sacht die Hand der Besucherin aus der der Patientin und führte sie behutsam in den Flur. Vor der Türe nahm sie die andere in den Arm und sagte: »Glauben Sie mir, Sie sollten Ihre Mutter nun loslassen«, worauf die Tochter in Tränen ausbrach, »ich weiß« rief und das Krankenhaus fluchtartig verließ.

Später, nach dem Tod der Mutter, sagte mir die Tochter, dass ihr sehr wohl bewusst gewesen sei, dass die Mutter bald gehen würde, und dass sie tief in ihrem Herzen damit auch grundsätzlich einverstanden gewesen sei, in diesem Moment hätte sie die Worte der

Pflegekraft aber als grausam empfunden. Sie habe nur noch ein wenig Zeit gebraucht. Und das Wort loslassen habe in ihren Ohren wie fallen lassen geklungen. Das habe sie nicht ertragen.

Ich glaube, kein Wort wird im Kontext von Sterben und Trauern häufiger gebraucht als dieser Ausdruck loslassen. Und die Tatsache, dass an diesem Begriff so treu festgehalten wird, beweist seine Widersprüchlichkeit und Fragwürdigkeit. Und selten ist er wirklich hilfreich, obschon er so unterstützend gemeint ist und natürlich auch einen teilweise richtigen Inhalt bezeichnet. Wenn Menschen anderen einen solchen Rat geben, meinen sie wahrscheinlich damit, dass die Angehörigen einsehen mögen, dass nichts mehr zu machen ist, dass sie ihre Hoffnung auf Änderung, Verbesserung oder Heilung aufgeben und dem Sterbenden damit ermöglichen sollen zu gehen. Wenn ich diesen Satz aber höre, entsteht in mir ein Bild, wie der sterbende Mensch durch seine Lieben mit Seilen gefesselt und mit Tauen über einem Abgrund gehalten wird. Und dass diese dann unter Aufbietung aller Kräfte ein Messer ziehen, die Verbindung zerschneiden und den vormals Gehaltenen ins Bodenlose stürzen lassen sollen.

Es kommt auch vor, dass sich Ärzte, Seelsorger oder andere zum Sterbenden beugen und auch ihm sagen, dass er loslassen darf, dass ihm die Welt zu verlassen erlaubt sei. Das ist für mich im höchsten Sinne erstaunlich, weil ich darin etwas Vermessenes wahrzunehmen glaube. Wer sind wir, dass wir anderen einen Rat, der dann auch noch fast wie ein Befehl klingt, geben dürfen, wann es Zeit ist, sein Leben aufzugeben, es wegzulegen. Als wäre das Leben etwas Unnützes, Geringfügiges und der Akt des Abgebens nicht der größte und schwerste, den wir zu vollbringen haben. Und die Handlung des Losreißens scheint mir energetisch nicht der sinnvolle Inhalt der letzten, verfügbaren Lebenskraftäußerung eines so tief und endgültig Abschied nehmenden Menschen zu sein. Eher vermute ich, dass dies sein könnte, sich ein allerletztes Mal, schlussendlich aus den Zerstreuungen des Lebens zu sammeln, in das Sein noch einmal einzutauchen, an das Ende seiner selbst zu gehen und sich dann in sich zu versenken.

Amerikanische Thanatologen bezeichnen ein immer wieder vorkommendes Erinnerungsgeschehen im Sterbeprozess als »reowning«, als ein Sich-wieder-Aneignen. Sie beschreiben damit den Vorgang, dass schwerstkranke oder sehr alte Menschen bestimmte Ereignisse aus ihrem Leben immer und immer wieder erinnern und vielleicht auch erzählen und somit wiederbeleben. Dahinter steckt die Idee, dass man sich die Vorkommnisse wichtiger und prägender Lebensteile wieder aus dem drohenden Vergessen oder einer Art Wegrutschen hole, sie eine Weile anschaue, im Gemüt, in der Sprache und Erinnerung behalte, den Nektar daraus entnehme, um sie dann, wie sein ganzes Leben und schließlich auch sein Ich, irgendwann einmal an den Tod abzugeben. Die Essenz daraus, das Innewohnende mag sich dann vielleicht zu neuem und anderem Leben bündeln.

Sich aus dem Leben zu reißen, damit zu entwurzeln, oder den anderen ins Bodenlose fallen zu lassen sind Bilder, die mit einer grundsätzlich anderen Energie ausgestattet sind als mit der leisen und sachten Art des letzten Einatmens. Menschen halten sich, wenn das Leben anhält. Sterbende gehen in ihrer letzten Stunde nach innen zu sich selbst. Sie müssen sich nicht in einer Anstrengung aus dem Außen lösen, weil alles Außen zurücktritt.

Und um ihren Sterbenden oder Verstorbenen Leid tragende Menschen haben ihn bereits an ein anderes Sein verloren, sie müssen sich ihn nicht noch einmal aus dem Herzen nehmen. Der Trauerprozess fordert ihnen irgendwann ab, ihm einen neuen Platz in diesem Herzen zuzuweisen, ihn zu *ver-innern*, der vertieften Form des Erinnerns. Der verstorbene oder verlorene Mensch wird dadurch Teil der inneren Heimat. Dass Trauernde ihren Verlorenen in dieser Weise behalten dürfen, ist ihnen und auch uns in ihrer Begleitung eine große und entlastende Erlaubnis.

In einer Hospizgruppe klagte eine Teilnehmerin während einer Fortbildung, dass ihr die Ratschläge der ehrenamtlichen Kolleginnen und Sterbebegleiterinnen, sie müsse ihren vor drei Jahren verunglückten Sohn doch nun endlich einmal loslassen, gehörig auf die Nerven gingen. Es täte ihr sehr weh, denn man vermittle ihr den Eindruck, dass sie wehleidig und minderwertig sei und der Arbeit nicht fähig, wenn ihr dies nicht gelänge. Und im Übrigen sähe sie auch nicht ein, warum und wozu sie sich seiner »entledigen« solle. Vor der gesamten Gruppe stimmte ich ihr zu und sagte, dass die Leistung der Trauer nicht etwa im Loslassen liege, sondern in der veränderten Art des (Be)Haltens. Dass es darum ginge, mit dem Toten in neuer Form wieder zusammenzuleben, ihm – im klaren Wissen darum, dass er unwiederbringlich aus dieser Welt gegangen sei – die

Verbindung zu halten und die gemeinsame Zeit als kostbaren Lebensbestandteil zu hüten.

Dass das Wort *halten* in seiner ursprünglichen Bedeutung *weiden* und *hüten*[32] heißt, finde ich in diesem Zusammenhang sehr sinnfällig und ein tröstendes Bild. Trauernde Menschen haben eine Art Hirtenrolle inne, und sie dürfen ihre Erinnerungen und das, was sie mit dem vermissten Menschen in der Tiefe verband, wie ihren Augapfel beaufsichtigen und bewachen. Das ist eine ihnen selbst und dem Andenken des geliebten Menschen geziemende, würdige Traueraufgabe. Damit gibt es einen Auftrag, dem sie nachzukommen haben. Diese als ehrenvolle Pflicht empfundene Aufgabe, Hüter zu sein, verhindert, dass sie sich nur dem Schmerz um den Verlust anheimgegeben und ihm ausgeliefert fühlen, und die aktive Beanspruchung durch diese Pflichterfüllung lässt sie wieder am Leben teilnehmen.

Eine Teilnehmerin einer Trauergruppe drückte das einmal sehr ergreifend aus:

»Ich habe meinen Mann vor zwei Jahren genommen bekommen«, sagte sie unter Tränen. Und: »Merkwürdig, dass ich nehmen und bekommen zusammen sage, das ist sonst gar nicht meine Art zu sprechen. Meine ich vielleicht damit, dass ich auch etwas erhalten habe durch den Verlust?«

Durch die Erlaubnis für das Behaltendürfen lernen wir erst das Zulassen. Alles, was uns genommen, entrissen werden will, möchten wir immer fester halten, und je enger wir es an uns drücken, umso weniger können wir es betrachten, uns damit befassen und zu ihm stehen. Das gilt für Menschen, gilt aber auch für den Umgang mit Gefühlen.

Vor ungefähr 14 Jahren habe ich von der Darstellung eines jungen Theologen, der in einer Familienbildungsstätte arbeitete, viel über das (Fest)Halten und seinen Sinn gelernt. Wieder einmal war ich zwar die Seminarleiterin und vordergründig Lehrende, in der Tiefe aber selber Lernende. Zu dieser Zeit wurde ich häufig vom Bistum Aachen zu Fortbildungsveranstaltungen für seine Mitarbeiter eingeladen. Das Thema war damals schon Spiritualität, und ich arbeitete besonders gerne mit der lebendigen, Erlebnis aktivierenden Methode des Bibliodramas, worin ich zu diesem Zeitpunkt gerade eine Ausbildung beendet hatte. In dem Seminar, von dem ich erzählen möchte, ging es um die Themen: Heil finden, Heilung erleben und mögliche Selbstheilungskräfte entdecken und entwickeln. Wir spielten die Geschichte von dem Gelähmten in Kafarnaum, der durch ein abgedecktes Dach zu Jesus herabgelassen und durch diesen von seinen Sünden und seinem Gebrechen erlöst wird mit dem Satz: »Steh auf, nimm dein Bett und geh nach Hause.« Der Lahme wurde von dem groß gewachsenen, kräftigen Theologen gespielt, die Rolle des Bettes, die auch ausgewählt wurde, war aus mir zu dem Zeitpunkt nicht offenkundigen Gründen von einer älteren, sehr zarten Frau übernommen worden. Auf Aufforderung des Heilungsauftrags nahm der Mann die Frau auf den Rücken, stellte sich auf seine zunächst nur mühsam gehorchenden Beine und geriet dann allmählich vom stockenden Gang in ein Laufen und später sogar in ein Tanzen. Das Bild, wie der ehemals gelähmte

Mann ausgelassen mit der an seinen Armen über die Schulter nach hinten gehaltenen, lang gestreckten, hin und her baumelnden Frau auf dem Rücken durch den Saal sprang und Dankesworte und Gotteslob herausjubelte, wird mir unvergesslich bleiben. Noch eindrücklicher als dies aber war die Tatsache, dass er sich in der nächsten halben Stunde nicht von der Last der Person auf seinem Rücken befreien wollte, sie trotz der sichtbaren Anstrengung des Tragens nicht ablegen wollte. Er spielte die Geschichte mit großer Lust aus und weiter, besuchte seine Mitspieler in den Rollen der Eltern, Freunde und Arbeitskollegen, erzählte ihnen ausführlich von den langen Jahren der Behinderung und seiner Heilung, schleppte dabei das menschliche Bett immer mit sich. Auch als sich das Geschehen im Bühnenraum verlagerte und die Aufmerksamkeit auf die diskutierenden Hohenpriester gerichtet wurde, trug er weiter gehend seine Bürde durch die Darstellung an der Peripherie. Später in der Aussprache- und Deutungsrunde verblüffte er die Teilnehmenden durch seine Aussage, dass das Bett so zu ihm gehörig geworden sei, dass er es trotz der Heilung niemals wieder ablegen wollte, dass er es behalten und den Rest des Lebens mit sich tragen wollte. Diese nun verdinglichte Erinnerung an seine Lähmung und die Trauer um sie und all die verpassten bewegten Lebensanteile gehörten zu ihm wie die Rinde zum Baum. Erstaunlich war, dass die Frau, die sein Bett dargestellt hatte, es in aller erlebten Unbequemlichkeit ihrer Position ebenso empfand und ihn in dieser Aussage bestätigte.

Was dieser junge Theologe in dem Bibliodrama ausgestaltete und anschließend bekannte, ist eine große

Menschheitsweisheit, die mir oft begegnet, wenn Menschen mit Leiden, Schatten und Schuld konfrontiert sind. Er erläuterte, dass er sich im »heiligen« Spiel durch die Vergebung[33] seiner Schuld von der Lähmung, seiner inneren und so auch äußeren Unbeweglichkeit und Starrheit seiner ganzen Existenz befreit gefühlt habe, doch dass er in dieser Befreiung er selber geblieben sei. Das Bett, die Schuld, auf seinen Schultern, habe er bewusst tragen und damit verdeutlichen wollen, dass man kein anderer werden kann, aber anders werden kann. Indem er seine Schuld als zu ihm gehörig angenommen habe, habe er ein anderes, freieres Leben einschlagen können. Als er noch bewegungsunfähig auf seinem Bett gelegen habe und daran gefesselt gewesen sei, sei das Bett sein Feind und unverbunden mit ihm gewesen, schuld an seiner Misere und deshalb gehasst und vernachlässigt. Nun, da er seine Schuld und alle seine Vergehen in einer freien Entscheidung auf sich geladen habe, fühle er sich damit verbunden und erstaunlicherweise ermutigt zum Leben. »Erst als ich die Schuld aufnahm«, sagte er, »konnte ich – im wahrsten Sinne des Wortes – zu mir stehen.«

Mit den oft unbedacht dahergesprochenen Loslassparolen ist wahrscheinlich gemeint, dass man sich aus allen Bindungen und Anhaftungen des Lebens lockern soll, damit der letzte Schritt leichter wird. Leben aber bedeutet doch gerade, in Verbindung zu sein, mit allem, was es ausmacht. Bemerkenswert ist, dass immer nur das Dunkle, Trübe, Schwere losgelassen werden soll, nie hat man einem Schwerstkranken raten gehört, dass er doch endlich einmal Freude, Glück und Hoffnung loslassen soll. Diese Einseitigkeit zeigt bereits, dass Loslassen den Menschen nicht zu seiner Ganzheit und Identität führen kann, weil es nur teilweise geschieht. Ebenso bringt das Abwehren so genannter schlechter oder falscher Gefühle (Wut, Ärger, Trauer, Neid) nur halbe Menschen hervor, nämlich Menschen, die sich gar nichts mehr zu fühlen getrauen und in der Folge gefühllos und starr werden. In meinen therapeutischen Sitzungen erlebe ich das tiefe Leiden von Menschen, gerade weil sie mit ihren dunklen Seiten, ihren (Tag)träumen, ihren durchaus nicht nur lichten oder geistigen Sehnsüchten, ihren sexuellen Identitäten, ihrer Aggression *unverbunden* sind. In Kontakt mit meiner Unerschrockenheit gegenüber diesen Schatten erleben sie die zaghafte Möglichkeit für sich selbst, diesen Teilen in sich zu begegnen, sie festzuhalten und zu hüten und sie irgendwann zuzulassen. Es geht um Lassen, das ist richtig, aber um Zulassen, nicht um Loslassen.

In unseren Fortbildungskursen zur Trauerbegleitung ist ein Tag in der zweiten Woche der Begegnung mit Schuld und Schuldgefühlen trauernder Menschen vorbehalten. In einer ersten Übungsphase treffen sich die Teilnehmenden in Zweiergruppen und haben den Auftrag, sich nacheinander von einer nicht allzu schweren Schuld zu berichten und diesem fremden »Schüldchen« begleitend zu begegnen. Wie es sich voraussehen lässt, verbringen die meisten die Zeit damit, ihrer Partnerin oder ihrem Partner die Schuld auszureden oder zumindest sie beschwichtigen oder verringern zu wollen. Befragen wir hinterher die Gruppenmitglieder, die den Schuldpart übernommen hatten, wie sie sich in dieser Übung mit ihrer eigenen Schuld erlebt haben, erzählen sie fast ausnahmslos, dass sie ärgerlich gestimmt sind, weil sie sich nicht ernst genommen fühlten in ihrem Erleben von Schuld. In einem zweiten Übungsteil sind die Teilnehmerinnen, wenn sie wieder über wirkliche oder vermeintlich schuldhafte Situationen berichten, gehalten, Decken, Kissen und Möbel auf sich anzuhäufen. Die jeweiligen Gesprächspartner dürfen in keiner Weise intervenieren, sondern nur zuhören und nicken, bestenfalls nachfragen. Der Anblick der zahlreichen, mit Kissen, Tüchern, Aktenordnern, Kladden und Kleinmöbeln beladenen, aber sehr lebendig wirkenden Menschen gehört zu meinen wertvollsten und anrührendsten Erinnerungen an die Schulungen. Den »Schuldgeplagten« ist in diesem Teil erlaubt, dass sie einige der Lasten ablegen dürfen, wenn sie sich im Laufe des Gesprächs irgendwie besser oder leichter fühlen. Gut die Hälfte aller entledigt sich während der Übung einiger bis vieler Teile; sie geben an, dass das Abladen möglich war, weil sie die Erlaubnis zum Behalten hatten und sie ihre Schuld nicht loslassen sollten, um den Druck zu minimieren. Andere sagen, dass sie sich mit all den gestapelten Gegenständen auf sich sehr echt und gut fühlten und nicht den Wunsch hatten, etwas wegzulegen.

Für die jeweiligen zukünftigen Trauerberaterinnen und -begleiterinnen wird dieses Übungsergebnis immer wieder als besonders eindrucksvoll und nachwirkend beschrieben. Sie verstehen etwas vom Wesen und Sinn des Haltens und Zulassens.

Ein junger Physiotherapeut erzählte mir neulich eine kleine Begebenheit, die ihn zum Staunen gebracht hatte. Während einer Behandlung berichtete eine Tumorpatientin, die letzte Kontrolluntersuchung habe ergeben, dass die Geschwulst Tochterzellen gebildet und sich somit im Körper weiter verbreitet habe. Die Ärzte hätten ihr zu einer weiteren Chemotherapie geraten, aber sie habe Angst, dass dies nichts mehr bringe. Der junge Mann überlegte bereits bei sich, ob er zu einer Psychotherapie oder zur Einnahme von Psychopharmaka raten solle und fragte, um noch etwas Zeit zu gewinnen, die Frau: »Und was machen Sie mit Ihrer Angst?« Da sagte die Frau ganz schlicht: »Ich bin einverstanden mit ihr.«

Schöner kann man den Geist des Haltens nicht beschreiben als im Einverständnis zu sein mit dem, was ist. Dem Einssein mit sich kann sich nur nähern, wer versöhnt lebt mit dem Fremden in sich, dem Unbekannten, Ungeliebten und Unerlösten. *»Man wird nicht dadurch hell, dass man sich Helles vorstellt, sondern dadurch, dass man sich Dunkles bewusst macht«*, sagt C. G. Jung[34]. Diese Form von Halten und So-Sein-Lassen hat mit Besitzenwollen und Anhaften nichts gemein. An eine solche Art von Halten schließt sich das Lösen mit Selbstverständlichkeit an, genauso wie auf das Einatmen das Ausatmen folgt. Man stelle sich vor, dass in einer Übung zur Meditation die Lehrerin immer nur das Ausatmen propagiert. »Ihr müsst ausatmen, ihr dürft das Ausatmen nicht vergessen ...!« Es ist vorstellbar, dass sich die Teilnehmer dann ver-atmen, durcheinander kommen, den natürlichen, selbstverständlichen Rhythmus verlernen und sich verkrampfen. Und umso weniger ausatmen.

Ein alter chinesischer Mönch, der sich nach langer friedvoller Meditationszeit nach dem Zustand der Erleuchtung sehnt, beschließt, das Kloster zu verlassen, sich auf einen hohen Berg zu setzen und so lange zu meditieren, bis er entweder erleuchtet oder sterben wird. Auf dem Weg zum Gipfel trifft er einen alten Mann, der ein Bündel bergab schleppt. Da der alte Mann weise aussah, fragte ihn der Mönch: »Sag mir, weißt du irgendetwas über Erleuchtung?« Da ließ der Alte das Bündel los, und es fiel auf die Erde.

Wie in allen guten Zen-Geschichten war unser Mönch in diesem Augenblick erleuchtet. Aber die Geschichte geht weiter:

Der soeben erleuchtete Mönch schaut den alten Mann an und sagt: »Und was nun?« Statt einer Antwort bückt sich der Alte, hebt sein Bündel wieder auf und geht weiter.

Halten und Lassen, Bleiben und Aufbruch sind keine Gegensätze. Sie stehen auch nicht einfach in einem additiven Verhältnis zueinander. Es ist nicht so, dass man erstens hält und dann zweitens loslässt. Beides entfaltet sich, ent-wickelt sich aus der inneren Verwandtschaft zueinander. Veränderungsbereitschaft im Leben – und im Sterben – braucht die Sehnsucht nach dem Halten, sonst sind Menschen haltlos und ohne Schutz. Der Vorgang des Sterbens verbindet Gewesenes und Noch-nicht-Existierendes als große Leistung.

Nicht im Halten stecken bleiben und nicht um des Habens und Besitzens willen halten, sondern weil das Erlebte so wertvoll ist und aus dem Vergessen gerettet sein will, kennzeichnet den Geist des Bewahrens. Wie das Hüten nimmt er in Obhut, was und wer in einem Leben wichtig war und dazu beigetragen hat, dass der bewahrende Mensch zu dem wurde, der er nun ist.

Und das Bewahren zeichnet sich durch eine besondere Form der Durchlässigkeit aus, die das einmal Gesehene, Gehabte, Gehaltene zu verwandeln im Stande ist. So kann dies, was in uns leben und bleiben durfte, durch uns Vergängliche in eine andere Daseinsform hinübergetragen und dort geborgen werden, wo auch immer das am Ende sein wird und wer auch immer wir am Ende sein werden.

VOM GEIST DER (ENT)-SCHEIDUNG

Sie stehen getrennt in der Welt, ein jeglicher bei seiner Nacht, ein jeglicher bei seinem Tode, unwirsch, barhaupt, bereift von Nahem und Fernem.[35]

PAUL CELAN

Bei meiner letzten Einreise nach Kalifornien hatte ich ein einschneidendes und mich bedrückendes Erlebnis. Nach einem anstrengenden Flug von mehr als elf Stunden, während dessen die Passagiere im Flugzeug eng aneinander gepfercht mehr schlecht als recht mit manchmal nur mühsam aufrecht erhaltener Höflichkeit und Rücksicht ihre Zeit miteinander verbracht haben, ist endlich die Landung vollzogen. Man drängt aus dem Flugzeug und atmet tief durch. Endlich Platz, endlich Weite, endlich Alleinsein. Aber die Tortur ist noch nicht zu Ende: Spätestens am Zolldurchgang, einer Prozedur von intensiver Befragung zu Zweck und Dauer der Reise und genauer Inaugenscheinnahme der ausgefüllten Papiere, stauen sich wieder die Menschen in mehreren Schlangen. Immer wieder aufs Neue beeindrucken mich in den Staaten angenehm die gelben oder roten Stop-here-Striche, mittels derer in allen öffentlichen Gebäuden eine Grenze gezogen wird zwischen denen, die »dran« sind und den noch Wartenden die Distanz und somit die Intimität des Einzelnen gewahrt wird. Hier darf einer vortreten, alle anderen bleiben im gebührenden Abstand zurück.

Einer meiner Mitwartenden hält diese ungeschriebene Abmachung und den Abstand, den ich wohl so bitter nötig habe, nicht ein. Immer, wenn ich in der Schlange einige Zentimeter vorrücke, holt er so unversehens dicht auf, dass ich seine Körperwärme spüre und seinen Atem rieche. Er ist ein Spanier (Ibero-Amerikaner), der offensichtlich keine Probleme mit Nähe hat und sich unbedarft in meinen Dunstkreis drängt. Er spürt nicht, wie unangenehm es mir ist. Ich versuche mich in verschiedenen Möglichkeiten, ihn zu disziplinieren: erst ein ruckartiges Wenden des Kopfes und ein unverhohlen ärgerliches Mustern seines Gesichtes, dann ein kaltes Betrachten seiner gesamten Erscheinung von Kopf bis Fuß, dann ein Nachhintenwerfen meiner Schultertasche, die ihn irgendwo trifft, schließlich als letzte Maßnahme ein abrupter Schritt zurück, vor dem er sein Handy und sich in Sicherheit bringen muss ... Meine Stimmung war ruiniert, weniger durch ihn als durch meinen wütenden Drang, mich abzugrenzen und meine Person als uneinnehmbare Insel zu schützen und meine Ich-Existenz zu wahren. Abends im Bett taucht er wieder auf: in meiner Beschämung über meine ungeheuer heftige Aggression, die etwas von der Lebendigkeit dieses kleinen, unbekümmerten Mannes – zumindest mental – getötet hatte.

Ein Großteil unseres Leides, was wir auf der Welt empfinden, geschieht durch die Wahrnehmung unseres vermeintlichen Getrenntseins von »den anderen« und der Vorstellung unseres Ichs als dem Nabel der Welt und dem Maß aller Dinge. Die Kultur, in der wir uns befinden, unterstützt dieses Denken in vollem Maße. Alles, was mit Selbstpflege, -liebe und -darstellung zu tun hat, scheint von hohem Wert. Längst ist das Ich eine Großbaustelle, auf der Tag und Nacht gearbeitet und angefertigt wird. Der Einzelne versucht, sich selbst und seine Werte zu optimieren, um im Wettbewerb durch Besonderheit aufzufallen. Das stille Gebot, sich vom anderen zu unter-*scheiden*, setzt in jedem Einzelnen das ganze narzisstische Potenzial in Gang. So lange poliert das Ich seine Fähigkeiten vor dem Spiegel, bis an die Stelle von Begriffen und Objektivierungen allein der subjektive Eindruck tritt. Aus Idealen, besonders dem der Selbstverwirklichung, sind unmerklich Zwänge geworden. Die Fortbildungsinstitute schreiben ungezählte Selbsterfahrungsseminare mit verschiedensten Methoden aus, die alle das Ziel verfolgen, zu mehr Einsicht in sein eigenes Wesen und Stärkung seines so genannten Selbst zu kommen. Annoncen für Stellenbewerbungen wünschen persönliche und berufliche Selbstsicherheit und Selbststärke.

Paradoxerweise kann das gemeingermanische Demonstrativpronomen (althochdeutsch *selb*) nicht für sich alleine stehen, nur im Verschmelzen oder Zusammenrücken mit anderen Pronomen oder Artikeln (derselbe, im selben) – wie weise Sprache doch ist! Kunst, Wissenschaft, Technologie und menschliche Arbeit sind im Allgemeinen in Spezialgebiete aufgespalten, von denen jedes als wesensmäßig von den anderen getrennt betrachtet wird. Wenn man an diesem Zustand Anstoß zu nehmen beginnt, werden weitere, interdisziplinäre Themenbereiche geschaffen, die diese Spezialgebiete zusammenfassen sollen. Aber letztlich führen auch diese neuen Themenbereiche hauptsächlich dazu, dass die Zahl der Spezialgebiete zunimmt. Auf ähnliche Weise besteht jeder Einzelmensch gemäß seiner verschiedenen Ziele, Pläne, Begierden, Verpflichtungen, charakterlichen Eigenschaften, Erinnerungen, Erfahrungen aus einer großen Anzahl getrennter Schubfächer gegensätzlichen Inhalts, dass man allgemein einen gewissen Grad an Neurose als unvermeidlich gelten lässt und wohl auch lassen muss, während die Menschen, die innerlich über das »normale« Maß hinaus separiert oder fragmentiert sind, als paranoid, schizoid, psychotisch usw. eingestuft werden.

Wir verstehen dieses Ich als etwas Dauerndes, Statisches, Unveränderliches und Wahres mit einer eigenständigen Existenz[36], aus dem heraus wir uns als das Eigentliche und Wesentliche definieren. Die Mitmenschen und übrigen Wesen setzen wir uns als »die anderen« gegenüber, die anders als wir Seienden. Diese Gedanken produzieren ein »mir« und »mein« – daraus erwachsen unser Stolz, unsere *Selbst*gefälligkeit, unsere Besitzwünsche, unsere Anhaftungen, unsere Eigensüchteleien, unsere Eifersucht.

Das Ich-Bewusstsein, das uns leitet, lässt uns glauben, dass es zwischen uns und den anderen eine scharfe, dauernde und nicht nur körperliche Trennung gibt.

Ein Töpfer fragte Roshi: »Roshi, warum ist es so viel leichter, mit Ton zu arbeiten als mit Menschen?« Roshi antwortete: » Weil Ton kein Ego hat.«

Viele Probleme, die wir zurzeit kennen, kommen aus diesem Ich-Verständnis, zum Beispiel der Rassismus. Das in Amerika und Kanada am häufigsten auftauchende Schild lautet: No trespassing / kein Überschreiten der Grenzen! Im Gegensatz zu den skandinavischen Völkern umrahmen wir unsere Grundstücke und Gärten mit Zäunen und Mauern, selbst auf unseren Campingplätzen schützen wir unseren vorübergehenden Ferienaufenthalt durch exakte Trennungslinien, Mäuerchen und Heckchen. Wer sie ungefragt überschreitet, gilt als Eindringling und wird geächtet. Das Wort »übergriffig« ist in manchen Kreisen unserer Gesellschaft ein Modewort geworden. Fritz Perls, der Begründer der Gestalttherapie, ist an der egozentrierten Auswirkung therapeutischer Ziele und Prozesse nicht unschuldig mit seinem so genannten »Gestaltgebet«:

»Ich tu, was ich tu; und du tust, was du tust. Ich bin nicht auf dieser Welt, um nach deinen Erwartungen zu leben. Du bist nicht auf dieser Welt, um nach meinen Erwartungen zu leben. Du bist du – und ich bin ich. Wenn wir uns zufällig begegnen, wunderbar!«

Natürlich hat Perls Recht, dass zu viele Menschen gerade in ihren engsten Beziehungen ein sich entfremdetes Leben, weil das des anderen, führen. Dies kann in unserem hospizlichen Kontext so weit gehen, dass die von uns betreuten Personen manches Mal dasjenige Sterben glauben vollziehen zu müssen, welches sich ihre Begleiter und Behandler für sich selber wünschen, oder dass Trauernde sich exakt so verhalten, wie ihre Umwelt es erwartet oder gestattet. Dies aber vergrößert das Leiden.

Aber »ich bin ich und du bist du« ist in dieser apodiktischen Form ein großes Missverständnis und führt zu einer Art sozialem und auch spirituellem Autismus. Das Bubersche Axiom, dass der Mensch erst am Du zum Ich wird, hat eine weiterführende Weisheit.

In Wirklichkeit sind wir alle etwas, was geboren und wieder sterben wird.

In dem Bay Area Rapid Train, der die East Bay mit San Francisco verbindet, hatte ich eines Tages bei der Rückfahrt von SF nach Berkeley eine tiefe Erkenntnis. An jeder Haltestelle nennt eine elektronische Stimme den Namen der Station. Wenn die Türen sich hinter den Ausgestiegenen wieder geschlossen haben, sagt die Stimme, wie zur Beruhigung, dass man im richtigen Zug sitzt: »(This) train's final destination is Richmond« – »dieses Zuges endgültige Bestimmung ist Richmond«. Wir Reisenden sitzen im Lebenszug, der auch nur einer Bestimmung folgt. Mir ging durch den Kopf: »(All these) peoples final destination is death.«

Zwischen Geburt und Sterben, diesen beiden Hauptgeschehnissen, sind wir unermüdlich auf der Suche nach Liebe und Sinn; Liebe zu geben und zu empfangen und Sinn zu finden. Dies macht uns aus und fügt uns zusammen, bei aller Verschiedenheit der Erlebnisse, Erfahrungen, Erziehungen, Verarbeitungsmechanismen, kulturellen Hintergründen. Die Vorstellung des Getrenntseins ist ein Mythos, und niemand ist dagegen gefeit. Aus dem Einen kommen wir, und in das Eine gehen wir wieder zurück, alle mit dem einen Ziel und Ursprung, nur in der »Zwischenzeit«, dem, was wir Leben nennen, wähnen wir uns getrennt, voneinander geschieden und als Einzelne Viele.

Doch ist diese Vielheit bloß ein Schein. Das ist die Lehre der Upanishaden und vieler mystischen Religionen. Aziz Nasafi, ein islamisch-persischer Mystiker aus dem 13. Jahrhundert:

»Die Geisterwelt ist ein einziger Geist, der wie ein Licht hinter der Körperwelt steht und durch jedes entstehende Einzelwesen wie durch ein Fenster hindurchscheint. Je nach Art und Größe des Fensters dringt weniger oder mehr Licht in die Welt. Das Licht aber bleibt unverändert.«

Die Philosophie des Vedanta hat dieses ihr Grunddogma durch manches Gleichnis zu verdeutlichen gesucht, wovon eines der ansprechendsten das vom Kristall ist, der von einem nur einmal vorkommenden Gegenstand Hunderte von kleinen Abbildern zeigt, ohne dass doch der Gegenstand dadurch wirklich vervielfältigt würde. Auch in der modernen Wissenschaft wird von manchen Physikern die Identität aller Bewusstseine untereinander und mit dem höchsten Bewusstsein vertreten. Die Gesamtzahl aller »Bewusstheiten« ist immer bloß »eins«. C.F. v. Weizsäcker spricht von der *»Allheit der Objekte«* und dass *»jede Erfahrung mit jeder anderen Erfahrung widerspruchslos und in einem Gewebe von Wechselwirkungen verknüpft gedacht werden darf«*.[37]

David Bohm nennt die Vorstellung des Vereinzeltseins »Atomismus«, der unterstelle, dass sich die ganze natürliche Welt einschließlich des Menschen im Prinzip vollkommen als Strukturen und Funktionen von Massen getrennt existierender Atome begreifen ließe. Er fordert eine neue Sichtweise, die er als *»ungeteilte Ganzheit in fließender Bewegung«* bezeichnet. In diesem Fließen sind nach David Bohm Geist und Materie keine voneinander getrennten Substanzen, sondern vielmehr verschiedene Aspekte einer einzigen ganzen und bruchlosen Bewegung.

Vor Jahren quälte mich die Beendigung einer Arbeit, die mich eine lange Zeit erfreut und erfüllt hatte. Die Umstände und Art und Weise, wie mein Arbeitgeber und ich das Arbeitsverhältnis lösten, als ich eine andere, mir mehr entsprechende Arbeit gefunden hatte, wurde der Sache und dem hohen früheren Engagement nicht gerecht; sie war unrühmlich und unwürdig. Lange grämte ich mich ob dieser offensichtlichen Ungerechtigkeit, ließ meinem Zorn freien Lauf, haderte mit den Umständen und führte gedanklich manche Rachefeldzüge. Trotzdem ich anfangs darüber Befreiung verspürte, tat mir all das auf Dauer nicht gut und hielt mich davon ab, mich mit ganzem Einsatz und hohem Eifer der sehnlich erwarteten neuen Arbeit und ihren anspruchsvollen Aufgaben zuzuwenden. Zu dieser Zeit meldete eine neue, flüchtig bekannte Kollegin aus einem anderen Bundesland ihren Besuch an und ihre Bitte um Unterstützung bei einem Problem. Sie wusste von meiner vorherigen Arbeit und den leidvollen Umständen nichts. Sie kam direkt zur Sache. Ob sie mich nicht für ein Seminar gewinnen könne mit einem Titel wie: Mit Gift und Galle. Auf ihrer Arbeitsstelle gäbe es so viel Hass und Neid, dass es kaum auszuhalten wäre und alle darunter litten. Ich sei ihr da als richtige Person empfohlen worden, man schätze meine Art, Seminare abzuhalten, darum sähe sie darin eine Lösung.

Wie so manches Mal erlebte ich auch in dieser kurzen Begegnung, dass es oft andere Menschen sind, die mir zur rechten Zeit, ungefragt und meist auch unwissend, eine Lösung meiner Probleme anbieten oder nahe legen, gelegentlich dadurch, dass sie mich in ähnlicher Angelegenheit um Rat fragen.

Es ist wahrscheinlich unnötig zu erwähnen, dass

mich nach diesem Seminar meine eigenen Hass- und Rachegefühle kaum mehr belästigten. Oder: Eine Freundin in USA suchte nach mehreren gescheiterten Liebesbeziehungen verzweifelt die Gründe dafür und hatte sich eben zu einer weiteren, ihrer dritten, Psychotherapie entschlossen. Eines Abends kam sie völlig aufgelöst zu mir: »Stell dir vor, was mir passiert ist. Heute Abend in der U-Bahn – wir waren allein im Wagon und ich hatte schon ein wenig Sorge um meine Sicherheit – sprach mich ein heruntergekommener, völlig betrunkener Mann an und wiederholte immerzu den einen Satz: »See, Lady, first of all you have to love yourself!« »Und«, fuhr sie erschüttert fort, »er hat ja Recht. Wie kann ich einen anderen Menschen lieben, ihm Wertschätzung und Respekt entgegenbringen, wenn ich mich selber zutiefst ablehne?!«

Solche Geschehnisse verdeutlichen, was ich Seinsverbundenheit nenne.

Tiefes Erkennen bedeutet, dass die Unterscheidung zwischen Beobachter und Beobachtetem verschwindet. Hierdurch entsteht Einsicht in die wahre Natur des Gegenstandes. Wenn man in das Innere einer Blume schaut, sieht man in ihr Wolken, Wasser, Sonnenschein, Minerale, Zeit, Erde. Letztlich besteht die Blume aus Nicht-Blumenelementen: Sie hat kein unabhängiges, gesondertes Blumendasein. Sie ist seinsverbunden mit allem anderen in der Welt.

Auch wir Menschen sind eng miteinander verbunden, Verbündete im Leben und Sterben. Einfach alles, was mir im Leben begegnet, kann ich zu einem Teil meines Pfads machen, und alles kann dazu dienen, Einsicht wachzurufen. Ich kann meine Arbeit und mein In-der-Welt-Sein als Möglichkeit betrachten, all das, was mir begegnet, als Anweisung und Lehrinhalt zu Herzen zu nehmen und auf alle anderen Situationen anzuwenden, besonders auf solche, in denen wir normalerweise dazu neigen, uns in Tadel, Verurteilungen oder Verdrängen zu ergehen. Die Chance zu nutzen, uns offenen Herzens und offenen Geistes mit den Aggressionen, Begierden und Ablehnungen auseinanderzusetzen, die uns in uns selbst und anderen begegnen, ist Teil des spirituellen Wegs.

»Whatever and whoever you see – that is to meet yourself«, sagte Shunryu Suzuki-roshi, der Gründer des San Francisco Zen-Center am 23.1.1971 in einer Vorlesung vor Studenten. Was auch immer und wen auch immer du triffst – es geschieht, damit du dir begegnest.

Gelegentlich empfinden wir die Auflösung von Scheidung zwischen uns und einem anderen als Glücksgefühl, so zum Beispiel beim Liebesakt oder in den seltenen Stunden der Erfahrung tiefer Spiritualität. Es geschieht auch manchmal, wenn es uns widerfährt, dass wir ganz in einer Arbeit aufgehen, dass wir uns an ein Werk hingeben, dass wir uns in eine andere, fiktive Welt verlieren. Die Trennung zwischen Ich und Welt, Ich und Ding ist vorübergehend aufgehoben. Solche Zustände, die wir im Rückblick als Verzückung beschreiben, sind durch das Verschwinden des Ichs charakterisiert. Dann sind wir nicht mehr auf uns alleine gestellt, nicht entfremdet und spüren etwas, was wir Einheit nennen, Gesamtheit im Sein. Auch, wenn wir Menschen begleiten, insbesondere tief Leidende und vor allem Sterbende, erfahren wir gelegentlich die Aufhebung von Grenzen und dann In-ti-mität. Vielleicht ist das einer der Gründe, der das nicht nachlassende Engagement, ehrenamtlich in der Hospizbewegung zu arbeiten, erklärt: die Sehnsucht nach Ent-scheidung, diesen unserer inneren Weisheit und Bestimmung so gar nicht entsprechenden Zustand, die Scheidung und Trennung, wenigstens vorübergehend zu verlassen, indem wir von sterbenden und tief trauernden Menschen den Unsinn und Nichtnutzen des Andersseins und Fernseins begreifend aufnehmen.

Die meisten von uns wissen nicht, wie das ist zu sterben. Es ist nicht etwas, was wir lernen, praktizieren oder worauf wir als Erfahrung zurückgreifen können. Wir haben jede Menge Vorstellungen darüber, was geschehen wird, aber keinerlei wirkliche Kenntnis. Wenn es dann aber ans Sterben geht, brauchen wir jemanden, der bei uns ist, der uns erklärt, was vorgeht, uns daran erinnert, was uns wichtig war, jemanden, dem wir vertrauen können – und der nicht überwältigt ist von dem, was vor sich geht. Jemanden, der keine flachen Antworten gibt und gute Stimmung verbreitet, der die Straße der Angst mit uns bereist, ohne sich darin zu verlieren.

Sterbende Menschen streifen ab, was uns so genannte andere von ihnen fern hält. In dieser offenen Verletzlichkeit und dem mitgeteilten Schmerz ist wenig Raum zum Verstecken und nichts zu schützen. Wie Bob Dylan einst sang: *»Wenn du nichts mehr hast, hast du auch nichts mehr zu verlieren.«* Aus dieser Leere und dem tiefen Wissen um Nichtigkeiten kommt die Bereitwilligkeit, sich dem anderen zu enthüllen, sich dem anderen sozusagen auszustellen. Der Einklang zweier Wesen, der beiden ein momentanes Heraustreten aus ihrer jeweiligen Befangenheit ermöglicht, ist die Ent-scheidung aus der Vorstellung des Getrenntseins.

In der Hospizarbeit bin ich immer wieder von neuem erstaunt über den Grad der Intimität, der uns, die wir doch völlig Fremde waren, entgegengebracht wird. Von den Sterbenden, Angehörigen und Freunden können wir den Geist der Ent-scheidung als Zurücknahme der Entfremdung lernen. Sie erlauben uns, bei ihnen zu sein, in der Tiefe ihres Leides und der Dunkelheit ihrer Angst. Sie teilen uns ihre Fragen und Geschichten mit, außerhalb aller uns sonst hemmenden Scheu und aller Sicherheit spendenden Formalitäten. Uns trennen nicht Ausbildung, Erziehung, Besitzstand, Klassenbewusstsein, Alter oder sonst etwas: Wir sind dicht zusammen im Auge des Sturms, der uns gleichermaßen betrifft, denn dann ist die Zeit zwischen uns aufgehoben. Wir beide sind Sterbende und Leidende, nur durch die Illusion von Raum und Zeit getrennt gewesen.

Eines Tages war ich bei Frau Weber, einer alten Dame, die ich schon lange kannte und begleitete. Ich besuchte sie gewöhnlich einmal die Woche und sprach mit ihr viel über ihr früheres Leben, die Verluste, die sie erlitten hatte, und die Menschen, die sie geliebt hatte und die alle nicht mehr da waren. Es ging nun offensichtlich auf ihr Sterben zu. An diesem noch sehr warmen Oktobertag saß ich an der Seite ihres Bettes im Altenheim und schaute traurig auf den Berg von Decken und Plumeaus, unter denen sie verborgen lag. Es waren nur einige graue Haarsträhnen an dem Platz, wo sich ihr Kopfkissen befand, auszumachen. Sie lag reglos, nur ihr rasselnder Atem war zu hören. Großes Mitgefühl überflutete mich, ich dachte daran, dass sie sich zeitlebens für andere gesorgt und gemüht hatte, dass nun niemand aus ihrem engsten Freundeskreis zur Verfügung war, um sie an die Schwelle zu bringen. Und ich fragte mich sorgenvoll, ob sie es wohl schaffen würde, ihre Kraft und Souveränität bis zum Ende beizubehalten, denn sie hasste nichts mehr, als sich gehen zu lassen und die Haltung zu verlieren. Während ich so meinen Gefühlen nachhing und mir überlegte, wie es mir wohl dereinst gehen würde, wenn ich in ihre Situation käme, nestelte sich eine kleine, weiße, magere Hand aus dem Deckenberg, suchte meine Hand, ergriff sie, und eine Stimme, die mühsam nach Luft rang, keuchte zwischen zwei Atemzügen: »Machen Sie sich keine Sorgen. Ich mache meine Arbeit schon!« Und ein wenig später, ungleich sanfter: »Nur ruhig, heute bin ich es doch, die geht.«

Diese und andere Erfahrungen lassen mich mehr und mehr darauf vertrauen, dass die (Ent-)Scheidung meines Wesens von anderen Wesen ein spiritueller Akt ist. Verstanden zu haben – und das ist kein einmaliger Akt, sondern ein immer wieder Neu-Verstehen – , dass mich nichts von anderen trennt, kann dazu führen, dass ich die Begegnung mit anderen »nutzen« lerne, um mit den von ihnen dargestellten Seiten auch als andere, später nicht mehr so fremd anmutende Aspekte und Dimensionen meiner eigenen Persönlichkeit in Kontakt zu kommen, und mich vielleicht versöhnen kann.

Eines Tages sitze ich in der U-Bahn. Mir fällt ein Schwarzer in den Blick, zuerst seine gelben Schuhe, dann der gelbe Hut, dann dieser lila-schwarze, von Samtstreifen durchsetzte Pyjama-artige Anzug. »Diese Schwarzen«, denke ich amüsiert, aber auch mit Wonne urteilend: »Die haben schon einen eigenartigen Modegeschmack.« Dann geht mir durch den Kopf, dass ich in ihm möglicherweise etwas von mir treffe, dem Teil von mir begegne, der sich gerne schmückt, über Kleidung nachdenkt, einzukaufen liebt. Dann fällt mein schweifender Blick auf den schlafenden Asiaten im hinteren Teil des Wagons. »Ist er der Teil in mir, der meditiert? Der sich in Gleichmut üben will?« Nun bin ich schon geübter und spiele weiter. »Was ist mit dem offensichtlich schwulen Mann, der einschlägige Zeitung mit Annoncen liest? Begegne ich hier dem Teil, der für meine Erotik steht, meine Sexualität?« Und die Studentin links von mir, die in ein Buch versunken ist, der Mann gegenüber, der schreibt. Sind das meine bibliophilen Anteile, ist das ein Kontakt mit meinem schreibenden Ich? Ich beginne inwendig, Hallo zu jedem Teil zu sagen, heiße jeden insgeheim willkommen, bin freundlich zugewandt den mich Repräsentierenden und bewundere Gott wieder einmal für seinen ausgefallenen Geschmack und seine außerordentliche Kreativität und für seinen offensichtlichen Humor: So, wie wir hier versammelt sind, könnte man es sich nicht köstlicher und toller ausdenken. Und den Rest der Fahrt feiere ich für mich alleine ein fröhliches »Get together«, eine kleine, heimliche »Teilchenparty«.

Eine solche Art, Menschen und Dinge zu sehen, könnte uns helfen, unliebsame Aspekte als Hilfsmittel zur Erweckung von Mitgefühl für uns selbst und andere zu verwenden. Sie zeigt uns, wie man sich selbst akzeptiert, unumwunden mit dem Leiden auseinandersetzt, wie man aufhört, vor den schmerzhaften Aspekten seines Daseins fortzulaufen.

VOM GEIST DES UNTERWEGSSEINS

An Stelle von Heimat,
halte ich die Verwandlungen der Welt ...[38]

NELLY SACHS

Vor vielen Jahren, als wir in Bonn unser erstes Symposium zur Palliativmedizin vorbereiteten, erzählte mir eine Kollegin und Freundin von einem Vorfall, der sie einen wesentlichen Teil des Hospizgedankens wirklich begreifen ließ. Auch mich hat er tief geprägt und ihn nicht wieder vergessen lassen:

Eine Patientin auf der Palliativstation befindet sich in der so genannten Finalphase; man rechnet jeden Augenblick mit der Möglichkeit ihres Versterbens. Wachen Bewusstseins äußert sie den Wunsch, noch einmal in den Park des Krankenhauses gebracht zu werden. Die Pflegenden sind sehr besorgt um sie und schlagen ihr diesen Wunsch zunächst kategorisch ab. Untereinander ist man sich einig: Zu gefährlich, es könnte passieren, dass sie unterwegs oder da draußen stirbt. Erst nach langer Rede und Gegenrede innerhalb des Teams entschließt man sich dazu, sie doch nach draußen zu fahren.

Was wäre dabei, wenn es dort geschähe?, fragte man sich untereinander. Ist hier besser oder passender als dort? Wo steht geschrieben, dass ein Sterbender seine letzten Augenblicke in einem Bett innerhalb eines Hauses zu verbringen hat?

Ein anderer Patient, Herr Ballensiefen, Ende 50, war schon öfter auf der Palliativstation und hat sie bisher immer wieder mit einer verbesserten Schmerzeinstellung und damit auch deutlich erhöhten Lebensqualität verlassen. Dieses Mal muss er erkennen, dass es nun wohl dem Ende zugeht und kein Aufschub mehr möglich ist. Er ist sehr zornig auf die Ärzte und vor allem maßlos enttäuscht von sich selber und seinen Lebensumständen und auch dem, was er Schicksal nennt. »Stellen Sie sich diese unglaubliche Ungerechtigkeit vor«, blafft er mich an. »Da arbeite ich ein ganzes Leben hart in diesem Job und spare mein ganzes Geld, um nach der Pensionierung endlich an meinem Traumort zu leben, da erwischt mich diese gottverdammte Krankheit und macht mir gnadenlos einen Strich durch die Rechnung.« 34 Jahre lang hat er es in der Druckerei und in der Kleinstadt in der Eifel ausgehalten. Mit 62 wollte er sich vorzeitig pensionieren lassen, ein großes Wohnmobil kaufen und sich mit seiner Frau nach einer ausgedehnten Tour durch sein »gelobtes Land« Amerika im Sonnenstaat Florida niederlassen und dort sein Leben genießen. Nun ist er 59 und muss von diesem Ziel Abschied nehmen. »Ich werde nie die Everglades sehen, ich werde in den USA nicht einmal ankommen«, klagt er unter Tränen.

Erst gerade einmal 46 Jahre, stirbt ein geschätzter Kollege nach langen Jahren der Zusammenarbeit. Viele Pläne gab es noch miteinander, bis zum Schluss galt seine Energie diesen Plänen. Sein letztes Jahr ging dahin, zwar im Wissen um eine bedrohliche Tumorerkrankung, gleichzeitig aber in fast ausschließlicher Hoffnung auf die in Aussicht gestellte neue Chemotherapie. Als der Tod ihn dann binnen weniger Tage aus seinem Tätigsein und dem vertrauensvoll in die Zukunftblicken riss, fragten sich die Kollegen, ob er sich nicht anders auf sein Sterben hätte vorbereiten und anders aus diesem Leben gehen wollen oder müssen: sehender, stiller, müßiger, nachdenklicher, abschließender.

Wir Begleitenden können aus diesen Beispielen etwas für unseren eigenen kontemplativen und spirituellen Weg, einen Geist des Unterwegsseins lernen. Wir können uns im Verstehen üben, dass kein Ort sinnvoller ist als ein anderer, keine Zeit besser als eine andere vor ihr oder nach ihr, keines Menschen Art und Weise angemessener als eines anderen Art und Weise.

Wenn erst, dann ...

... Dies ist uns allen eine allzu bekannte Lebenshaltung: Wenn ich diese oder jene Arbeit vom Tisch habe, habe ich endlich den Kopf frei und kann mich Wichtigerem zuwenden. Wenn ich dieses oder jenes Problem in meiner Beziehung gelöst habe, wird es mir und uns gut gehen, dann werde ich endlich lieben können oder geliebt werden. Diese und ähnliche Gedanken sind Trugschlüsse. Wenn ich diese Arbeit fertig habe, kommt die nächste, die am besten schon erledigt wäre. Und ist dieses Problem gelöst, steht schon das nächste vor der Beziehungsarbeitstür.

Zwei Mal im Jahr versetze ich mich in allerhöchsten Stress: vor den Sommerferien und am Ende des sich neigenden Jahres. Beide Male lasse ich mich leiten von der Vorstellung, auf meinem Schreibtisch »klar Schiff« machen zu müssen. Ich glaube es mir und dem Zeitpunkt schuldig zu sein und alles weggearbeitet haben zu müssen, damit er nach den Ferien und den Feiertagen in neuer Reinheit erstrahlt. Das tut er dann auch, genau für zwei Tage. Am ersten Tag liegt die ungeöffnete Post noch auf einem überschaubaren ordentlichen Stapel, am nächsten ist sie bereits verteilt auf diverse Häufchen: dringlich, etwas später zu erledigen, nicht zu beantworten, aber aufhebbar etc. Und nach einer Woche sieht der voreingenommene Besucher noch nicht einmal, dass je aufgeräumt wurde. Und doch tue ich es in jedem Jahr zwei Mal immer wieder von neuem. Die Entwicklung liegt bestenfalls darin, dass ich mir nun bei diesen hektischen Aktionen freundlich zuzwinkere.

In diesem Aufräumwahn, der, wie ich beobachte, auch unter meinen Kollegen recht verbreitet ist, steckt die Illusion, irgendwann einmal »fertig zu werden«, aber wir werden nie fertig. In meinen therapeutischen Sitzungen fragen manchmal meine Klienten ganz erschüttert: »Ja, hört das denn nie auf?«, wenn sie wieder einmal in ein kindvertrautes Schlagloch hineingeraten sind. »Wie viel Therapiesitzungen, glauben Sie, brauche ich noch, bis mir dies nicht mehr passiert?« Und »Wann werde ich endlich fertig, mit meiner Sehn-Sucht, meiner Trauer, meiner Wut?«[39] Wir werden auf unseren Wegen nicht fertig, sondern lernen und akzeptieren bestenfalls, dass Unterwegssein normal und unsere Bestimmung ist. Die Themen, die uns umtreiben und beschäftigen, bleiben; was sich im Laufe einer Therapie verändern mag, ist die Art, mit ihnen umzugehen und zu leben; ist aber vielleicht auch die

Entscheidung, sie nicht als hemmend und blockierend anzusehen, sondern als lehrende Begleiter in unserem Prozess. Momente des Angekommenseins sind zwar wunderbare, aber seltene Ausnahmen auf unserem Weg und geben uns einen schwachen Abglanz von dem, nach dem wir auf der Suche sind, und nähren uns auf den Mühen und Widrigkeiten unseres Weges. Sie sind die Triebfeder unseres Gehens, wissen aber zugleich um die Distanz, die uns vom Ende des Weges und dem Ziel trennen.

In einem Hospiz halte ich regelmäßig auf Anfrage therapeutische Einzelsitzungen ab. Ein Hochschulprofessor der Japanologie liegt seit mehreren Wochen in diesem Hospiz, gut umsorgt und respektvoll betreut. Er ist ein enger Freund einer Freundin, wir kennen uns von zahlreichen Geburtstagsfeiern und Familienfesten und haben immer gerne miteinander über Literatur, insbesondere über Lyrik gesprochen. Er ist ein stiller Mensch, der nicht viel Aufhebens um seinen Zustand macht und nicht viel an Zuwendung benötigt. Er beschäftigt sich lesend in seinem Zimmer, selten sieht man ihn im Garten, auf der Terrasse oder im Gespräch mit anderen. Mit der Zeit aber nehmen die Schmerzen und damit auch ein Problem im Team zu, denn der Professor weigert sich strikt, die verordnete Schmerztherapie einzuhalten. Er möchte eigentlich »seine Schmerzen aushalten« und »nur etwas einmalig einnehmen, wenn es allzu arg wird«. Die Mitarbeiterinnen, die in Palliative Care geschult sind und die Segen der angepassten Schmerztherapie kennen, sind teils verbittert, teils wütend. So etwas ist ihnen noch nicht untergekommen. Da könnten sie jemandem ganz elegant helfen, und dieser will es einfach nicht. In mehreren aufeinander folgenden Supervisionen ist dieser Patient Mittelpunkt und Gegenstand der Gespräche. Immer wieder einmal war es in der Vergangenheit zum Entsetzen der Schwestern und Pfleger vorgekommen, dass bei dem einen oder anderen Bewohner die Schmerztherapie nicht wirkte oder nicht optimal verlief. Ich erinnere mich an einen sehr jungen Bewohner dieses Hospizes, der an einem Knochentumor litt und unter lautem Schreien versterben musste; das hatte die einzelnen Teammitglieder sehr mitgenommen und fast verzweifeln lassen. Dieses nun aber, dass jemandem hätte geholfen werden können, der es ablehnte, stieß auf völliges Unverständnis und Anfragen an die Hospizarbeit insgesamt und überhaupt. Ich wurde schließlich beauftragt herauszufinden, was die Gründe für diese Ablehnung seien. Wenn man es verstünde, könne man es vielleicht eher hinnehmen, hieß es.

In den nachfolgenden Gesprächen drehte es sich zunächst – wie früher – um vertraute Themen. Er zeigte mir die Bücher, die er nun endlich in Ruhe lesen könne, darunter die Bekenntnisse des Augustinus und eine Gedichtsammlung seines Lieblingsschriftstellers Kenij Miyazawa. An einem Nachmittag rezitiert er eines dieser Gedichte, das vom Leid handelt. In ihm bezeichnet Miyazawa den Schmerz mit blumigen Worten als einen Diener des Menschen. Ich bitte meinen Bekannten, mir dies näher zu erklären, weil die fernöstliche Weisheit sich mir nicht ohne weiteres und ohne seine Hilfe erschließen mag. »Lassen Sie es mich an mir selbst erläutern«, sagt er. »Der Schmerz, zum Beispiel, der mich hin und wieder zu bestimmten Stunden überfällt, ist nicht unbedingt mein Feind, auch wenn es zu viel des Guten wäre, wenn ich sagen würde, dass ich ihn mag und mich auf sein Kommen freue. Aber er ist der Treibstoff für mein inneres Unterwegssein. Ich muss ihn auf der Reise – auf der Reise zu mir – verbrennen, so nutze ich ihn, und so dient er mir.« Ohne diesen Schmerz würde er sich in der Illusion des Angekommenseins behaglich einrichten und seine Reise vergessen. Der Schmerz aber hielte ihn wach und »in Gang«.

Ich kann nicht behaupten, dass ich ihn damals wirklich verstand, so konnte ich auch dem Team die tief durchdachten Beweggründe für seine Entscheidung kaum vermitteln, nur erreichen, dass man sie duldete und nicht weiter dagegen ankämpfte.

Ich besuchte ihn in den nächsten Wochen regelmäßig. Wir sprachen viel über seine »Reiseliteratur«. Als ich nach einem mehrtägigen Kongress in der Schweiz zurückkomme und ihn wieder aufsuchen will, erfahre ich, dass er soeben verstorben ist. So bleibt mir nur, an seiner Beerdigung teilzunehmen. Der katholische Gottesdienst, an dem viele seiner Studenten teilnehmen, ist auf deren Bestreben mit Elementen des Shintoismus durchsetzt, was mich beeindruckt. Noch beeindruckender aber habe ich im Gedächtnis, dass der Pfarrer der Heimatgemeinde, der ihn, den seltenen Kirchgänger, seit vielen Jahren nicht mehr gesehen hatte, »zufällig« die Emmausgeschichte als Evangelium ausgewählt hat und über den Satz predigte: Brannte nicht unser Herz auf dem Wege ...

Es geht also um die Reise zu sich, diese Reise selbst ist das Zuhause.

In der Hospizbewegung sind wir durch die so genannte Phasenlehre, die den Prozess des Sterbens in mehrere Abschnitte einteilt, etwas verdorben für einen unvoreingenommenen Blick auf die, die uns anvertraut sind zur Sorge und Begleitung. Wir wissen zwar, dass es unsere Aufgabe ist, lediglich die wirklichen und individuellen Bedürfnisse des anderen wahrzunehmen und diese möglicherweise zu berücksichtigen, aber im Hinterkopf lauert häufig die Stufenlehre der Thanatologen, die eine geheime Bewertung in sich trägt und durch ihre aufbauende Struktur eine Entwicklung erzwingen will. Wenn eine erste Stufe Verleugnung oder Verweigerung genannt ist, also mit Begrifflichkeiten verknüpft ist, die gesellschaftlich nicht als positiv oder psychodynamisch erstrebenswert gelten, und eine letzte Stufe dann Annahme heißt, also mit der Vorstellung von Ruhe und Freiheit einhergeht, liegt es doch auf der Hand, diese letzte Stufe erreichen zu wollen oder gar zu müssen. Es ist ein Thema in fast jeder meiner Supervisionssitzungen, dass Helfende unzufrieden darüber sind, dass ein Schwerkranker nicht den Weg der inneren Entwicklung geht, den der Begleiter für ihn im Kopf hat. Meist enden solche Sitzungen mit einer Frage von mir, wie zum Beispiel: »Wo, bitte, soll Frau B. oder Herr W. kurz vor dem Ableben deiner Meinung nach noch ankommen?« und einem befreienden Lachen des Ertappten und der Gruppe. Gerade in unserer Arbeit ist es sehr schwer, unsere eigenen Wunschvorstellungen und Ziele bezüglich unseres Lebensendes von den zu Begleitenden abzukoppeln.

In den Osterferien habe ich die wunderbare Chance erhalten, in einem Hospiz in San Francisco, das als sehr spirituell ausgerichtetes und getragenes Haus gilt, aushelfen zu dürfen. Herzstück des Hospizes ist neben einem ambulanten Pflegeteam, dem Hospizarzt und dem Verwaltungsleiter eine bunt zusammengewürfelte Truppe ehrenamtlich tätiger Leute, die jeweils einen halben oder ganzen Tag pro Woche alle im Haus anfallenden Arbeiten erledigen, sei es in der Küche, im Garten oder am Sterbebett. Sie alle verbindet irgendeine persönliche spirituelle Ausrichtung sowie der Wunsch, sterbenden Menschen beizustehen. Die meisten der Bewohner sind an AIDS erkrankte Männer, die kaum Begleitung von außen benötigen, weil sie von den Mitgliedern der Gay Community vorbildlich umsorgt und betreut werden. Umso mehr Begleitung erfährt Mrs. Rosbaum, eine sehr energische alte Dame, die niemanden mehr hat. Böse Zungen munkeln, dass sie alle »weggebissen« habe und deshalb nun so alleine sei. In der Tat ist dies gut vorstellbar, ihr heftiges Wesen und ihre bühnenreifen Auftritte, in denen sie Hingabe und Gehorsam einfordert, geben diesem Gerücht reichlich Nahrung. Mrs. Rosbaum hat jahrzehntelang als Pflegedirektorin in einem großen jüdischen Krankenhaus gearbeitet, dort nannte man sie nur »The Major« – diesen Namen hat sie ins Hospiz mitgenommen. The Major residiert im Erdgeschoss in einem sonnigen großen Eckzimmer und befehligt insgesamt 4 Ehrenamtler, die wiederum es sich zum übereinstimmenden Ziel gesetzt haben, Mrs. Rosbaum zu einem würdigen, leisen, nachdenklichen Sterben zu verhelfen und aus ihr eine verzeihende und demütige Frau zu machen. Mrs. Rosbaum denkt aber gar nicht daran, einen solchen ihr anempfohlenen Tod zu sterben, sondern herrscht weiter wie eine Despotin von ihrem Bett aus, findet überall ein Haar in der Suppe, zetert bei unerfüllten Wünschen und ereifert sich stundenlang und lautstark über alle diejenigen, die ihr je im Leben Unrecht oder Häme angetan haben. Eines Tages aber scheint eine Wende einzutreten: Eine der Ehrenamtlichen, Joyceline, erzählt mir in der Küche, dass The Major seit Tagen wie umgewandelt sei, sehr höflich und zuvorkommend, und dass sie sich gestern Abend sogar wegen eines Anflugs von Ungeduld bei ihr entschuldigt habe. Ich staune, aber freue mich mit ihr. Als ich zwei Tage später ins Haus komme, höre ich schon auf der Eingangstreppe zur Haustür das Gezeter aus dem Erdgeschoss mit der uns allen bekannten Stimme. Obschon mir Joyceline in ihrer getäuschten Hoffnung Leid tut, muss ich doch insgeheim lächeln. Später bringe ich Mrs. Rosbaum das Mittagessen. Noch immer hat sie sich nicht beruhigt: »Stellen Sie sich bloß mal vor, Monika«, sagt sie mit ihrer rauen, polternden Stimme, »es wird Ihnen hier einfach nicht erlaubt, auf Ihrem ureigenen Weg voranzuschreiten. Immerzu müssen Sie sich irgendwie angemessen verhalten und zur Ruhe kommen. Ich will, verdammt noch mal, nicht zur Ruhe kommen und schon gar nicht diesen dämlichen Knochenmann hinter meiner Türe akzeptieren. Ich denke manchmal nach, gebe denen auch manchmal Recht, war auch nicht immer eine einfache Frau, aber ich habe doch, verflixt noch mal, ein Recht auf meinen Rhythmus und meinen Weg. Warum zum Teufel muss ich denn noch vor meinem Tod unbedingt irgendwo ankommen? Danach habe ich doch auch noch meinen Job zu tun, vielleicht hilft mir ja dabei unser Lord – falls es ihn gibt. Bis dahin will ich keine Ruhe, sondern leben und gehen, gehen und leben ... Das Leben ist eine bunte Straße, und eine Straße ist nun mal kein Haus, sagen Sie denen das!«

Der Tod steht nicht in der Zielgeraden und wartet ab, wie weit wir mit unserer Entwicklung sind, ob wir die uns gesteckten Ziele erreicht haben, ob wir bereit sind, ob wir ihn nehmen können. Auf unserem Unterwegssein geht der Tod immer neben uns. An irgendeiner Stelle des Weges legt er die Hand auf unsere Schulter und spricht sein rücksichts- und bedingungsloses »Jetzt«. Er vollendet nicht; er bricht Leben ab, er zerreißt Hoffnungen und Pläne, er löst Bindungen, er unterbricht das Weitergehen.

Den von Frau Rosbaum gegebenen Auftrag an das dortige Hospizteam versuche ich in meinen Supervisionsgruppen und auch an mich selbst weiterzugeben und ihn zu berücksichtigen, wenn wir uns wieder einmal darum bemühen, dass jemand ein von uns gestecktes Ziel erreicht oder wir uns einmal wieder so sehr im Wunsch finden, irgendwo anzukommen und auf Dauer zu bleiben. Eine Straße ist nun mal kein Haus, nicht wahr, Mrs. Rosbaum?

Eines der seltenen, weil uneingeschränktesten Glücksgefühle in meinem Leben kenne ich vom Gehen entlang des Pazifics. Wenn ich meine Freunde in Kalifornien besuche, drängt es mich sehr bald zum Meer, an dem ich dann ein nahezu unendliches Laufen beginne. Ich walke nicht, ich jogge nicht, ich gehe einfach los, für mehrere Stunden und ohne auf Entfernung oder Kilometer zu achten. Sonst eher unsportlich und manches Mal durchaus genüsslich faul, fährt es am Meer in mich und treibt mich voran: Das Schönste ist, dass ich kein bestimmtes Ziel habe, sondern nur immerzu weitergehen will. Anders als in den Bergen oder sonstigen

Landschaften muss ich mir meinen Weg nicht suchen, muss keine Entscheidung des Dahin oder Dortherum treffen, sondern darf immer nur vorwärtsgehen, geleitet durch den Meeressaum. In diesem Zustand habe ich nach nichts und niemandem Hunger und Durst. Ich glaube, dass dieses Glück, dieser Flow, wie es im modernen Psychologendeutsch heißt, nicht etwa daher kommt, weil durch die Bewegung besonders viele Endorphine ausgeschüttet werden, sondern weil ich in diesem plan- und ziellosen Gehen meiner inneren Bestimmung, meiner Rast-losigkeit, am nächsten bin, ja mit ihr fast deckungsgleich bin. In ihr erlebe ich deutlicher, unverstellter und damit klarer als sonst, dass in diesem Leben kein Ankommen ist, kein Ort der bleibenden Erfüllung oder Sättigung. In ihr erfahre ich und bekenne mich zu meiner Heimatlosigkeit in dieser Welt, weil ich möglicherweise auf eine andere Heimat hin entworfen bin.

Von den Tieren, mit denen ich leben darf, kann ich vieles lernen. Mit Robin, meinem Hund, am Meer, staune ich über seine Freude an der Bewegung und seine Zufriedenheit. Am Wasser und im nassen Sand kann er kaum Spuren aufnehmen und ablenkende Witterung erfahren, also läuft er vorwärts und vorwärts, wohl wissend und sich manchmal vergewissernd, dass ich hinter ihm bin. Gelegentlich trifft er andere Hunde. Wenn diese nicht zur Begegnung aufgelegt sind oder gar in abgrenzender Kampfeslust, so bleibt er nicht lange bei ihnen und trollt sich bald. Trifft er jemanden seiner Art und Neigung, verbringt er ein paar wundervolle Spielzeiten mit ihm, außer sich vor Freude, um dann irgendwann seine Bestimmung zu erinnern und ohne Anhaftung in seine Lebenswelt zurückzukehren und wieder voranzulaufen. Trotz aller Liebe zum Gehen: So weit wie er bin ich in meiner Entwicklung noch nicht.

Sich im Leben einzurichten, auf Dauer und ein für alle Mal, bleibt ein großer, aber unerfüllbarer Traum in eines jeden Leben. Unser Leben ist die Wanderung nach einem anderen Zustand. Die hiesigen Dinge können uns nicht einmal die Richtung unserer Wanderung angeben, sie können uns bestenfalls stets unserer Wanderschaft eingedenk halten.

Eine Straße ist kein Haus!

VOM GEIST DER BEFEUCHTUNG

Das Lachen ist die engste Distanz zwischen zwei Personen.
VICTOR BORGE

Humor, Gelächter, Witz – passt dies zu einem Leben, das dem absehbaren Ende zugeht? Passt dies zu einem langsamen, trauervollen Prozess des Abschiednehmens? Zu Schmerzen und Leid? Dürfen Trauernde lachen? Ist es angemessen, wenn ein Sterbender einen Witz macht? Entspricht es der Vorstellung von Helfen und Begleiten, wenn behandelnde und betreuende Menschen im Umfeld des Todes in Gelächter ausbrechen? Ist es fehl am Platz, wenn auch im Bereich von Sterben, Tod und Trauer Tragik und Komik nebeneinander sind und eine gleichwertige Daseinsberechtigung haben? Oder ist es richtungsweisendes Gebot, dass man angesichts des Lebensendes nicht(s) mehr zu lachen hat?

Es hat damit angefangen, dass jemand aus unserem Team des Palliativzentrums eine Postkarte entdeckt und mitgebracht hatte, auf der mit sparsamen Strichen zwei Personen abgebildet waren. Ein Mann, der ausgestreckt auf dem Boden liegt, eine Frau, die sich über ihn beugt. Unter der Abbildung stand: »Du, Karl-Heinz, tot im Flur? So kenne ich dich ja gar nicht!«

Wir konnten mit dem Lachen über die Karte gar nicht mehr aufhören – obwohl wir in einem Haus arbeiten, in dem der Tod Hausrecht hat und wir täglich mit großem Leid konfrontiert werden.

Seitdem ist unser häufiges Lachen, ja manchmal sogar Albernsein, Thema unter uns. Sind wir gefühllos, wenn wir uns derart amüsieren? Sind wir in unserer Arbeit abgestumpft? Darf man im Zusammenhang mit Sterben, Tod und Trauer überhaupt lachen, und dann noch über das Thema selbst?

Diese Gedanken hier wollen die Spur des leisen und lauten Lachens in der Arbeit mit Sterbenden und Trauernden verfolgen und den Bogen der verschiedenen Funktionen des Humors, von der psychologischen Entlastung bis zu einer Form spiritueller Haltung, aufzeigen.

Humor als Abstandhalter zur Betroffenheit

In den Fortbildungskursen, die wir im Zentrum für Palliativmedizin abhalten, bieten wir ab der zweiten Woche Selbsterfahrungseinheiten zum Thema Kommunikation an. Hier geht es vor allem um die Vermittlung schlechter Nachrichten, das so genannte »breaking bad news«. Damit den Ärztinnen und Ärzten ein Eindruck entsteht, wie eine solche Nachricht beim Gegenüber ankommen kann, bitten wir sie, dies im Rollentausch einmal – so als ob – einander mitzuteilen und zu erleben. Aus dieser Übung kommen manchmal selbst gestandene Chefärzte mit geröteten Augen zurück. Wir machen dann zuerst einmal eine längere Pause, in der die Teilnehmer sich stärken und wieder sammeln können. Mit der Zeit wandelt sich dann das leise Murmeln miteinander in Zurufe und lautes Sprechen. Wir wissen, dass das Ende der Pausennotwendigkeit erreicht ist und innen Platz für den weiteren Unterricht geschaffen ist, wenn aus dem Pausenraum Gelächter zu uns dringt. Die neue, sich nun anschließende Arbeitseinheit, in der es um das Sammeln hilfreicher Kommunikationsanteile geht, beginnen wir dann oft mit dem Erzählen eines Witzes:

Ein junger Arzt, der sich für seine Patienten aufopfert und sehr beliebt ist, wird von den Mitarbeiterinnen seiner Praxis gedrängt, doch endlich einmal Urlaub zu machen und etwas für sich zu tun. Er sagt, er könne die Patienten nicht im Stich lassen; sie besorgen eine Vertretung. Er sagt, er hätte keine Vorstellung über ein lohnendes Ziel; sie überraschen ihn mit einer Flugbuchung. Zu guter Letzt gibt er vor, niemand sorge für seine alte Katze. Auch das versprechen sie ihm.

Als er nach drei Wochen zurückkehrt, holt ihn seine MTA vom Flughafen ab. Die erste Frage des Doktors im Auto ist: »Wie geht es denn meiner Katze?« »Tut mir echt leid«, sagt die junge Frau, »die ist tot. Sie ist zwei Tage nach Ihrer Abfahrt gestorben.« Der Arzt regt sich sehr auf, vor allem über die lieblose, nicht einfühlende Art der Mitarbeiterin. »Wie hätte ich es denn sonst sagen sollen?«, fragt sie. »Nun, Sie hätten mich darauf vorbereiten können, so wie ich es auch mit Patienten mache, wenn ich ihnen eine schlechte Diagnose oder infauste Prognose mitteilen muss. Als ich zwischendurch einmal anrief, hätten Sie sagen können: Wir machen uns Sorgen um Ihre Katze, sie ist aufs Dach geklettert und kommt nicht mehr runter. Dann hätte ich mich innerlich darauf einstellen können, dass etwas nicht in Ordnung ist. So aber war es wie ein Schlag mit dem Hammer.« Die Mitarbeiterin sieht das ein.

Weil der Urlaub dem Arzt so gut getan hat, fährt er im Jahr drauf sogar gleich vier Wochen nach Amerika. Als er in der Hälfte der Ferien einmal in der Praxis anruft und sich nach dem Rechten erkundigt, sagt dieselbe MTA, die inzwischen dazugelernt hat: »Hier ist alles paletti, Herr Doktor. Nur bei Ihnen zu Hause gibt's ein Problem: Ihre Mutter ist aufs Dach geklettert und kommt nicht mehr runter ...«

Das Lachen über einen solchen Witz befreit vom Schrecken der Vorstellung, man könnte es genauso gut auch selber gewesen sein, dem eine schlechte medizinische oder andere Nachsicht überbracht wird. Es hebt das Schlimme (den Tod eines nahen Menschen oder den eigenen) auf eine andere Ebene, wo es durch die Extremität (des Verhaltens der MTA) an Wirklichkeitsbezug verliert. So blöd kann doch niemand sein, dass er die Bitte des Arztes ohne Nachdenken eins zu eins übernommen hat, ergo kann auch das Ereignis gar nicht sein und rückt in den Bereich der Absurdität.

Das Wesen des Humors lehrt uns, zumindest in der Vorstellung Leichtigkeit in die Situationen einzuladen, die sonst in ihrer Schwere und Dramatik unerträglich wären.

Vor Jahren hielt ich in einer Kölner Kirche einen Vortrag vor ehrenamtlichen Krankenhaushelferinnen. Ich erzählte die Geschichte eines traurigen Sterbeprozesses und zeigte sehr berührende Bilder, die der schwerstkranke Mann selber gemalt und in denen er sich mit seinem baldigen Tod auseinandergesetzt hatte. Als ich mit der Schilderung fertig war, ließ ich das letzte, sehr aussagekräftige und beeindruckende Dia noch eine Weile stehen; es war mucksmäuschenstill, die Atmosphäre war sehr dicht. Ich sah, wie Taschentücher ausgepackt und weitergereicht wurden, hörte dann das Geräusch von unterdrücktem Weinen. Viele Zuhörer waren bemüht, ihre Fassung wiederzugewinnen. Ich wartete noch eine Weile, um dann durch Fragen und Antworten ins Gespräch zu kommen, wieder Bodenhaftung zu vermitteln und den Abend ausklingen zu lassen. Behutsam und unsicher, ob der Zeitpunkt nicht doch zu früh war, wandte ich mich an die Runde. »Gibt es vielleicht eine Frage oder Anmerkung?« Eine Frau war schon auf dem Sprung, ihr Finger schnellte direkt in die Höhe, als habe sie nur auf diese Aufforderung gewartet: »Sie haben da so eine hübsche kleine Tasche«, sagte sie. »Kann ich die mal von innen sehen, ob sie Fächer hat? Und können Sie mir sagen, wo man so etwas kaufen kann?«

Die anderen Zuhörerinnen und ich brachen nach einer winzigen Pause in Gelächter aus. Dann begannen die Frauen untereinander einen sehr lebendigen Gesprächsaustausch, der noch über eine Stunde anhielt.

Im ersten Moment war ich ein wenig schockiert gewesen, wie eine solche Frage, die ich am allerwenigsten erwartet hätte, gestellt werden konnte. Dann verstand ich, dass durch diese Frage für die Frau das Gleiche passierte wie im anschließenden Heiterkeitsausbruch für die Gruppe: Die durch den Diavortrag auftauchenden Impulse von Traurigkeit und Angst wurden begreiflicherweise mit sehr viel hemmender

Energie unterdrückt, weil man sich vor den anderen und im Rahmen eines öffentlichen Vortrags und überdies in einer Kirche keine Blöße geben wollte. Als sich durch die unfreiwillige Komik der nicht so ganz an diese Stelle passenden Frage die Impulse freisetzten, wurde die hemmende Energie überflüssig und durch Lachen abgeleitet. Anschließend konnten die vorher unterdrückten Impulse ausgedrückt werden.

Das Wesen des Humors besteht darin, dass man sich die Affekte erspart, zu denen die Situation Anlass gäbe, hat Sigmund Freud in seinen Untersuchungen über den Witz und seine tiefere Bedeutung herausgefunden. Wie sinnvoll für die möglicherweise unliebsam auftauchenden Gefühlszustände der Zuhörerin, dass es eine Interesse erweckende Tasche gab.

Eine Art von Lachen kann auch als Notwehr verstanden werden. Friedrich Nietzsche sagt im Nachlass der Achtzigerjahre, weil der Mensch so tief und so schmerzlich empfinde, habe er – das »leidendste Tier auf Erden« – sich das Lachen erfinden müssen. Diese Aussage kann im Kontext der Begleitung sterbender und trauernder Menschen bestätigt werden:

In unserem zweijährigen Seminar zur Trauer- und Hinterbliebenenbegleitung kursierte mehrere Ausbildungsgänge lang folgender Witz, der über Mundpropaganda weitergegeben wurde. Die neuen Teilnehmer kannten ihn schon vor Seminarbeginn vom Hörensagen. Er war so etwas wie ein eingeschworenes Erkennungsmerkmal, er zeigte an, aus welchem »Stall« man kam, bewies er doch Insiderwissen:

Treffen sich zwei Männer auf der Straße. »Wie geht's der Frau Gemahlin?«, fragt der eine leichthin. Im gleichen Moment fällt ihm ein, dass die ja schon längst tot ist. Er fragt nach: »Immer noch auf demselben Friedhof?«

Wenn die Gruppe nach mehrmonatiger Pause wieder im Tagungshaus einrückte, war der Zuruf: »Hallo, du. Na, immer noch auf dem gleichen Friedhof?« geflügeltes Begrüßungswort. Es trug dazu bei, Vertrauen und Verbindung zu schaffen und dort wieder anzuknüpfen, wo man beim letzten Mal auseinander gegangen war.

Und ein anderer Witz, den ein Kollege von einer Fortbildung für Polizei und Rettungssanitäter mitbrachte:

Mosche Jahob ist gestorben. Unfall. Die beiden Freunde müssen seiner Frau die Nachricht bringen. Sie überlegen, wie sie das am besten über die Bühne bringen. »Sind Sie die Witwe von Mosche Jahob?«, fragen sie, als sie die Haustür öffnet. »Von Mosche schon, aber nicht Witwe«, sagt sie. Und darauf die beiden: »Wetten, dass?!«

Wenn ein Mensch in Trauer einen solchen Witz hörte, würde es ihn sehr irritieren, ja sogar abstoßen und er sich mit einem Gefühl von Unverständnis und gleichzeitig von Nicht-Verstanden-Werden abwenden. Hier gilt aber: Je schwärzer der Humor, desto größer die Betroffenheit. Gegenstand des schwarzen Humors ist die erfahrbare Welt, die mit ihren negativen Seiten – hier der Unfähigkeit, Trauer angemessen zu begegnen – ausgeleuchtet werden soll. Dem schwarzen Humor ist keinerlei Normbindung zu Eigen, er stellt vielmehr herkömmliche Umgangsformen und Konventionelles in Frage. Er zeigt Extreme auf, die in der Realität inakzeptabel sind, aber tiefe Zweifel an diesen Formen und der stillen gesellschaftlichen Übereinkunft von Sitten und Gebräuchen wecken sollen. Die Aufgabe des schwarzen Humors ist demzufolge eine zutiefst humane und moralische: Er verdeutlicht das Wesentliche und Wichtige, und zwar über den Weg des Negativen, des Verkehrten. Menschen, die über die oben erzählten Witze lachen, begreifen oder haben bereits begriffen, dass eine solche Art der Nachrichtenvermittlung ein Unding ist und dass ein Betroffener in einer Verlustlebenssituation gänzlich anderes benötigt als das im Witz Beschriebene. Aber durch die Form, die nicht auf sterile Belehrung, sondern auf befreiendes Erkennen zielt, kann eine solche Einsicht angenommen werden. Das Lachen ergibt sich aus der gewonnenen Freiheit, zum einen seine Einstellung zu reflektieren und zum anderen dem Druck des Herkömmlichen zu entfliehen.

Befeuchtung?

Als ich zum letzten Mal in Berkeley weilte, gab es unter den so gesundheitsbewussten Kaliforniern gerade eine neue Ernährungsmode: Zu jedem Essen sollten acht Glas Wasser getrunken werden. Die Begründung war, dass gerade im Kontext der Nahrung nach den vier Elementen die Befeuchtung des Körpers, genau wie bei den Pflanzen, von entscheidender Notwendigkeit sei. Mir kam in den Kopf, dass auch in unserer Tätigkeit der Sterbebegleitung das Feuchthalten nicht vergessen werden darf, sonst wird unsere Energie darin knochentrocken. Und in einem zweiten Gedanken kam mir die Erkenntnis, dass das Wort Humor genau dies beinhaltet. *Humor* heißt »Feuchtigkeit«[40]. Humor zu haben meint seit der mittelalterlichen Medizin, das richtige Maß an Feuchtigkeit, die Balance von gesunden Säften im Menschen, die nach der hippokratischen Lehre die vier Temperamente bestimmen, zu besitzen. Diese Balance führe dann zu einer ausgeglichenen Gemütslage.

Das Umgehen mit sterbenden Menschen, ihren Angehörigen und Hinterbliebenen kann oft Arbeit auf steinigem und sandigem Boden sein, auf dem manchmal nichts mehr gedeihen, sich entwickeln und neu wachsen will, in der alles Neue und Ausprobieren im Keim erstickt und im Ansatz verdorrt, weil der Blick auf das Ende und das (Ab)Sterben von Energie und Hoffnung gerichtet ist.

Im Bereich der Begleitung sterbender und trauernder Mitmenschen auch von Herzen zu lachen, später in Erinnerung an den Anlass des Lachens noch gerne zu schmunzeln und ihn gelegentlich mit Freude weiterzuerzählen (wobei man den Personenkreis und die Situation sehr behutsam einschätzen muss), hat nichts mit einem kalten oder harten Herzen zu tun. Ganz im Gegenteil. Die Betrübnis und das Entsetzen, das wir im Verlaufe eines Sterbens oder eines Verlusterlebens in uns wahrnehmen, kann uns er-starren lassen, verstören oder ent-geistern, sodass wir keinen klaren Gedanken fassen, überhaupt kein Gefühl mehr spüren und nicht wirklich beim anderen sein können. Hier hilft der Humor. In ihm nehmen wir Abstand, rücken ab, atmen tief durch – und kehren gestärkt und neu bewegt zurück zu dem Platz an des anderen Menschen

Seite. Humor ist so etwas Ähnliches wie Kurzferien vom Sich-Betreffen-Lassen.

Humor und Lachen sind wahrscheinlich mit die wichtigsten Anteile einer Verhinderungsstrategie, sich in der Not eines anderen Menschen zu verlieren, in der Begleitung Sterbender und Trauernder alle Kraft zu lassen und auszubrennen.

In Abwandlung einer Aussage von Virginia Satir über Umarmungen könnte man sagen: Wir brauchen viermal am Tag Gelächter für das Überleben, wir brauchen es sechsmal am Tag, um den Status quo zu halten und achtmal, um zu wachsen.

Darüber hinaus gilt vieles, das für ihn spricht und erstaunen lässt, warum er nicht viel verbreiteter ist:

Humor ist gesund. Er unterstützt das Immunsystem. Er reduziert Stress, erleichtert den Schlaf, er ist verjüngend. Er hat keine unliebsamen Nebeneffekte und ist kein Medikament. Humor ist natürlich, ökologisch, natursüß, enthält keine Pestizide, keine Haltbarkeitsstoffe, keine anderen Zusatzstoffe und ist 100% naturrein. Humor hat keine Teile, die repariert werden müssen, keine Batterien, die man auswechseln muss, keinen TÜV, dafür einen niedrigen Energieverbrauch, aber eine große energetische Wirkung, ist sicher vor Inflation, macht nicht dick, ist unabhängig von monatlich zu bezahlenden Abgaben, braucht keine Versicherung, ist diebstahlsicher, kostet keine Steuern, verstreut keine Pollen, und vor allem, ist voll rückgabefähig.

Humor als den Menschen auszeichnende Fähigkeit

Wir sprechen landläufig vom tierischen Ernst – der Mensch ist das einzige Wesen, das lachen kann. Der Mensch ist auch in den tragischen Situationen des Lebens, in Ausweglosigkeit und großer Angst, in der Lage, zu lachen oder andere zum Lachen zu bringen. Ein wundergutes Beispiel dafür ist der Film »Das Leben ist schön«. Wer ihn gesehen hat, erinnert sich an die tief bewegenden Momente, wo der Hauptdarsteller die Zuschauer zum Lachen brachte und ihnen gleichzeitig das Lachen im Halse stecken blieb, weil die Aussage hinter dem Spaß von so tiefem Schrecken und fast heiligem Ernst geprägt war. Das Grundthema des Films, die fast übermenschliche Liebe eines Vaters zu seinem Sohn, wird so heiter und so leicht vorgeführt, dass es von keinerlei Pathos verstellt ist, deshalb nicht abgewehrt werden muss und direkt ins Herz trifft.

Ein Neurologe betreut seit längerem einen ärztlichen Kollegen, der an einer ALS in fortgeschrittenem Stadium erkrankt ist. Die beiden sind nahezu gleich alt, kennen sich gut, sind sich nahegekommen und haben große Sympathie füreinander. Das macht es für den behandelnden Neurologen noch schwieriger als sonst, das Fortschreiten der Muskellähmung und der Erkrankung auszuhalten. Die Krankheit ist in eine Phase getreten, in der das Atmen aufgrund der zunehmenden Löhmung der Muskulatur täglich schwieriger wird. Nach ausführlichen Gesprächen entscheidet sich der Patient für die Durchführung eines Luftröhrenschnittes und eine künstliche Beatmung. Ihm ist bewusst, dass zu diesem

 Zeitpunkt das Lebensende bereits deutlich abzusehen

ist. Der Luftröhrenschnitt verhindert überdies die bisherigen Möglichkeiten der verbalen Kommunikation, die ihm gerade in der Phase der zunehmenden Hilfsbedürftigkeit und Schwäche so wichtig war.

Der Neurologe erzählt, dass er am Morgen, dem Tag des Eingriffs, noch einmal zu seinem Patienten geht, um sich ein letztes Mal kurz zu unterhalten. Beiden sei die Schwere und Bedeutung des Augenblicks bewusst gewesen. Als er des Kollegen Hand ergreifen und drücken will, stößt er versehentlich an den Nachttisch, wodurch eine Blumenvase herunterfällt und zerbricht. Der Patient schaut auf die Scherben, dann ihn mit einem kaum wahrnehmbaren Lächeln an und bemerkt wie nebenbei: »Die Woche fängt gut an.«

Dem behandelnden Arzt sei in diesem Augenblick eine so große Ehrfurcht vor dem anderen in sein Herz geschossen, dass diese es ganz ausgefüllt habe. Für nichts anderes sei darin Platz gewesen als Liebe und Respekt vor der Lebensleistung des Kollegen und Freundes.

Der Ernst ist nicht das Gegenteil des Humors, sondern im Ernst hat der Humor seinen Wurzelgrund. Der Ernst besteht im Bewusstsein der vollkommenen Übereinstimmung und Kongruenz eines Begriffs oder Gedankens mit dem Anschaulichen oder der Wirklichkeit. Der Ernst kennt und weiß um die Tragik der Situation und ihre Ausweglosigkeit. Der Humor ergänzt ihn, geht noch einen Schritt weiter, benennt das Verhängnis ohne Peinlichkeit und verzichtet heldenhaft auf Ausflucht und Beschönigung. Der Humor versucht, durch Verschieben eine Diskrepanz zu Wege zu bringen, um nicht in eine Identität mit dem Verhängnisvollen zu geraten. Der Humor bejaht; er könnte es nicht, wenn er nicht durchschaute und sich eine gewisse innere Unabhängigkeit bewahrte. Der Humor weiß um die Bedrohung, aber er stellt sich ihr – wenn auch zaghaft – aus einer tief eingewurzelten Lebensfreude und -wärme, begegnet ihr mit Güte, nicht mit Schärfe.

Wir sind mehr als die Verhältnisse, in denen wir uns befinden. Können wir sie mit diesem Wissen nicht auch verändern?

Humor als Akt der Demut und Erhabenheit

Eine 80-jährige Frau, Bewohnerin eines Pflegeheims, leidet unter der Parkinson'schen Krankheit. Eines kalten Wintertages hilft ihr eine Pflegerin beim Essen, weil sie das durch ihr heftiges Zittern nicht mehr alleine tun kann. Mit einem Blick aus dem Fenster sagt die Kranke: »Gut, dass ich bei dem Schnee heute nicht nach draußen muss. Und gut, dass ich durch das Zittern wenigstens ein bisschen Bewegung habe, sonst würde ich ganz einrosten.«

Gegen ihre fortgeschrittene Erkrankung ist die alte Dame machtlos. Indem sie sich aber über die eigenen, durch die Krankheit hervorgerufenen Missgeschicke und Unfähigkeiten lustig machen kann, verändert sie die Wirklichkeit. Mit einer solchen Äußerung lebt sie beeindruckend die Weigerung, mit der Erkrankung übereinzustimmen und sozusagen mit ihr deckungsgleich zu werden. Sie hat Parkinson, aber sie ist nicht Parkinson. Damit zeigt sie ihre geistige Überlegenheit und ihren Stolz, sich nicht unterkriegen zu lassen. Und gleichzeitig erkennt sie die körperlich wirkende Übermacht der Krankheit in Ergebenheit an.

Solch ein Beispiel ist herzerwärmend, weil es auch eine Gegenhaltung zu Wehleidigkeit und Jammerlust beschreibt, die beide meist daraus entstehen, dass die eigene Person besonders wichtig genommen und hochgehalten wird.

Als ein kanadischer Bischof gefragt wurde, was beim Sterben geschehe, sagte er: »Ich weiß es nicht.« – »Aber Sie sind doch ein Bischof«, hakte der Fragende mit Vorwurf in der Stimme nach. »Ja«, erwiderte der, »aber kein toter.«

Humor zerstört Pathos und Selbstüberschätzung, indem er vor allem die eigene Person – aber auch die Umwelt – nicht so wichtig nimmt. So ist eine humorreiche Welt-Anschauung und Selbstbetrachtung Übung in Demut.

Was der Humor weiter mit spiritueller Geisthaltung zu tun haben könnte, mag auf den zweiten Blick einleuchten:

Yakusan, ein chinesischer Zen-Meister, ging in einer mondhellen Nacht auf den Hügel hinter dem Kloster und brach in donnerndes Gelächter aus. Es wird berichtet, der Klang dieses Lachens habe seine Echos zwischen Himmel und Erde hin- und hergeworfen, und im Umkreis von zehn Meilen hätten die Dörfer gebebt.

Das Lachen ist im Zenbuddhismus ein großes Thema. Auch Homer beschrieb schon etwas Ähnliches, nämlich das »*unauslöschliche Gelächter der seligen Götter*«. Humor ist nicht nur eine dem Menschen vorbehaltene Fähigkeit zur Bearbeitung von Lebensproblemen, sondern eine Einstellung zum Leben insgesamt, die die Unzulänglichkeiten des Daseins durchschaut, sich aber in liebevollem Verstehen über das Leben, oder – unter dem Aspekt der Demut gesehen – auch unter das Leben, stellt. Sie wird nicht selten durch Leid, Schmerzen, und hier besonders durch Ent-täuschungen (das Aufheben einer Täuschung) erworben. Sie ist Ausdruck der Selbstbehauptung gegenüber dem sinnlos Erscheinenden und dem Schicksal, gegründet auf der Erkenntnis und tiefen Ein-Sicht, wie die Dinge und Erscheinungen wirklich sind. Sie führt zu einer inneren Überlegenheit, die gegenüber den Widersprüchen des Seins, seinen Disharmonien, der Kleinheit und Kleinlichkeit des Menschen – vor allem seiner selbst – ein Lachen über dies alles hervorbringt, das keine Verachtung enthält, wohl aber vielleicht Großmut, Wehmut, Sehnsucht und vor allem Verstehen.

Humor befreit. Humor befreit vom inneren Druck, der von der konzentrierten, anhaltenden Zielrichtung unseres unruhigen Geistes kommt. Unser tätiger Geist ist unentwegt mit der Welt als Vorstellung oder dem Willen befasst, und alles ist ein Produkt der Abfolge verschiedener Äußerungen des inneren Drucks.

Einem in Gedanken schnell und achtlos dahergehenden Menschen haut jemand plötzlich auf den Kopf. Er dreht sich mit geballten Fäusten blitzschnell um und sieht hinter sich – einen Telefonmast. Er begreift: Dagegen ist er also selbst gestoßen. Er lässt die Arme sinken, er lacht.

Wenn wir für den Bruchteil einer Zeit einmal das Bild betrachten können, das wir gerade abgeben, eine falsche Vermutung und die damit verbundene unnötige Aufregung durchschauen, bricht die Spannung zusammen, und unwillkürlich folgt daraus, dass wir lächeln. Dies ist dann eine dem Erhabenen verwandte Art der Lächerlichkeit.

Schopenhauer erklärt den Ursprung des Humors aus dem Erkennen des Widerspruchs, der zwischen einem gedachten Gegenstand und seiner wirklichen Erscheinung liegt.

Im Grunde verbinden sich hier Todesverständnis und Humor. In dem Betrachten einer Erscheinung, der dämmernden Erkenntnis, wie sie ist, und der annehmenden Einsicht, sich wieder einmal getäuscht zu haben, stirbt eine Vorstellung in uns, und sterben wir jedes Mal auch zu einem Teil mit. Weil wir bereits auch in diesem Leben sterben, weil wir uns dauernd von etwas verabschieden, uns dauernd überraschen, ernüchtern und desillusionieren, dauernd durch die vermeintliche Realität hindurch in ihr Nichtvorhandensein stechen, sterben wir durch das Leben hindurch. Und was wir dann schließlich Tod nennen, ist in Wahrheit das Ende des Todes, der Tod des Todes.

Die Erlösung durch den Tod kann heißen, auch (endlich) von allen gedachten Vorstellungen erlöst zu werden, und in eine neue, wirklichere Wirklichkeit hineinzukommen. Das kann Befreiung bedeuten, denn in Vorstellungen zu leben, seien sie noch so hilfreich und hoch stehend, bleibt eine Anhaftung und ein Gebundensein. Und diese plötzliche Befreiung kann jäh und unwiderstehlich das Lachen, das metaphysischen Charakter hat, auslösen.

Ein Krankenhausseelsorger, der seinen Beruf sehr liebte, kümmerte sich hingebungsvoll um einen 47-jährigen Patienten, der an einem Bauchspeicheldrüsenkrebs litt. Der Mann war Lastwagenfahrer, erzählte gern von seinen Touren durch Europa und von dem geliebten Truck. Nachdem die Hoffnung auf Wiederherstellung der Gesundheit gesunken war und ihm auch immer schmerzlicher deutlich wurde, dass er nicht mehr in den Beruf zurückkehren konnte, bemühte sich sein Begleiter sehr um die Vermittlung anderer Hoffnungen. Er brachte ihm nach der Entlassung eine Bibel nach Hause und besuchte ihn auch dort regelmäßig. Sie führten lange Gespräche über ein mögliches Jenseits und die göttliche Verheißung der Auferstehung und der Weiterexistenz in einer neuen Welt. Der Seelsorger gewann die Begleitung lieb und fing selber an den Themen, die sie miteinander besprachen, Feuer. Als das Sterben kam, wurde der Patient in all seiner Schwäche immer freundlicher, fast fröhlich. Eines Tages sagte er nahezu entschuldigend, aber mit einem breiten Lächeln zu seinem Besucher: »Ich danke Ihnen sehr für Ihre Bemühungen. Dass Sie kamen und mit mir sprachen, war sehr nett. Aber erst jetzt, wo ich alle und jede Hoffnung habe fahren lassen, bin ich wieder bei Trost, und es geht mir richtig gut.« Und setzte gutmütig hinzu: »Tut mir aber echt Leid für Sie. Hätte Ihnen was anderes gegönnt.«

Wenn die Trennung von den Vorstellungen darin gipfelt, dass auch die Vorstellung von sich selber hinterfragt wird und möglicherweise sogar abgelegt werden kann, schwindet jeder Druck. Letztlich ist für dies, sein Ego und die Welt der Gegensätze aufzuheben, der Humor dienendes Mittel.

Timothy war Hospizpatient in Santa Cruz. Er kam mit seiner Krankheit und seinem baldigen Sterben verhältnismäßig gut zurecht, was er aber überhaupt nicht mochte und worüber er äußerst ärgerlich werden konnte, war, wenn um ihn herum etwas verändert oder anders angeordnet wurde oder es im gewohnten Tagesablauf Neuerungen oder Störungen gab. Er erzählte den Schwestern, dass er schon an ein Weiterleben nach dem Tod glaubte und dass er deshalb den Tod selber nicht so fürchtete. Aber er habe Angst davor, dass er dann nicht mehr genau dieselbe Person sei, die er nun war. Er bekannte, dass er sich vor der Verwirrung und Desorientierung ängstige, »dort drüben keinerlei vertraute Anhaltspunkte« zu haben. So wurde schon nur der Gedanke an den Himmel für ihn sehr unangenehm, weil er »ein so gänzlich unbekannter« Platz war. Er litt zunehmend unter Panikattacken. Beruhigend gemeinte Gespräche über so genannte Nahtoderfahrungen konnten ihn überhaupt nicht beschwichtigen, weil er gezwungen sein würde, sich an ein »komplett neues Setting« zu gewöhnen. Timothy wollte am liebsten sein Leben, so wie es war, eins zu eins in das Jenseits transportieren. Je näher er dem Tod kam und je mehr seine körperlichen Kräfte schwanden, umso heftiger wurde seine Not. Am Tag seines Sterbens waren wir an seinem Bett versammelt: seine Eltern, die Hospizschwester, sein Bruder, seine Freundin, Studienkollegen und andere, die kamen und gingen. Timothy war schon weit weg, kam aber immer mal wieder mit seinem Bewusstsein in den Raum zurück, schaute sich um, ergriff eine Hand, fragte mühsam etwas, bat zu trinken. Noch einmal öffnete er die Augen, lächelte fast schelmisch und sagte: »Sie um Hinweisschilder und Verhaltensregeln zu bitten, ginge zu weit, was meint ihr?« Und starb.

»Über sich selber lachen, wie man lachen müsste, um aus der ganzen Wahrheit heraus zu lachen, dazu hatten bisher die Besten nicht genug Wahnsinn und die Begabtesten viel zu wenig Genie! Es gibt vielleicht auch für das Lachen noch eine Zukunft! … Vielleicht wird sich dann das Lachen mit der Weisheit verbündet haben …«[41]

VOM GEIST DES UNAUFHÖRLICHEN

Von den Städten wird bleiben,
was durch sie hindurchging: der Wind.

BERTOLT BRECHT

Ein Mensch stirbt und lebt als Erinnerung weiter

In diesem Moment atmet Herr Klärlich ein letztes Mal. Am abgemagerten Hals sieht man für den Bruchteil eines Augenblicks noch den Puls rasen. Erst wird er immer langsamer, dann ist er von einer Sekunde auf die andere nicht mehr sichtbar. Herrn Klärlichs Kopf ist zur Seite gesunken. Die Augen, am Morgen zuvor noch blicklebhaft, liegen geschlossen und tief in den Höhlen, als wären sie wie Puppenaugen nach hinten gefallen. Es wirkt so, als würde die Nase in einer allerletzten Anstrengung noch wachsen. Sie scheint in einer Art Zeitlupentempo spitz und lang zu werden, als könnte man ihr bei der Ausdehnung zuschauen. Die Gesichtshaut, eben noch rötlich und feucht im Atemsuchen, ist mit großer Geschwindigkeit wachsartig weiß und trocken geworden. Eine große und sonderbare Ruhe breitet sich aus. Und obschon Herr Klärlich so friedvoll und endgültig ruhend aussieht, ist den Umstehenden sehr deutlich, dass dies kein Schlaf ist, sondern der Tod. Dass dieses Leben, das uns in seinem Ausschnitt der letzten drei Monate Arbeit, Mühe, Auseinandersetzung gekostet hat, aber auch Erkenntnisgewinn und Bereicherung bedeutet hat, zum Ende gekommen ist. Welch ein Augenblick. Ein 67-jähriger Lebenskreis schließt sich. Herrn Klärlichs Leben wird es nicht mehr geben. Vor uns liegen seine Überreste, seine Hülle, die ihn sein Leben lang umfangen hatte.

Das Hüllenartige an einer Leiche zu sehen, ist ein erschreckender Teil der Begegnung mit dem verstorbenen Menschen. Das, was ihn ausgemacht hatte, was wir berührt, gepflegt, als Daseinsform seiner Persönlichkeit gekannt und vielleicht sogar geliebt haben, liegt nun da wie ein altes, nicht mehr benötigtes Kleidungsstück. Das, was dieses Kleid bewohnt hatte, ihm Ausdruck gegeben hatte, ist verschwunden, nicht mehr erlebbar. Das macht uns den Gewesenen fassungslos; wir können sein Sein nicht mehr fassen, greifen, vorstellen.

Die Söhne von Herrn Klärlich, die Schwiegertöchter und drei seiner Enkel möchten bedauerlicherweise den Verstorbenen nicht mehr sehen. »Wir möchten ihn lieber so in Erinnerung behalten, wie wir ihn in den guten Tagen des Lebens gekannt haben«, sagen sie. Einzig die 15-jährige Enkeltochter möchte sich von seinem Körper verabschieden, aber auch sie äußert uns gegenüber ihre Sorge, dass die Ansicht seines toten Körpers die Erinnerungen an seine Lebendigkeit überlagern könnte. Wir wissen, dass dies nicht so ist, verstehen den großen Wunsch, ihn in irgendeiner Form behalten zu können, wenigstens im eigenen Gedächtnis. Dies ist ein Teil, ein erster und sehr begrenzter Teil – sein irdischster und empirischster – der Vorstellung von Unaufhörlichkeit: Der Verstorbene lebt in unserer Erinnerung weiter. »Solange ich mich an ihn erinnere, ist er doch noch nicht ganz tot«, sagen Hinterbliebene. Die Toten bekommen einen Platz im Leben der Angehörigen und Freunde; immer wieder wird von ihnen gesprochen, man erzählt Begebenheiten, schaut Fotos und Filme an und fragt sich gelegentlich, indem man sich an sie als eine Art Ratgeber wendet, was sie dazu gesagt hätten oder in dieser oder jener Situation getan hätten. Sehr viel später erhalten sie einen tieferen und wesentlicheren Patz, einen ver-innerten statt nur er-innerten Platz. Verinnert heißt, dass sie Teil des Lebens, der Lebendigkeit und der Persönlichkeit desjenigen geworden sind, der sie darin auf- und hineinnahm.

In dem Kinderbuch Matti und der Großvater[42] wird ein solcher Weg vom Andenken zur Verinnerung sehr sinnbildhaft erzählt. Beim Spaziergang entdeckt Matti etwas Komisches:

Es sah aus wie eine Heuschrecke, war aber durchsichtig und bewegte sich nicht. »Großvater, was ist das dort?« »Dort an dem Baumstamm?« »Ja.« »Das ist eine Exuvie, die Haut einer Heuschrecke. Bei gewissen Insekten wächst, wenn sie größer werden, ihr Panzer nicht mit, sondern es entsteht ein neuer. Der alte bricht auf, und das größer gewordene Insekt schlüpft heraus. Und die alte Hülle nennt man Exuvie.« »Sie sieht komisch aus: wie ein Andenken an ein Insekt«, sagte Matti.

Später im Laufe der märchenhaften Erzählung bringt der – verstorbene – Großvater den Enkel durch einen Trick dadurch, ihn einzuatmen.

»Dann bist du jetzt in mir drinnen?« »Ja.« »Und das ist deine Stimme?« »Ja, aber die hörst jetzt nur noch du.« »Und wie geht's dir, Großvater?« »Ausgezeichnet, Matti. Ein Junge ist ein wunderbarer Ort zum Wohnen.«

Aber ein solches Weiterleben, so poetisch es sich anhört und von wie viel inständiger Liebe es auch begründet und durchgetragen sein mag, ist eine Art sehr begrenzter Ewigkeit, die das Wort nicht annähernd verdient. Auch diese innere Existenz bedingt sich durch das Er- und Verinnerungsvermögen des Vermächtnis haltenden und wahrenden Hinterbliebenen. Ermüdet sein Geist oder endet sein eigenes Leben, dann ist auch der tote geliebte Mensch nicht mehr anwesend, da er eine Trägermaterie und einen Transport braucht.

Ähnlich begrenzt ist das Weiterexistieren in den vollbrachten Werken, dem so genannten Nachruhm. Wir kennen ihn aus vielen Texten der Antike:

»Denn meinst du wohl, Alkestis wäre für Admetos gestorben, oder Achilles für Patroklos, oder euer Kodros im Voraus für die Königswürde seiner Kinder, wenn sie nicht geglaubt hätten, eine unsterbliche Erinnerung an ihre Tugend würde nach ihnen bleiben, die wir jetzt auch haben? Nein, nur für die Unsterblichkeit der Tugend und für einen solchen herrlichen Nachruhm glaube ich tun alle alles, und zwar je besser sie sind desto mehr, denn sie lieben das Unsterbliche.« (Platon, Gastmahl 208c-d)

Die Dimension dieses Fortlebens ist die Dimension selbst, in der es erworben wird: das Gemeinwesen. Neben dem Wissen darüber, wie Reputationen gemacht werden, wie Ruhm fabriziert und wie die öffentliche Meinung manipuliert wird, ist das Problem auch hier die mangelnde Kontinuität, das nicht unbegrenzte Fortleben des Gemeinwesens.

Eine andere Version erhoffter Unsterblichkeit ist das Vertrauen in die Unsterblichkeit der Wirkung; zu hoffen und zu glauben, dass Durchdachtes, Gesprochenes, Getanes weiterhin wirkt, zum Tragen kommt und nachhaltig Einfluss ausübt. Aber auch hier nimmt das Wissen, dass das Verwahrende selbst vergänglich ist, dem Begriff Unsterblichkeit der Wirkung seine Gültigkeit. Dies betrifft sogar große Werke des Geistes und der Kunst, die mehr als andere sonst der Auslöschung durch die Zeit widerstehen.

Was selber sterblich ist und enden wird, kann nicht das Medium von Unsterblichkeit und Unendlichkeit sein. Mit dem Wissen über die Vergänglichkeit von Gesellschaften und Kulturen bis zu der Angst, dass das Überleben der Menschheit selber auf dem Spiele steht, erscheint unsere Unsterblichkeit der Laune eines Augenblicks, einem möglichen Fehlurteil, dem Versagen oder Leichtsinn einer Hand voll fehlbarer Geschöpfe ausgeliefert.

Die Supervisionsgruppe, bestehend aus ca. 20 langjährigen Koordinatorinnen ambulanter Hospizdienste, beschäftigt sich mit dem Problem, das eine Kollegin eingebracht hat und das sie nicht zu gestalten weiß, so groß und schwer scheint es ihr. Ein 37-jähriger Patient mit Morbus Hodgkin, sehr fortgeschritten, hat sie gebeten, ihm einen »geeigneten« Jungen von ungefähr 16 Jahren zu suchen. Diesen Jungen will er unterweisen, wie er sagt, »instruieren«, wie die Gesellschaft durch ihn verändert werden könne. Dieser Junge soll der Welt vermitteln, dass nicht das Streben nach Karriere das Wichtigste sei und auch das Materielle nicht das höchste aller Güter, sondern was die wirklichen Werte in dieser Welt darstellten. Er selber, so der Patient, habe leider keine Kinder, aber dieser Junge könne sein Auftragnehmer werden, durch den er sich gegenüber der Welt artikuliere.

Interessant ist, dass die Gruppe nach Darstellen der Geschichte sofort beginnt, Überlegungen anzustellen, wie und durch welche Art der Öffentlichkeitsarbeit ein solcher Junge zu finden wäre. Zu tief und unhinterfragt sitzt häufig der Wunsch, die Bedürfnisse eines sterbenden Menschen erfüllen zu müssen glauben. Erst durch meine leise Nachfrage, worum es denn hier eigentlich ginge, entdeckt die Gruppe, dass hier ein Abschied nehmender Mensch mit allen verzweifelten Mitteln eine Weiterexistenz, eine Art Unsterblichkeit erreichen, ja fast erzwingen will. Und dass es um die Auseinandersetzung mit diesem Wunsch geht, mit seinen Hintergründen und Sehnsüchten, nicht aber unbedingt um seine Erfüllung.

Ein Irrtum ist es, die weltliche Kausalität der Dinge als getreuen Verwalter unserer Taten, Einsichten und Erkenntnisse ansehen und einsetzen zu wollen, denn sie vermag ihrem Wesen gemäß weder Werte angemessen zu unterscheiden noch sie im Flugsand der Zeit zu erhalten.

Unaufhörlichkeit – Eine andere Daseinsform?

Beim Sterben eines Menschen zugegen sein, ist ein gleichermaßen erhabener als auch ein erschreckender Moment. Der Zeitpunkt des Aufhörens setzt äußerste Begrenzung, die nicht mehr aufhebbar ist. Letztlich übersteigt diese Endgültigkeit unser Vorstellungsvermögen. Anfänge dagegen sind ein Ergreifen, ein Fangen eben, eine lebensvolle Geste, die wir immer und immer wieder vollbringen, in der wir uns lebenslang üben. Anfangen ist uns vertraut. Das Lexikon belehrt, dass *beginnen* »anschneiden« heißt. Ein schönes und passendes Bild, das wir im Fortschreiten unseres Lebens immer neue Stücke der Lebenstorte anschneiden. Etwas beendigen aber heißt nach der Etymologie (griech: *antios*) das Gegenüberstehende, das Entgegengesetzte betreten. Im Laufe unseres Hierseins erleben wir auch ein solches Aufhören – von Lebensabschnitten, Aufgaben, Beziehungen – nicht immer nur als schmerzlich oder schwer, sondern als mit Erwartung und Vorfreude, manchmal sogar mit Befreiung durchsetzt, weil es zwar anders, aber Bestandteil dieses Lebens ist. »Irgendwo ankommen bedeutet, von irgendwo weggegangen zu sein«, las ich am Ende des ersten Marathonworkshops meiner Gestaltausbildung auf dem Abreißkalender des Institutbüros. Ich erinnere mich, dass ich diesen Spruch als positives Omen für den neuen Lebensabschnitt nahm und froh gestimmt nach Hause fuhr.

Anders ist es mit dem Aufhören am Ende des Lebens selbst. Da ist das Gegenüberstehende und Entgegengesetzte schon sehr seltsam und furchtgebietend, da es nahelegt, die Grenze, den Rand zu etwas gänzlich Fremdem überschreiten zu müssen und keine Wiederkehr aus diesem entgegengesetzten Reich gewährt zu bekommen. Dieses andere ist so anders, dass der Gedanke an Neubeginn nicht aufkommen will, sondern der an ein endgültiges Nichtvorstellbares. Der Gedanke immerhin an ein Jenseits des Seins schafft aber vielleicht den Übergang zur Vorstellung eines vielleicht »anders als Sein Geschehenden«.[43]

Am Abend kehren wir noch einmal an Herrn Klärlichs Bett zurück. Wenn es eine Steigerung von tot gäbe, so wäre diese nun eingetreten. Er scheint noch »töter«. Trotz seiner Magerkeit hatte er eine zarte und glänzende Haut besessen. Die Weichheit und Elastizität des Fleisches ist einer hölzern anmutenden Härte und Starre gewichen. Eine seltsame Fremdheit liegt über seinem Antlitz und seiner Gestalt. Er sieht nun wie eine Statue aus, die an Herrn Klärlich fern erinnert. Das, was ihn ausmachte und uns an ihm bekannt war, ist nicht mehr da. Es ist aus der Zeit gegangen.

Und doch kommt es uns vor, als sei es nicht verloren gegangen, sondern an einem anderen, dem anderen, uns nicht zugänglichen Ort geborgen.

Das ist die Stunde, wie der Weisheitsdichter Kohelet sagt, wo *»das Geräusch der Mühle verstummt, ...die Töne des Lieds verklingen, ... die Frucht der Kaper platzt, ... die silberne Schnur zerreißt, die goldene Schale bricht, der Krug an der Quelle zerschmettert, das Rad zerbrochen in die Grube fällt, ... der Staub auf die Erde zurückfällt, als das was er war, und der Atem zu dem zurückkehrt, der ihn gegeben hat«.* (Das Buch Kohelet 12,5-7)

Gibt es einen Unterschied zwischen Erscheinung und Wirklichkeit? Die Erscheinung eines toten Körpers ist als faktische Wirklichkeit ernst zu nehmen, doch: Wo mag es hingehen, »zurückkehren«, das Wesen eines Menschen, das ihm Ureigene, das ihn unverwechselbar gemacht hatte? Gibt es einen Teil in uns, der die

Erscheinung des Todes überdauern kann? Der unaufhörlich wäre neben all dem, was endet im Tod? Im Tod enden Bilder, Konzepte, Vorstellungen und ein Bewusstsein, das von Bildern, Konzepten, Vorstellungen, Interpretationen und Projektionen bedingt und bestimmt ist. Nach dem Tod treten wir möglicherweise in ein Bewusstsein, das sich keines Dinges bewusst ist, ein Bewusstsein, das sich selbst er-lebt. Möglicherweise besteht das große Privileg des Todes darin, uns von allem Vorgestellten und Vorstellbaren zu erlösen.

Aber ist es so, dass dieser Zustand erst nach unserem Tod eintreten kann? Ist er vielleicht schon vorher und währenddessen da, ebenso wie danach, nur unserer Wahrnehmung nicht zugänglich?

Ich möchte von einer kleinen Erfahrung berichten, die ich mit einer Bibliodrama-Gruppe machte. Es ging um die Heilungsgeschichte des blinden Bettlers Bartimäus. Ich hatte der Geschichte gemäß drei zu bespielende Bühnen eingerichtet: Zunächst der Spielort Jericho, aus dem der Bettler kam, dann als zweiten Ort der Wegesrand, an dem Bartimäus saß und an dem Jesus von Jericho nach Jerusalem vorüberging, und schließlich die dritte Bühne: die Zukunft, das Jenseits von Jericho, und Jerusalem. Im Laufe des Spiels wurde deutlich, dass Jesus auf der zweiten Bühne wohl unbemerkt schon vorbeigegangen war und dass die Bettler – es gab in dieser Sequenz drei blinde Bettler – vergeblich am Rand saßen und warteten. Das Volk, das sich dort aufhielt, erzählte, dass der Heiler schon lange vorüber sei. Es war sehr interessant zu erleben, dass sich nach dieser Feststellung alle Aufmerksamkeit und Spielpräsenz auf die letzte Bühne richtete, dass alle Mitspieler glaubten, dass sich das zu erwartende Wunder nun auf der Zukunftsbühne ereignen müsse. In Wirklichkeit hatte sich das Wunder der Heilung und somit die Erfüllung des Geschehens schon lange und von allen, bis auf Bartimäus, unbemerkt auf der ersten Bühne, von uns aus gesehen in der Vergangenheit, ereignet.

Der vietnamesische Meditationslehrer Thich Nhat Hanh gebraucht für den Gedanken der Wirklichkeit hinter der Erscheinung, dessen, was ist hinter dem, was vermeintlich ist, ein schönes Bild: Wenn im Frühjahr Besucher in sein Kloster nach Plum Village in Frankreich kommen, sehen sie auf den umliegenden Feldern nicht die berühmten Sonnenblumen, die aber doch schon da sind, verborgen, und erst im Spätsommer in Fülle erblüht sind. Aber zu sagen, sie seien nicht wirklich da, nur weil sie nicht sichtbar sind, wäre töricht. Als Idee, als Wirklichkeit, als Hauch ihrer selbst, sind sie bereits gesät und angelegt, zeigen sich aber erst später in ihrer materiellen Verwirklichung und Schönheit. Solange wir aber in uns selbst nicht zu dieser Wirklichkeit, zur Anlage der Idee vorgedrungen sind, haben wir keinen Zugang dazu. Das Jenseits, das, was nicht aufhört, ist möglicherweise gar nicht in einem zeitlichen und räumlichen Jenseits zu suchen, sondern in einem Drinnen, einem tief Drinnen, in einer radikalen Verinnerlichung.

Die kleine Kristine befindet sich seit Wochen im Kinderhospiz. Sie kennt das Haus, war immer wieder hier gewesen, wenn ihre Eltern eine Pause von der erschöpfenden Pflege brauchten. Nun scheint sie zum letzten Mal hier zu sein. Ihre schwere Stoffwechselerkrankung hat ihren Körper geschwächt, dass es aussieht, dass ihre Zeit gekommen ist. Sie ist apathisch, liegt im Bettchen, hält den Teddy in ihren Ärmchen und ist meist zu müde zu sprechen. Gelegentlich aber wendet sie sich an die Ordensfrau, die neben ihr sitzt, sie streichelt, ihr den Schweiß abwischt, ihr zu trinken gibt. Das Mädchen macht sich Sorgen um ihre Eltern, die tief erschüttert bei ihr weilen, es nicht annehmen können, dass ihr kleiner Liebling gehen wird. »Sag ihnen, dass da, wo ich hingehe, nichts Schlimmes ist«, bittet sie die Schwester. »Weißt du denn, wo du hingehen wirst?«, fragt diese zurück. »Ich gehe dahin, wo ich schon immer war. Dahin, wo ich auch jetzt schon bin«, antwortet die Kleine in tiefer Weisheit und mit großer Zuversicht.

Kindern ist oft noch etwas möglich, was uns Erwachsenen verloren gegangen ist: sie können ihren Geist für eine andere Dimension öffnen und sich auf eine andere Frequenz einstimmen, können eine Durchlässigkeit von Raum und Zeit leben.

Unaufhörlichkeit als Gegenwart des Abwesenden

Wenn *aufhören* und *beenden*, wie eben ausgeführt, von ihrer Wortbedeutung her das ganz Andere betreten heißt, dann muss das Unaufhörliche das Bewahren und Bewohnen des Bekannten und Vertrauten sein.

Es könnte eine Möglichkeit sein, dass wir uns im Sterben wieder mit etwas verbinden, was uns einmal vertraut war, aber sich nur verborgen hat oder verloren gegangen scheint.

Ein befreundetes Ehepaar, das jüngst sein zweites Kind bekommen hat, erzählte mir neulich sehr gerührt eine kleine Geschichte:

Der um zwei Jahre ältere Bruder Finn ging sehr vorsichtig und freundlich mit dem neugeborenen Schwesterchen um, bat aber nach kurzer Zeit immer inständiger darum, mit dem Baby einmal alleine gelassen zu werden. Die Eltern waren skeptisch, warum er das wolle, und hatten Sorge, dass er ihm in einem Anfall von Eifersucht nichts Gutes täte. Aber Abend für Abend wiederholte der kleine Junge den Wunsch. So erfüllten sie ihm diesen, ließen ihn eines Tages nahezu unbeaufsichtigt in das Kinderzimmer und an die Wiege, schlossen aber als Vorsichtsmaßnahme die Tür nicht ganz. Sie hörten sein wisperndes Stimmchen: »Erzähl mir vom lieben Gott, erzähl mir vom lieben Gott.« Als sie ihn abends zu Bett brachten, fragten sie ihn, warum er das Baby denn so dringlich aufgefordert habe, von Gott zu erzählen. »Weil ich anfange, zu vergessen, wie er war«, sagte der Junge mit großem Ernst.

Diese Art kindlicher Zuversicht, die hier so vermeintlich niedlich ausgesprochen ist und bezaubernde Anekdote in einer Familienchronik bleiben wird, erleben wir manchmal auch im Kontext von Hospizarbeit und Palliativmedizin, wenn ein Raum geschaffen worden ist, der eine Kommunikation über solche urpersönlichen und kaum mitteilbaren Glaubensinhalte ermöglicht. Solch ein Raum entsteht, wenn Mitarbeiter da sind, die ein Interesse an dem ausstrahlen, was Patienten glauben, hoffen, lieben. Dann mag es vorkommen, dass sterbende Menschen sich nicht scheuen, ihr

Innerstes zu öffnen, ihre Scham zu überwinden und etwas mit dem anderen zu teilen. Sie hatten dieses »Etwas« in ihrer Tiefe verborgen gehalten, sei es, weil sie sich genierten, sei es, weil sie dachten, es würde bei der Wichtigkeit und Bedeutung von Kurven, Ausscheidungsmessungen und Therapieplänen nicht von Interesse sein.

Joost Minderhout hatte vor knapp einem Jahr die Diagnose Amyotrophe Lateralsklerose erhalten und lebte seit dieser Zeit, gerade erst 46 Jahre alt, in einem städtischen Altenheim, da es keine Familie gab, die ihn in seinen fortschreitenden Lähmungen zu Hause gepflegt hätte. Auch sein Lebensgefährte konnte dies wegen berufsbedingter häufiger Abwesenheit nicht leisten. Er schien sich irgendwie mit seiner Krankheit arrangiert zu haben, lebte sein sehr beschränktes Leben in dem kleinen Einzelzimmer und hatte wenig Kontakt zur Außenwelt. Kurz vor Ausbruch der Krankheit hatte er seinen Ingenieursjob gekündigt, um eine Ausbildung zum Yogalehrer zu absolvieren. Damit wollte er sich selbstständig machen und ein neues, »mehr nach innen gerichtetes Leben«, wie er sagte, führen. Der rasche Krankheitsverlauf hatte ihm einen Strich durch seine Pläne gemacht. Mit dem elektrischen Rollstuhl, den er durch bestimmte, mit dem Mund ausgeführte Impulse noch alleine lenken konnte, fuhr er manches Mal in dem zum Heim gehörenden Park. Dort sah man ihn am Rande unter einem Nussbaum sitzen und in die Ferne schauen. Eines Tages fragte ihn der Pfleger, mit dem er auf vertrautem Fuße stand, was er da draußen eigentlich so mache und denke, wenn er so still da säße. »Ich hänge meinen Phantomschmerzen nach«, erklärte

Joost. Der Pfleger war verdutzt, hatte er doch in der Krankenakte nichts von einer Amputation gelesen, und augenscheinlich waren auch alle Glieder unversehrt. Joost sah wohl die Verwirrung, die er angerichtet hatte, und erläuterte seine Aussage genauer: »Es fühlt sich so an, wie ich es von anderen nach der Abnahme eines Fußes oder Beines erzählt bekommen habe. Das, was nicht mehr da ist, zieht und zerrt dermaßen, dass man sicher ist, dass es doch noch vorhanden ist, nicht mehr sichtbar allerdings, aber in einem unglaublichen Maße spürbar. Und dass es immer da sein wird. Und so, wie das bei anderen Bewohnern in Bezug auf ihre Körperteile ist, ist es bei mir mit Gott. Ich habe Phantomschmerzen nach Gott.«

Joost erklärte das später so: Vor langer, langer Zeit (in anderen, ab-gelebten Zeiten, nannte er das) müsse er Gott gekannt haben, an ihm Teil gehabt haben. Er glaube, dass er ein Leben im Bewusstsein und der Anwesenheit Gottes geführt habe. Gott sei Teil seiner selbst gewesen, er sei dicht mit diesem Göttlichen verwoben gewesen. Später, in anderen Leben oder Seinszuständen, habe er das verloren, seine Sicherheit, ja sogar sein Wissen um diese Sicherheit verloren. Es sei ihm abhanden gekommen. Und in diesem Vergessen habe er wie alle anderen nach Gott gesucht, mit allen Mitteln und Möglichkeiten, mit Beziehungen, mit Drogen, so habe er sich nach ihm gesehnt. Vor Ausbruch seiner Erkrankung habe er sich jahrzehntelang wie im Exil gefühlt. Erst in der Krankheit, im Fortschreiten der Krankheit, sei die Erinnerung an das Göttliche wieder aufgetaucht, als Schmerz. Plötzlich habe er gefühlt, wie es vor der Trennung gewesen war, welche kindhafte Unbefangenheit, welche tiefe Zuversicht, ja welche Seligkeit ihn seinerzeit erfüllt habe. Und dieser Schmerz sei heute für ihn ebenso weh wie auch so hoffnungstragend, weil er ihm beweise, dass es Gott geben müsse, wenn er sich so und mit dieser Klarheit nach ihm sehne. Was er nicht kennen würde, das könne er sich doch niemals so innig und mit dieser Gewissheit wünschen. Und dass es wohl so sein würde, dass er erst dieses Leben verlassen, es ganz ab-leben müsse, um wieder hergestellt zu werden in die bekannte alte Verbundenheit. Und darauf freue er sich fast, auch wenn es ihn mit einem großen und tiefen Bedauern erfülle, diese so freundliche Welt und seinen Geliebten verlassen zu müssen. Er würde es aber – rein gedanklich – auch nicht ausschließen, dass er sich schon jetzt in dieser Verbundenheit und Verknüpftheit befinde, aber erst in einen anderen Bewusstheitsstand hineintreten müsse, um es zu spüren und wieder zu wissen.

Bei seinem Begräbnis las sein Partner einen Text des Kirchenlehrers Augustinus vor:

»Siehe, welchen Raum ich durchmesse in meinem Gedächtnis, um dich zu suchen, Herr, und es war nicht außerhalb, wo ich dich gefunden habe. Denn ich finde nichts von dir, was nicht ein Erinnern wäre von der Zeit her, da ich dich kennen lernte. Denn seitdem ich dich kennen lernte, habe ich deiner nicht vergessen. Wo aber wohnst du in meinem Gedächtnis, Herr, welche Kammer hast du dir bereitet? Welche heilige Zelle hast du dir erbaut? An welcher Stelle dort du wohnst, darüber sinne ich. Da ich deiner inne werden wollte, bin ich durch jene Teile, die auch die Tiere haben, hinausgeschritten, weil ich dort, unter lauter Bildern körperlicher Dinge, dich nicht finden konnte. Und ich kam zu jenen Teilen, wo ich die Bewegungen meines Gemütes bewahre, und ich fand dich nicht. Und ich drang bis zum Sitze meines Geistes selbst, und auch dort warst du nicht. Und doch beharrst du über allem. Und hast dich gewürdigt, in meinem Gedächtnis zu wohnen. Nirgend ist der Ort; wir gehen weg, wir gehen hin; und nirgend ist doch Ort. Spät hab ich dich geliebt, und siehe, du warst innen, und ich war außen. Doch wenn erst mein ganzes Wesen dir anhange, dann wird nirgends Schmerz mir sein und Mühe.«

Unaufhörlichkeit als sammelndes Schaffen

Vor einiger Zeit saß ich auf dem Flur einer Krankenhausstation. Ich war als Vermittlerin in einem Teamkonflikt eingeladen worden, hatte mich aber etwas zu früh eingefunden und wartete darauf, dass alle Beteiligten ihre begonnenen Arbeiten beendeten oder unterbrachen, damit wir mit der Sitzung beginnen konnten. Durch die weit offen stehende Türe eines Zimmers bekam ich folgendes tiefsinnige Gespräch mit:

»Es muss eine Kontinuität geben«, so die relativ junge, kraftvolle, Hochdeutsch sprechende Stimme (ich stellte mir vor, dass ein Patient von seiner Lektüre aufblickte und sich an den Zimmernachbarn wandte). »Wieso meinsse?«, kam es in schönem Rheinisch zurück. »Weil die Atome, aus denen unser Körper besteht, laufend durch andere Atome, die wir mit der Nahrung zu uns nehmen, ausgetauscht werden.« »Ja, un wat?« »Ein großer Teil des menschlichen Körpers wird im Laufe seines Lebens völlig neu gebildet, repliziert. Zellen sterben ab und werden wieder aufgebaut, also ersetzt. Der Tod findet am laufenden Band statt.« »Ja, dat kann man wohl saren«, kam es mit Zustimmung, und es folgte eine Erzählung, wer in jüngster Zeit in seiner Umgebung alles gestorben sei. Nach einer Weile erklärte der Belesene weiter: »Es geschieht ein fortwährender Austausch unserer Körpersubstanz. Die Quarks und Gluonen, aus denen die Neutronen und Protonen unseres Körpers bestehen, werden im Zeitmaßstab von 10/23 Sekunden vernichtet und neu gebildet, wie wiedererweckt, stellen Sie sich das einmal vor!« Schweigen auf der anderen Seite. »Da stellt man sich doch die Frage: Sind wir in 10 Jahren noch wir? Oder sind wir dann schon jemand anderes? Die Substanz des Menschen wird nicht erhalten«, und dann nach längerer Pause, wie zu sich: »aber das Muster.« Und dann nach einer viel längeren Pause: »Vielleicht ist die Bewahrung des Musters als Unsterblichkeit zu definieren.« Und nach wieder einer Pause dann der andere: »Dat is wie bei meinem Notebook, wenn et kaputt jeht. Die Software kann man wieder verwenden, meinsse dat so?«

Leider wurde ich dann zur Sitzung gerufen, fühlte mich durch das erlauschte Gespräch sehr inspiriert, nicht nur erheitert, sondern richtig beflügelt. Später im Auto habe ich es gleich aufgeschrieben, so wichtig war es mir.

In meiner Vorstellungswelt und Sprachmöglichkeit kann ich mir »das Muster« in diesem Gespräch als den In-Begriff von Mensch übersetzen oder als das Urbild, als die Absicht und die Idee hinter ihm, als das Eigentliche an ihm, als das Allenthaltende. Aber bedeutet solch ein Gedanke von Urbild nicht eine unziemliche Verallgemeinerung bei so viel Vielfalt und Buntheit menschlicher Erscheinungsformen?

»... ich kann besser denn je verstehen, welchen Reiz die Vorstellung eines Lebens nach dem Tod hat. Zwar erscheint dieser Gedanke noch immer wie eine großartige Fiktion, aber ohne ihn ist so schwer vorstellbar, wo all die Dynamik, all der Elan, die Energie und die Tatkraft geblieben sein mögen, die Ruth ausmachten. Kann es wirklich so sein, dass sie im Einheitsbrei des Universums versickern?«, fragt sich der Mann von Ruth Picardie nach ihrem Tod.[44]

Im Einheitsbrei des Universums versickern, diese resignative Formulierung stellt die Frage nach der Ich-Identität eines Menschen. Bleibt sie, die schon zu Lebzeiten durchaus ihre Fragwürdigkeit hatte und eher in der Vorstellung bestand, tatsächlich bestehen oder weicht sie, wie ich es mir gerne vorstelle, einer Art Verbindungs-Identität?

Diese Identität meint den Verzicht auf ein eigenmächtiges, sich gegen die andere Wirklichkeit stellendes Ich. In diesem Sinne könnte der Tod das Geheimnis bedeuten, durch den alles Lebendige erst zur Verbindung und zu gemeinsamer Lebendigkeit kommt.

Mit großer Faszination habe ich nun schon mehrfach den Vorträgen des Astrophysikers Harry Nussbaumer gelauscht. Wenn er über das Sterben der Sterne spricht, wenn er erläutert, wie die Elemente, die sich
 im Inneren eines Sterns befinden, im Tod sich aus-

dehnend in den interstellaren Raum gegeben werden, wo sie für neue Geburten zur Verfügung stehen, dann glaube ich in diesen wissenschaftlichen Beobachtungen etwas von der Verbindungs-Identität zu erkennen.

Ich meine die Möglichkeit, dass sich tief Gedachtes, Erlittenes und Errungenes sozusagen selbst in das Buch des Lebens einschreibt, in einer Art unbeendbarem, unaufhörlichem Register der Zeitlichkeit sich sammelnd aufbewahrt. Dass das, was auf der Welt in ihrer Beantwortung auch immer erdacht und erlitten wird, jenseits seiner (Fort-)Wirkung, Anerkennung oder Ablehnung und schlussendlichen Verflüchtigung in Raum und Zeit, im Hiersein, sich in alle Zukunft in eine transzendente Wirklichkeit einfügt und diese prägt nach Gesetzen, die anders sind als uns bekannte Gesetze. Dieses Buch des Lebens könnte man als ein sich immer weiter schreibendes, unaufhörliches Protokoll des menschlichen Seins bezeichnen. Es könnte als so etwas wie eine geistige Summe, die das vereinende Erinnern der Dinge fortlaufend zieht, bezeichnet werden.

»Und da ich weiß, dass nichts vergeht,
keine Geste und kein Gebet …
(dazu sind die Dinge zu schwer) –
meine ganze Kindheit steht
immer um mich her.
Niemals bin ich allein.
Viele, die vor mir lebten
und fort von mir strebten,
webten,
webten an meinem Sein.

Und setz ich mich zu dir her
und sage dir leise: Ich litt –
hörst du?
Wer weiß wer
murmelt es mit.«

RAINER MARIA RILKE, MIR ZUR FEIER

Diese Form der Unaufhörlichkeit hat nichts mehr mit unserem (vermeintlich) gesondert lebenden und erlebten ehemaligen Selbst und jeder Art von Individualität zu tun, nichts mehr mit unserer zerstreuten und zerfallenden Seinsweise, sondern mit der Vollendung eines verbundenen und höchsten Selbst, das man den göttlichen Urgrund oder Seinsgrund nennen könnte. Darin wird die Weltgeschichte und alle Lebensgeschichten in einer Teilnahme der erfüllten Zeit auf ihn hin geeinigt.

»Der Himmel ist ewig, und die Erde dauernd. Sie sind dauernd und ewig, weil sie sich nicht selber leben. Deshalb können sie ewig leben.«[45]

Ein alter Mythos findet dafür ein großes Bild:

»Zum Schluss, bei der Auflösung der Welt, wird der Gedanke des Lebens sich selber einsammeln und seine Seele gestalten zur Form des letzten Bildes ... Durch seinen Geist wird er das Licht und das Leben einfangen, das in allen Dingen ist, und es auf seinen Körper bauen.«[45]

Das klingt wie umgekehrte Schöpfungsgeschichte und rundet den Bogen zur Erschaffung von Welt, Mensch und der Mannigfaltigkeit des Werdens. Alle Geschichten des Lebens und der Menschheit arbeiten unablässig und unaufhörlich am Urgrund des Seins weiter, fortschreitend über den ganzen Weltprozess hin, und sind gleichzeitig in ihm geborgen auf Urzeit hin.

Während unseres leiblichen Lebens waren wir ängstlich bemüht, die Person zu sein, die wir waren. Oder heftig bestrebt, diese Person am Sein zu hindern. Wir schlugen uns mit unseren Anlagen und den Wunden unserer Kindheit. Der Tod beendet dies alles.

Bei einer Fotografie sind Bild und Papier ein und dasselbe. Wenn wir die Darstellung auf einem Foto betrachten, ignorieren wir das Papier, aus dem es besteht.Wir sehen das, was auf dem Papier ist, als Abbildung von Wirklichkeit, ignorieren das Material, bis wir müde werden, es zu betrachten. Genauso ist es, wenn wir das Bedürfnis beiseitelassen, die besonderen Daseinsformen des Lebens zu betrachten und festzuhalten, dass wir dann erkennen können, was den Lebensfluss überhaupt trägt und ermöglicht. Das Unaufhörliche, der Urgrund, ist schon immer da, wir haben nur gewählt, es zu ignorieren und stattdessen lediglich die Bilder auf ihm zu betrachten. Der Tod ist vielleicht nicht nur der Augenblick, in dem ein Körper und ein Leben enden. Im Augenblick der Bewegungslosigkeit und des (vorübergehenden) Stillstands von Zeit ermöglicht er, den Blick von der äußeren Daseinsform und Erscheinung fortzulenken und für einen Bruchteil die Wirklichkeit des Unaufhörlichen zu erahnen. Dieses Unaufhörliche ist das gleichzeitige Erfahren der gesamten vergangenen, gegenwärtigen und zukünftigen Ereignisse.

Wenn ich an meine erste Arbeitsstelle zurückdenke, eine Wirtschaftsfachschule in Ostwestfalen, kommen mehrere Schülergesichter in mein Gedächtnis. Susanne, ein freundliches, aber mit sehr wenigen intellektuellen Fähigkeiten ausgestattetes Mädchen, das sich von den Hilfestellungen ihres Vaters als Möbelpacker eine Verbesserung ihres Notendurchschnitts erhoffte. Dirk, ein lebenspraktischer, mit beiden Beinen auf dem Boden stehender Junge, der als Klassensprecher Ausflugsziele und Inhalte von Schulfreizeiten mit mir verhandelte. Immer in seinem Schlepptau Frieder, ein drahtiger und pfiffiger Bursche, der nach dem Tod der Mutter mit dem alkoholkranken Vater in einer Kate lebte und tapfer bemüht war, ein anderes Leben als das vorgezeichnete einzuschlagen, dessen Suchtstrukturen aber schon in seinen so jungen Jahren diesen Kampf als einen wahrscheinlich lebenslang währenden erahnen ließen. Und Berthold, ein hünenhafter Fast-Mann mit absolut keinem Interesse für schulische Belange und mit offensichtlich ausgedehnten Abendvergnügungen, der mir aber freundlich gestattete, in seinen Morgenschlaf hinein zu dozieren, ohne sich stören zu lassen. Und groß ins Erinnerungsbild kommt mir dann Lothar, ein hellhäutiger, äußerlich unscheinbarer, schmaler und stiller Junge von 16 Jahren, der aus einer Arbeiterfamilie kam. Seine Aufsätze allerdings berührten in meiner Auffassung die Grenze zur Genialität. Er hatte eine unglaubliche Begabung für das Erfassen literarischer und philosophischer Texte, konnte sie nicht nur rezipierend wiedergeben, sondern mit äußerst eigenständigen Gedanken verbinden. Nie wieder in meinem Leben bin ich einem solch hellen und begnadeten Verstand begegnet. Ich las diese Aufsätze mit Entzücken, schwärmte im Kollegium davon, benotete sie fast ausnahmslos mit 1+, und gelegentlich ließ ich einen vorlesen, was den Mitschülern keine Erkenntnisse brachte und Lothar nur verlegen sein ließ. Er hielt sich zurück, lebte am Rande der Klassengemeinschaft und wollte kein Aufhebens um ihn. Kurz vor Ende des Schuljahrs diagnostizierte man bei Lothar eine akute Leukämie. Er musste umgehend auf die kinderonkologische Station der Universitätsklinik nach Münster. Nach der ersten Chemo besuchte ich ihn. Er war unauffällig und ruhig wie immer. Höflich in seinen Antworten, aber nicht wirklich mitteilungsvoll. Auffällig war lediglich ein sehr großes Poster an der Krankenzimmerwand, das das Innere einer gotischen Kathedrale im Hochformat zeigte. Er habe dieses Foto extra für seinen Aufenthalt in der Klinik gekauft und selbst auf Holz aufgezogen, gab er auf meine Frage zu Auskunft. Ich nahm an, dass ihn die Schönheit und Klarheit von Architektur und Kunst ablenken oder trösten würde, mutmaßte eine geplante Studienfahrt vielleicht nach Frankreich und wollte ihn mit dem Angebot, nach den Ferien einige Kunstbände über Gotik aus dem heimischen Bücherschrank mitzubringen, erfreuen, aber auf all das ging er überhaupt nicht ein. Zu Beginn des neuen Schuljahrs war er wieder da, kahl, stiller, noch blasser, aber mit den gleichen großartigen Leistungen in meinen Fächern.

Ich verließ die Schule noch im ersten Quartal, weil ich ein Angebot für eine Tätigkeit in der Erwachsenenbildung in meiner Heimatstadt erhalten hatte. Monate später rief mich der ehemalige Rektor an und teilte mir mit, dass Lothar ein Rezidiv hatte und gestorben sei. Er versprach, mir die von Lothar selbst verfasste Todesanzeige zu schicken. Als ich diese in den Händen hielt, mischte sich in den Kummer um diesen besonderen

Jungen eine große Ruhe und die Empfindung von Trost und Hoffnung, für ihn und für mein eigenes Dasein und späteres Sterben.

Er hatte die Anzeige, die ansonsten nur die Daten und einen Dank enthielt sowie den Wunsch nach Verbrennung, mit dem Motto überschrieben: *Wir bauen an dir, großes Mittelschiff.* Ich kannte das Gedicht, aus dem das Zitat der Erinnerung nach entnommen war, und las es nach.

Werkleute sind wir: Knappen, Jünger, Meister,
und bauen dich, du hohes Mittelschiff.
Und manchmal kommt ein ernster Hergereister,
geht wie ein Glanz durch unsre hundert Geister
und zeigt uns zitternd einen neuen Griff.

Wir steigen in die wiegenden Gerüste,
in unsern Händen hängt der Hammer schwer,
bis eine Stunde uns die Stirnen küsste,
die strahlend und als ob sie Alles wüsste
von dir kommt, wie der Wind vom Meer.

Dann ist ein Hallen von dem vielen Hämmern
Und durch die Berge geht es Stoß um Stoß.
Erst wenn es dunkelt lassen wir dich los:
Und deine kommenden Konturen dämmern.
Gott, du bist groß.

RAINER MARIA RILKE, STUNDENBUCH

Seither stelle ich mir manchmal vor, dass Lebensläufe und Leidensläufe, und hier besonders die der stillen Helden unseres Alltags, zu Linien im Antlitz des Seinsgrunds werden und geworden sind. Dass sie als

Ernte der Weltbeantwortungen an der Ewigkeit bauen und dass der Ertrag aus dieser Ernte die Nahrung für das unaufhörliche Sich-Entdecken, Sich-Fühlen, Sich-Leben, Sich-Schaffen des Seinsgrunds ist. Die Werdemühen von uns Menschen und das von uns Erlittene vertiefen nur die Fülle der Essenz, die uns den Anschluss an das immer weiter Schöpferische ermöglicht.

Ist es denkbar, glaubbar, dass der Weltstoff seinen Entwicklungskreis noch nicht geschlossen hat? Dass sich uns ein neuer Bereich menschlicher Expansion eröffnet, wenn wir unser Wertvollstes dem Unvergänglichen übereignen?

Tastende Gedanken.

Die Frage danach, was Unaufhörlichkeit ist, was sie mit unserem aufhörlichen Leben zu tun hat und ob es sie – außer der denkerischen Möglichkeit, die schon mühsam genug ist – gibt, kann und soll nicht beantwortet werden. Unsere Fähigkeiten erlauben keine Antwort darauf. In diesem Kapitel, wie in dem ganzen Buch, geht es nicht um die Wahrheit oder wissenschaftlich relevantes Beweisführen. Was ist schon Wahrheit und wissenschaftliche Relevanz angesichts dieser Erlebnisräume des Sterbens. Es gibt wissenschaftlich Irrelevantes und empirisch nicht Überprüfbares, das für den, der es erlebt, von allerhöchster Bedeutung ist. Die Aussage »Ich liebe dich« ist für den diese Aussage erhoffenden Menschen alles, obschon er mit Wissenschaftlichkeit nichts zu tun hat und es bisher keinerlei Verfahren gibt, die Wahrheit, oder Unwahrheit, dieser Aussage verlässlich überprüfen zu können. Es gibt noch nicht einmal eine maximale Glaubwürdigkeit. Aber es gibt den Respekt vor der Aussage und vor dem Glauben an die Aussage. So mögen die Gedanken und Patientengeschichten zur Unaufhörlichkeit verstanden sein.

VOM GEIST DER UNMÖGLICHKEIT, DIE GEISTER ZU BESITZEN UND DURCHGEHEND ZU LEBEN

Fische wollten wissen, was Wasser ist.
Sie gingen zu einem weisen Fisch.
Sie glaubten ihm nicht, dass es das sei,
worin sie schwammen,
weil sie immer noch durstig waren.

NASAFI

Ein Mensch hat die hier beschriebenen oder andere Geisthaltungen einmal einleuchtend gefunden und ihnen innerlich zugestimmt. Nun könnte Mensch der Vorstellung erliegen, dass er sie »anwenden« kann, sie immerzu zur Verfügung hat und in ihnen zu Hause bleibt. Die Erfahrung lehrt uns anderes. »*Gesagt ist nicht gehört. Gehört ist nicht verstanden. Verstanden ist nicht einverstanden. Einverstanden ist nicht behalten. Behalten ist nicht angewandt. Angewandt ist nicht beibehalten*«, sagt Konrad Lorenz. Geisthaltungen wirken wie Zimmer in einem sehr großen Haus, in deren Flucht man sich verlaufen kann, verirren geradezu, und in denen man sich nicht gleichzeitig aufzuhalten vermag. Verweilt man in dem einen Zimmer, ist die Wirklichkeit eines anderen gerade nicht präsent. Im Schlafzimmer scheint es unüblich zu kochen, und in der Küche ist kein Platz zum Schlafen vorgesehen. Und im Übrigen locken draußen zusätzlich noch Freiheit und Unbehaustsein. Sich in unserer Welt eingerichtet zu haben, scheint manches Mal zu bedeuten, mit unseren spirituellen Wünschen und Einstellungen in Konflikt kommen zu müssen, so gegensätzlich wirken zuweilen Weltlichkeit und Geistigkeit, Leben und Denken auf uns.

Das Samsara in der buddhistischen Lehre erklärt unser Gefangensein in den weltlichen Phänomenen durch die drei unheilsamen Wurzeln Hass, Gier und Wahn, die uns von Zeit zu Zeit besetzen und unser Leben bestimmen.

Geisthaltungen wollen immer wieder betreten werden, immer neu begriffen sein, immer wieder neu eingeübt, ständig erinnert, um sie nur annähernd bewohnen zu können.

Als ich mich mit den letzten Kapiteln dieses Buches beschäftige, stürzt mein Computer ab. Der Mitarbeiter unserer EDV-Abteilung lässt mich mit Bedauern wissen, dass nichts mehr zu machen ist, dass die Festplatte unwiderruflich zerstört sei. Ich bin erschüttert. Die meisten Kapitel und die in den letzten Jahren gehaltenen Vorträge sind zwar auf Diskette gespeichert, aber Gedanken, Kapitelanfänge, der virtuelle Zettelkasten mit Zitaten, Briefe, Vorlagen, Verträge, Rechnungen, die Arbeit von Jahren – alles fort. Wie konnte das geschehen? Der Fachmann weiß es nicht. Ich habe mich immer auf die Technik verlassen, bin pfleglich mit ihr umgegangen, nun lässt sie mich einfach im Stich. Ich erlebe mein Gerät als persönlichen Feind, der mich hintergangen hat, Sicherheit und Zuverlässigkeit vorgegaukelt hat. Tagelang sitze ich zu Hause und nehme übel.

Wenn mir in dieser Situation jemand mit dem Geist der Niederlage gekommen wäre, ich wüsste nicht, wie ich reagiert hätte, jedenfalls wahrscheinlich nicht so, dass man es mit spirituell hätte umschreiben können.

Wir, die wir uns um einen spirituellen Weg kümmern wollen, leben in der Welt, als Menschen in der Welt. Wir sind in der Regel keine bärtigen Einsiedler und Asketen, und was uns umgibt, ist meist nicht die einsame Felsenhöhle, die Wüste und die Leere, sondern die Welt mit ihren Lockungen, Möglichkeiten und ihrem Unerreichbaren, mit ihrer Fülle und ihrer Unzulänglichkeit, mit ihrer Kraft und ihrer Zerbrechlichkeit, mit ihrer Größe und ihrer Mangelhaftigkeit, besonders der der Technik wie im obigen Beispiel. Sich um Spiritualität zu bemühen heißt nicht zwingend, der Welt zu entsagen. In dieser Welt zu sein, ihre Lebensmittel zu essen, in ihrem Tag- und Nachtrhythmus zu wachen und zu schlafen und ihre Luft zu atmen, bedeutet zwangsläufig, auf diese Welt angewiesen zu sein und ihr anzuhaften. Wir brauchen diese Welt und das durch sie Gegebene, um zu existieren. Sich ganz von der Welt abzuwenden, ihr zu entsagen, wäre schon biologisch gar nicht machbar. Einen spirituellen Weg einschlagen heißt zunächst nur, die existentielle Bedingung unserer menschlichen – und nur uns Menschen so möglichen – Angst zur Kenntnis zu nehmen. Unser »Erwachen« ist keine alles bis in die Grundfeste erschütternde Einsicht in eine transzendente Wahrheit, die uns Mysterien offenbart. Wir maßen uns – hoffentlich – keine Erfahrung an, durch die uns ein exklusives Wissen um das Funktionieren des Universums und dessen, was die Welt im Innersten zusammenhält, zugewachsen sei oder noch zuwächst. Trotz unseres Bemühens, die Welt und ihre Darreichungsformen auch in einem nicht materiellen Licht und Verhältnis zu sehen, treiben wir reichlich unerweckt auf einer Woge von Gewohnheitsimpulsen dahin und lassen uns von ihren Erscheinungen und den Lebensumständen immer wieder einschüchtern. Ein tief sitzendes Verlangen nach Geborgenheit, Schutz und Dauer hält uns in Bann. Und so finden wir uns immer wieder um das goldene Kalb der Sicherheit, der Dauerhaftigkeit und der Verlässlichkeit tanzend. Und kaum haben wir einen flüchtigen Blick auf das erhascht, was im Tiefsten wert und wichtig ist, und kaum haben wir eine zarte Ahnung entwickelt, was uns heilen könnte, ist es wieder im Nebel der Angst und des Begehrens, der Gewohnheit, der Unrast und der Ablenkung verschwunden. Und schon ärgern wir uns über einen Computer, der uns sitzen gelassen hat, und über die vermeintliche Unfähigkeit eines Technikers, dem wir doch allzu gerne übermenschliches Können zugeschrieben hätten.

Und übermenschlich ist eben auch nicht unser Umgang mit den eigenen, in uns schlummernden und an die Oberfläche kommenden Gefühlen. Wir sind nicht die Herren, Befehlshaber und Bewältiger der Gefühle, die in uns sind.

Wenn eine tragende Spiritualität ins Wanken kommt

Ein Bekannter bemüht sich seit Jahren um einen spirituellen Zugang zur Welt. Er ist bereit, sich bei allem, was ihm widerfährt, zu fragen, wozu es ihm nützen könne und was er daraus lernen mag. Er verbringt die Ferien in Klöstern, übt sich in Meditation und glaubt an geistige Entwicklung und inneres Wachstum. Er ist von seiner Umwelt als nachdenklicher und tiefsinniger

Mensch anerkannt, der manchen durch seine Gedanken und Äußerungen Hilfestellung im Leben gibt. Als er sich in einer Trennungssituation befindet und mit seiner Partnerin finanzielle Regelungen zu treffen hat, erkennt er sich nicht wieder. Nach anfänglichem Bemühen, die Dinge sachlich und fair zu lösen, sieht er sich zunehmend von der Frau in die Enge gedrängt, verbringt schlaflose Nächte und ertappt sich bei Rachegefühlen und hämischen Gedanken ihr gegenüber. Sein Welt- und Selbstbild kommt ins Wanken. »Waren das alles nur hehre Gedankengespinste«, fragt er sich, »die keine Auswirkung auf das wirkliche Leben haben? Ist alles Gedachte, Erlittene, Geopferte umsonst? Bin ich durch all das Beten, Schweigen, Schauen und Sitzen tatsächlich keinen Zentimeter weiter gekommen?«

Sicher hat er Meilensteine in der Auseinandersetzung mit sich, Gott und der Welt zurückgelegt, und doch ist ihm im Moment das, was hier im Buch unter dem Gedanken, einem anderen Menschen seine Würde zu geben und zu lassen, sehr fern, zumindest im konkreten und nicht nur gedachten Leben.

Wir können den Kontakt zu unserer sonst grundsätzlich tragenden und stärkenden Spiritualität verlieren, wenn die eigene Betroffenheit in irgendeiner Weise zu groß wird, als dass wir sie durch gedankliche Konstrukte – und seien sie noch so hilfreich und edel – beeinflussen oder in Griff bekommen könnten.

Es gibt tiefe Berührungen mit unserem Menschsein, zum Beispiel in der Angst und anderen Nöten, die es uns für bestimmte Zeiten nicht ermöglichen, über den Tellerrand zu schauen und einen anderen, abgehobeneren Umgang mit einem Problem zu finden. Diese andere Möglichkeit ist dann einfach nicht verfügbar und somit nicht machbar. Eine immer sofort in Kraft tretende, gefühllose Transformationsmaschine als Exekutive der Persönlichkeit würde eine unzulängliche Persönlichkeit bedeuten. Eine solche Maschine hätte weder ein ethisches Wertesystem noch eine emotionale Kapazität. Sie könnte sich weder programmieren noch ändern. Gefühle, die eine echte Reaktion auf eine aktuelle Situation sind, zeichnen den erwachsenen Menschen aus. Kopierte, übernommene Ansichten und Einstellungen, erzwungene starke oder »gute« Gefühle sind dagegen häufig unerwachsene, kindliche Reaktionsmuster.

Nur ein integriertes Erwachsenen-Ich enthält die Empfindungen und Werte, die einen reflektierenden Menschen ausmachen und auszeichnen. Nur das integrierte, zu sich selbst und seinen Gefühlen stehende Erwachsenen-Ich ist zur Prüfung von Empfindungen fähig, die aber vor einer Prüfung erlebt und gefühlt sein wollen, um ihre Existenz zu haben. Was sich dann bei diesen Gefühlen als zerstörerisch oder nur als wenig hilfreich, als nicht förderlich für das eigene Wachstum herausstellt, kann verlassen werden, abgelehnt oder ausgeschieden.

Wenn jemand etwas Gutes tut oder in bestimmter Weise zu fühlen sich bemüht, nur weil eine Norm das vorschreibt oder er glaubt, durch die Programmierung seines »spirituellen Ichs« dazu verpflichtet zu sein, so ist dies eher ein Akt un-bedachten Gehorsams als eine Handlung in freier, offener Entscheidung und Auswirkung eines verinnerlichten ethischen Prinzips. Die Therapiesitzungen sind voll von menschlichen Tragödien unbewussten Gehorsams, die entstanden sind, weil Menschen sich blind einer Autorität und/oder einer höheren Idee unterworfen und sich selber in dieser Unterordnung vergessen oder verleugnet haben.

Es gibt eine schöne kleine Zen-Geschichte, die den Gedanken der Möglichkeit, sich seinen Gefühlen nicht unterwerfen zu müssen, ausmalt:

Zwei Bettelmönche sind auf Wanderschaft. An einem tiefen Fluss, den es zu überqueren gilt, stoßen sie auf eine sehr schöne junge Frau, die sich vor der Furt durch die Fluten ängstigt. Der eine Mönch zögert nicht lange, nimmt sie auf die Schulter, trägt sie durch den Fluss und setzt sie am anderen Ufer ab. Der andere, der hinter ihm watet, ist fassungslos. Im Weitergehen sieht er den Kollegen immer wieder von der Seite an, schüttelt den Kopf und murmelt leise Worte des Ärgers. Nach einer Weile sagt er mit Vorwurf in der Stimme: »Dass du dich traust, gegen unsere Gelübde zu verstoßen! Eine Frau zu berühren, unglaublich.« Der Erste gibt mit Heiterkeit zurück: »Ich habe sie vorhin abgesetzt, du aber, mein Freund, trägst sie noch immer«, und geht lächelnd weiter.

Die Wertschätzung des Gefühls als Hilfe zur Geisthaltung

Ein Gefühl auf den Arm zu nehmen heißt nicht, ihm nachzugeben oder sich zu seinem Knecht zu machen. Bewusstheit, in der es sich durch Meditation o.a. zu üben gilt, ist ein Prozess des zunehmenden Annehmens unserer selbst und der Palette der in uns beheimateten Gefühle. Sie ist weder kühle Zergliederung des Lebens noch das Mittel, mit dem man sich vollkommen macht. Es gibt nichts, was dieses Annehmens unwürdig wäre, auch keine so genannten negativen Gefühle. Aber den Hass – oder andere Empfindungen – anzunehmen, erst einmal nur anzunehmen, heißt nicht, sich ihm zu beugen oder unterwerfen zu müssen. Man kann ihn als das nehmen, was er ist: eine aufwühlende, aber vorübergehende Geistesverfassung. Nicht mehr und nicht weniger. Das geübte Bewusstsein bemerkt diese Geistesverfassung, ohne sie gutzuheißen oder wegzureden, ohne sie zu unterdrücken, aber auch ohne den Impuls, sie in Aktion umzusetzen. Die Bewusstheit weiß, dass diese Geistesverfassung dazu da sein kann, zum Beispiel die notwendig gewordene Trennung zwischen dem Bekannten im oben erzählten Beispiel und seiner Frau spürbar, erlebbar und in seiner Dringlichkeit nachvollziehbar zu machen, weil nur dadurch Abgrenzung und neues Leben nach der Erstarrung möglich zu sein scheint. Hier auf Ärger, der den Weg zur Trennung pflastert, zu verzichten, wäre nicht spirituell, sondern möglicherweise dumm, denn er kann der Motor sein, lebenspragmatische Regelungen Wirklichkeit werden zu lassen und den Bekannten vor einem Schrecken ohne Ende zu schützen.

Mit den Gefühlen wie Angst, Ärger, Wut in Kontakt zu sein, ist trotz der Dienerschaft solcher Gefühle für eine denkbare Lebenswende Voraussetzung und Anlass, sie zu beaufsichtigen, sie am Um-sich-Schlagen und an der Besetzungskraftmeierei zu hindern. Das bedeutet, sie und sich selbst mit zugewandter, liebevoll erlaubender Scham immer wieder in den Dienst und Zauber eines möglichen Neubeginns zu stellen. Das viel bemühte und leider schon bis zur Wortagonie zitierte Stufengedicht von Hermann Hesse hat hier dennoch tiefe Aussagekraft.

Die Unmöglichkeit als Anlass zur Einsicht

Auf einem Kongress für Interreligiosität habe ich ein eindrückliches Erlebnis: Ein hoher buddhistischer Würdenträger referiert über das Bardo-thodol und darüber, wie der Vorgang des Sterbens in Befreiung gewandelt werden kann. Er spricht klug und nachvollziehbar, aber im Verlauf des Vortrags beginnt mich etwas zu stören, lässt mich an seiner Glaubwürdigkeit zweifeln. Noch weiß ich gar nicht genau, was mich so kritisch sein lässt. Dann verstehe ich plötzlich, warum. In seinem schnellen Sprechen kommt die Simultandolmetscherin, die neben ihm steht, nicht mehr mit. Er merkt nicht, dass sie den Anschluss verloren hat, ihn mehrfach fragend und dringlich ansieht, an einigen Stellen nichts mehr sagt. Nervös und ängstlich unterbricht sie dann seine Ausführungen, bittet ihn fast unterwürfig, etwas langsamer zu sprechen. Es scheint, dass er im Anschluss fast noch schneller redet. Da ruft ihm auch das Publikum zu, er möge doch Rücksicht auf die junge Frau nehmen, die schon ganz aufgelöst und den Tränen nahe ist. Er schaut kurz zu ihr herüber, spricht für Sekunden etwas langsamer, um dann das Tempo wieder zu erhöhen und sich bald wieder im Thema, und somit im Tempo, zu verlieren. Er hat die Übersetzerin und ihr gemeinsames Anliegen ganz vergessen.

Diese Erfahrung war für mich in zweierlei Hinsicht lehrreich.

Zum einen gab ich mir die Erlaubnis, dass ich nicht unbedingt jedem, auch nicht jemandem, der in der so genannten spirituellen Szene einen Namen und großes Ansehen hat, Glauben schenken muss, sondern dass ich auch hier meiner Urteilsfähigkeit vertrauen darf, wenn etwas nicht stimmig erscheint. Umgekehrt heißt das natürlich, dass auch meine eigenen Aussagen sich an meinen Handlungen und der Art und Weise, in der ich Menschen begegne, messen lassen müssen. Stimmig sein heißt in diesem Zusammenhang, dass das, was wir in Sprache und andere Bilder geben, auch in der Lebenspraxis anklingt, vorkommt und wenigstens ab und an sein Abbild und seinen Ausdruck darin finden kann.

Zum anderen erlebte ich es nicht nur als entlarvend, was ich bei diesem Lama erfahren durfte, sondern auch als tröstlich. Es zeigte nämlich, dass einem Menschen nicht automatisch mit einem bestimmten Grad oder Rang spirituelles Wirken und Verhalten gegeben ist, dass man es sich vielmehr abermals und nochmals neu erschließen, eröffnen muss. Der immer wieder mühevolle Angang, aber auch die Chance, die im Anfangen liegt, bieten ein Bild von Bewegung an, das etwas Morgenerfrischendes und Taglockendes hat. Unsere spirituellen Lebenszugänge zu verbessern heißt, sie zu pflegen wie einen Garten. Wie ein Garten Schutz und fürsorgliche Pflege braucht, so auch die Rücksichtnahme, das Gewahrsein und das Verstehen. Unsere Einsicht in den leeren und zufälligen Charakter von Dingen und Geschehnissen mag noch so tief und grundlegend sein, sie allein genügt nicht zur Ausbildung spiritueller Lebensweise. Aus der Einsicht ergeht eine Aufforderung an uns, die wieder und wieder aufs Neue von uns gehört werden und beantwortet sein möchte. Isoliert man die Einsicht von der steten Einübung, kommt es zur Intellektualität, löst man das Einüben von der Einsicht, kann es zu spiritueller Pose verflachen.

Um nicht in Gefahr zu geraten, sich in einem Weisheitserker zu verbarrikadieren und sich in einer spirituell verbrämten Behaglichkeit einzurichten und abzuschotten, braucht es, hinterfragt zu werden und sich hinterfragen zu lassen – und sich der Unmöglichkeit bewusst zu werden, die Geister zu besitzen und durchgehend zu leben.

Ich mache mich im Zentrum für Palliativmedizin zum Unterricht fertig. Heute ist wieder ein Ärzteseminar, und ich bin mit dem Thema Zieldefinition »dran«. Das Thema bedeutet, gemeinsam mit dem Patienten oder Angehörigen einen Bestimmungsort zu formulieren, wohin begleitet werden soll. Die Methode der Zieldefinition soll dabei unterstützen, miteinander nicht in ein unbestimmtes Wohin-auch-immer zu gehen und gleichzeitig eine (einseitige und subjektive) Absicht des Helfenden bewusst zu machen und zu verhindern. Ich bin heute besonders gut vorbereitet, habe neue Arbeitsblätter entwickelt und eine stringente Didaktik ersonnen. Stolz erzähle ich es meiner Kollegin und zeige ihr die Unterlagen. Sie kennt meine Gedanken zu diesem Buch, hat das ein oder andere Kapitel mit Interesse gelesen; lächelnd und ein bisschen süffisant foppt sie mich und nimmt mich freundlich auf den Arm: »Ziemlich im Geist der Absichtslosigkeit, oder ...?« Ich fühle mich ertappt in meinem Hin- und Hergerissensein zwischen der Weisheit des Wissens um Dinge und Zusammenhänge und der Unmöglichkeit, diese stringent ins Leben zu bringen. Und empfinde später im Nachdenken darüber gerade das Erlebnis des Ertapptwerdens als spannend.

Hinterfragt zu werden, ist anstrengend, muss man doch immer wieder genau hinschauen und sich auseinandersetzen mit dem, was man glaubte, ein für alle Mal herausgefunden und für sich festgeschrieben zu haben. Hinterfragt zu werden heißt, jemanden hinter die Vorderansicht von etwas Gesetztem blicken zu lassen und Gefahr zu laufen, dass das Erblickte nicht haltbar ist in Argumentation und Beweisführung. Dann müsste man ja schwanken, man müsste wieder neu denken. Man müsste aufstehen und sich wieder aufmachen, wo man es sich doch gerade auf dem Polster der Gewissheit und Klarheit bequem gemacht und sich in der frohen und beruhigenden Gewissheit, seine spirituellen Schäfchen ins Trockene gebracht und sein geistiges Haus bestellt zu haben, zurückgelehnt hatte. Sich in einer anderen als der herkömmlichen Bewusstheit zu üben und eben nicht so zu denken und zu sprechen, wie es gemeinhin üblich und anerkannt ist, ist mühsam, ist manchmal echte Arbeit. Nicht immer möchten wir den Besen in die Hand nehmen, wir möchten allzu gerne auch einmal auf dem Sofa sitzen und uns an einer fleißig erledigten und vermeintlich endgültigen Ordnung und Sauberkeit in der Wohnung erfreuen.

Freundschaft als Hilfe zur Selbst-Erträglickeit

Der beschwerliche Prozess des Immer-wieder-Beginnens braucht Unterstützung. Hier ist es ein Geschenk, Menschen zu haben, die einen mit einer Mischung aus Nachsicht, Vorsicht und Klarsicht darauf aufmerksam machen, dass man im Moment statt auf dem spirituellen Pfad im Graben daneben wandert und dieser geradewegs zu einem Kanal führt, dessen Gullydeckel neben dem Loch liegt. In solchen Freunden suchen wir das ehrliche und wohlwollende Akzeptieren menschlicher Unvollkommenheit.

Mit einem Freund leite ich Kurse. Zu Anfang jeder Tageseinheit steht eine von mir vehement vertretene Übung zur »reinen« Wahrnehmung. Im Austausch darüber mit den Teilnehmern erkläre ich immer wieder den Unterschied zwischen Wahrnehmung, jemanden und etwas für wahr zu nehmen, einerseits und Beurteilung und Bewertung auf der anderen Seite.

Einige Tage später telefonieren wir miteinander. Ich erzähle ihm meinen Unmut über einen Menschen, von dem ich mich ungerecht behandelt und überrannt fühle. Ich steigere mich im Laufe des Gespräches in großen Ärger, betitele den Widersacher sogar mit einem Schimpfwort, öffne schließlich einen kleinen Köcher und schieße einen fragilen Pfeil nach dem anderen ab. Von der anderen Seite der Leitung kommen viele unterstützende »Hm« und »Das muss schwer für dich sein«. Als ich fertig bin, mein Köcher leer ist und ich mir Zeit für einen langen Atemzug nehme, lacht mein Freund leise ins Telefon und sagt sanft: »So, nachdem er nun gehenkt ist, können wir langsam mit der Wahrnehmung beginnen.«

Solche Menschen sind Hebammen, die die Hand reichen, wenn etwas in einem zum Leben kommen soll. Sie singen uns unser Lied vor, wenn die Erinnerung an die Melodie in uns nicht mehr schwingt und nachzulassen beginnt. Durch sie sind wir Angehörige einer Kultur des Erwachens statt des Schläfrigwerdens.

Im etymologischen Lexikon finde ich unter dem Begriff Freundschaft den Hinweis, dass dieses Wort vordem die »Gesamtheit der Verwandten« bezeichnete. Mit diesem Hintergrund wird ein wichtiger Gesichtspunkt von Freundschaft deutlich: der gemeinschaftstragende Aspekt. Es gibt immer wieder Punkte in unserem Leben und Umstände, in denen wir ermüden, schwach werden, den Bezug zur Hoffnung und vielleicht auch zum Lebensinhalt und -sinn verlieren. Dann sind möglicherweise andere da, die zur Gesamtheit und Gemeinschaft verwandter, ähnlich denkender Menschen gehören, mit denen wir »ein Herz und eine Seele sind«, was nicht unzertrennlich und auf Gedeih und Verderb ausgeliefert heißt. Diese tragen stellvertretend die Staffel weiter, bis wir bestenfalls wieder übernehmen können. Diese vorübergehende, aber vielleicht auch notwendig bleibende und dauerhafte Sachverwalterschaft der anderen, durch andere, hat eine große Anmut, etwas liebreizend Mutmachendes, immer wieder aufzustehen und weiterzugehen. Die Ethik dieses gemeinschaftstragenden Moments liegt darin, dass Menschen in Zugewandtheit und Kritik einander dabei helfen, dass unter ihnen der Wille zur Wahrheit stärker werden kann als der in jedem Ich drängende Wille zur Macht und zur Selbstdurchsetzung.

Kultur des Erwachens bedeutet, dass etwas kultiviert wird. Zu bauen und zu verfeinern ist der Pfad der Einsicht, des glaubwürdigen und mit sich in Einklang stehenden Denkens, Sprechens und Handelns, der Achtsamkeit sich selbst und anderen gegenüber und des gesammelten Bewusstseins. Gemeinschaft ist das lebendige Bindeglied zwischen Einsicht und Umsetzen.

Dies beinhaltet auch die Kategorie der Versöhnung mit seinem eigenen Scheitern.

Von der Würde des Scheiterns

Vor Jahren besuchte ich während eines Amerikaaufenthaltes einen Indianerstamm. Vieles, was ich sah und hörte von den Abkömmlingen einer niedergegangenen Kultur, war bestürzend und gleichwohl berührend. Eine Gegebenheit hat mich nachhaltig beeindruckt: Dieser Stamm hatte es sich zur Angewohnheit gemacht, in jede der von ihnen kunstvoll und mit prachtvollen Farben hergestellten Wolldecken mindestens einen Fehler mit Absicht hineinzuweben, der auch offensichtlich war, da er sich nicht an einer verdeckten Stelle befand. »Damit wir immer mit unserer Unzulänglichkeit vertraut bleiben, geschieht dies«, sagten sie, »und damit wir nicht auf die Idee kommen, wir seien unfehlbar und Gott gleich.« Ich habe eine solche Decke käuflich erworben. Sie befindet sich heute noch in meinem Besitz, und ab und zu breite ich sie zwischen meinen ausgestreckten Armen aus, suche die Mängelstelle und berühre sie andächtig und fast zärtlich.

Die Würde des Scheiterns liegt in der Demut, dem Dienmut etwas oder jemand Höherem, Größeren,

Besseren gegenüber. Sie liegt im Verständnis – und der Anerkennung – , dass wir nicht grundsätzlich siegreich sind und dass nichts letztlich machbar ist. In den Therapien, in denen ich das Geschenk und die Gnade erfahre, Menschen sehr existenziell und wesentlich zu begegnen, ist es immer ein tiefer Moment und oft ein Wendepunkt des Therapieverlaufs, wenn Klienten begreifen und sowohl sich und als auch mir eingestehen, dass sie den Kampf gegen das Unwegsame aufgeben und sich anheimstellen. Sich anheimstellen heißt in diesem Zusammenhang, sich ein neues Zuhause in der Machtlosigkeit zu geben. Aufhören, sich als Herrn der Lage zu begreifen, ist der Anfang, der erste Schritt in die Aufgabe des Glaubens an ein dauerhaft kraftvolles und fähiges Selbst und gleichzeitig der schwierigste Schritt.

Die japanische Shinto-Religion verehrt Sugawara no Michizane (9. Jahrhundert), einen gescheiterten Helden, als Tenjin, als eine himmlische Gottheit. Sugawara hat nichts vom Glanz und Charisma der berühmten japanischen Krieger. Er war ein Dichter und Gelehrter, aber seine Beiträge zur Literatur und Wissenschaft allein hätten ihm niemals den Ruf und die Anhängerschaft einbringen können, die seinen Namen durch die Jahrhunderte begleiten. Der wahre Grund dafür, dass ihm die Menschen so lange in seinen Schreinen huldigen und sogar heute noch jedes Schulkind in Japan seinen Namen kennt und seine Verse auswendig lernen muss, liegt in seiner Reaktion auf die Schachzüge seiner politischen Gegner, die seine Leistungen und seine Integrität zunichte zu machen suchten. Immer hat er seinen Weg von neuem beschritten, am Ende den Misserfolg seiner

Bemühungen mit Humor und aufrechter Haltung ertragen. Eine Bildrolle zeigt den Helden, der nach seinem Sturz als einer der ranghöchsten Berater des Kaisers durch diesen selbst, auf einem Hügel nach Osten blickend für das Wohl eben dieses Kaisers betet.

Menschen, die sich um eine auf Geist und Geistigkeit begründete Beantwortung der Welt und ihrer Erscheinungen bemühen, werden an ihre und dieser Welt Grenzen stoßen. Sie haben die Wahl, diesen ihren Grenzen innen und den äußeren mit Strenge und Verbissenheit zu begegnen oder mit Güte und Durchlässigkeit.

Vom Spaß daran, ein geistliches Wesen zu sein

Ein alter Witz sagt, ein Buddhist ist jemand, der entweder meditiert oder Schuldgefühle hat, dass er nicht meditiert.

Der spirituelle Weg ist kein Spaziergang, er kann sehr steil und anstrengend sein, aber wir müssen auf ihm nicht zusammenbrechen, wir müssen uns nicht antreiben und peitschen. Wie jede Wanderung darf auch der spirituelle Weg Spaß machen, darf entspannend sein, darf uns mit schönen Aussichten und freierem Luftholen belohnen. Und muss nicht durch den starren Blick auf das Ziel freudlos sein.Vielleicht ist es die schwerste Lektion, die wir im Leben lernen müssen, nicht dem Ergebnis unserer Bemühungen verkrampft anzuhaften.

Nicht-Anhaftung ist die Freigabe der Bedürfnishaltung oder der Erwartung, die mit dem Erreichen eines schnellen, besonders guten Ergebnisses verknüpft ist. Anhaftung beginnt, wo wir ein Ziel ins Auge fassen und beharrlich darum zu kämpfen anfangen, dass sich die Umstände unseren Wünschen beugen. Wir verbringen damit viel Zeit und Kraft auf dem Weg, was uns davon abhält, die Aufmerksamkeit darauf zu richten, was wirklich – unabhängig von unseren Wünschen – da ist. Das Leben aber hat seine eigene Tagesordnung, nicht unsere, und wir leiden so lange, bis wir dies einsehen. Nicht anhaften heißt nicht: kein Interesse zu haben oder vom anderen oder Ideen wegzurücken, sondern nicht an Erwartungen gefesselt zu sein, wie sich Dinge entwickeln müssten, um gut, sinnvoll, hilfreich zu sein.

Wenn wir in der Auseinandersetzung mit den Geistern irgendwann glauben, mit ihnen auf gutem und vertrauten Fuß zu stehen und dann entdecken müssen, dass wir sie in vielen Situationen beileibe nicht souverän zur Verfügung haben, kann das ein Schock sein. Aber nicht umsonst gibt es das Bild des heilsamen Schocks. Wieder einmal ist es eine Chance zu erfahren, dass wir noch nicht am Ende sind, dass wir uns weiterentwickeln dürfen, dass noch Raum zum Wachsen da ist und dass wir nicht den Meisterbrief für vollendete Reife vorweisen müssen. Es ist eine gewaltige Hilfe in der Arbeit mit unserem verdrehten Geist, wenn wir uns daran erinnern, dass es darum geht, eine Sanftheit zu entdecken, die die scharfen Kanten unserer kritischen Selbstvorwürfe aufweicht und das dahinter Liegende frei lässt. Oft fällt es uns leichter, andere so zu akzeptieren, wie sie sind, als uns selbst anzunehmen. Wir haben den Eindruck, Mitgefühl und Barmherzigkeit sei für andere reserviert und kommen nicht auf die Idee, Mitgefühl mit uns selbst zu entwickeln. Der erste Schritt auf dem Weg heißt, den Anfang zu machen, unser Menschsein, unser Gefangensein im Hier und Jetzt, unser Scheitern als Arbeitsgrundlage gutzuheißen. Dies wie einen aufblitzenden Lichtstrahl in unser Gemüt hineinzulassen, hat einen Bruchteil davon, was in den großen Traditionen Erwachen und Erleuchtung genannt wird.

Die beschriebenen Geisthaltungen sind nur Wegweiser, die uns eine Richtung anbieten.

Wenn sich Leser nun fragen, wie um Himmels willen kann ich das denn je hinkriegen mit dem spirituellen Weg, lautet die Antwort: Es gibt keinen Weg, nur achtsames Gehen.

Ein Weg ist kein Haus, nicht wahr, Mrs. Rosbaum?

Ein junger Mann sucht den für seine Weitsicht bekannten Rabbi von Berschad auf. »Wie lange wird es dauern, bis ich Weisheit erlangt habe?« »Nun, vielleicht zehn Jahre«, entgegnet dieser. »Und wenn ich mich besonders anstrenge, täglich in der Thora lese, wie lange dauert es dann?«, fragt der Schüler. »In dem Fall kann es zwanzig Jahre dauern«, erwidert der Rabbiner. »Ich nehme aber wirklich alle Härte auf mich, ich will so bald wie möglich ans Ziel gelangen. Ich studiere sogar die Kabbala, und vielleicht ziehe ich mich ganz aus dem Leben zurück und schreibe selbst ein Buch.« »Dann«, antwortet der Meister mit bedenklichem Kopfschütteln, »dann kann es bis zu vierzig Jahren dauern, mein Lieber.«

VOM GEIST DES TROSTES

Das schwere Herz wird nicht durch Worte leicht.
SCHILLER, WILHELM TELL

Sich selber Trost sein

Sicher nicht von ungefähr erfolgte die Suche nach Trost und die Einsicht, dass dieser in uns selber zu finden ist, und der Beginn dieses Weges für mich in einem Staat im Nordwesten des Subkontinents Indien, im wilden Rajasthan. Rajasthan ist ein besonders farbenprächtiges und lautes Land: leuchtende Saris allenthalben, kunstvoll gewickelte Turbane, schön gewachsene graziöse Menschen mit Unmengen von großen Schmuckstücken an den Armen, Füßen, Zehen, Ohren und Nasen, bemalte Häuser, üppigst ausgestattete Tempel, reich bestückte Märkte mit Obst- und Gewürzbergen, Trommelwirbel, Tempelglocken, das Trompeten blau bemalter Elefanten und das ungeduldige Wiehern elegant gängiger, auch mit Schmuck versehener Kamelstuten – all das berührt unsere Sinne, zieht die Blicke an und richtet die Augen auf das Äußere. In diesem Augen- und Ohrenschmaus und Tumult der Sinne fällt es schwer, nach innen und auf sich selbst zu schauen. Der Name Rajasthan hat in diesem Zusammenhang eine besondere Bedeutung: Rajas, wörtlich übersetzt mit Rauch, steht in der uralten ayurvedischen Heilkunde für die Turbulenzen unseres Geistes. Diese vernebeln unsere Sicht und Einsicht. Auch veranlassen sie uns, nach außen zu schauen bzw. uns im Außen zu verlieren und uns selber zu vernachlässigen. Rajas sind die gestörten und störenden Gedanken und Vorstellungen, die von unserem Selbst ablenken und uns aus dem wegtragen, was wir unsere Mitte nennen. Sie bewirken ursächlich die Suche nach Stimulation, Abwechslung und Unterhaltung. Was sie dann schaffen, ist Unruhe und Durcheinander. In Rajasthan führte das sehr anschaulich bis in die Neuzeit zu zahlreichen blutigen Unruhen, Auseinandersetzungen und Kriegen – nicht zufällig vielleicht gab es noch hier in den letzten Jahren etliche Aufstände und Bombenattentate zwischen den hier lebenden Hindus und Moslems.

Ausgerechnet also im Land der Rajas, auf einem mit viel Leid und Tränen getränkten Boden, begann meine Suche nach Klarheit und Ruhe. Getragen von seiner besonderen Geschichte, schien mir gerade hier der rechte Ort zu sein, die Turbulenzen in meinem Inneren anzusehen und zu besänftigen. Ich wollte zu Erfahrungen kommen und Gedanken finden, die es ermöglichten, mir in den Hochs und Tiefs des Lebens selber Trost zu sein und dies an die Trostsuchenden, die mir begegnen, weiterzugeben.

Um einen Guru von innen bittend

Das Leben ist in seinem Wesen nach ein ständiger Schiffbruch. Aber schiffbrüchig sein heißt nicht ertrinken ... Das Gefühl des Schiffbruches, da es die Wahrheit des Lebens ist, bedeutet schon die Rettung ...[47]

ORTEGA Y GASSET

Diese Sätze schrieb Ortega y Gasset Ende der 1930er Jahre in einem kritischen Essay über die Rezeption Goethes. Er warf Goethe vor, dass er die Schiffbrüchigkeit verleugnet habe, dass er das Leben nicht als Wagnis und in Unsicherheit gelebt habe. Dass er sich in der Behaglichkeit Weimars daran gewöhnt habe, *»auf dem Leben zu schwimmen«* und vergessen habe, dass das ihn umgebende Wasser grundsätzlich auch aus Fehlschlägen, Zurückweisungen und Niederlagen bestehe. Das Wissen und das Gefühl, ein Schiffbrüchiger zu sein, aber gebe den Menschen Auftrieb, meint Ortega. Die Einsicht in ein unsicheres und wagnisreiches Leben mobilisiere und stärke letztlich die Spannkräfte des Lebendigen. Man warte nicht auf Rettung von außen, sondern vertraue auf die eigenen Einsichten, Fähigkeiten und Meisterschaften.

Ich befinde mich in Udaipur, in der malerischen alten Festungsstadt am Pichola See in Rajasthan. Seit Tagen nehme ich an einem philosophischen Camp teil, in dem wir in die Erkenntniswege des Vedanta eingeführt werden. Es ist für mich anstrengend und anspruchsvoll, den mit Hindi durchsetzten englischen Ausführungen meines Lehrers zu folgen und mich in die unvertraute Gedanken- und Sprachwelt des Morgenlandes hineinzufinden. Heute spricht der Lehrer über die verschiedenen Torhüter zu einem glücklichen Leben, zur inneren Ruhe. Eine dieser Voraussetzungen, zu dauerndem und tiefem Frieden zu gelangen, sei die Gesellschaft eines weisen Menschen. Wenn wir uns um eine solches Zusammensein bemühten, würden wir irgendwann etliche Fragen und Probleme lösen können. Und noch mehr würde geschehen: Unser Hunger und unser Durst nach Wahrheit würde uns zunehmend weniger in der Außenwelt und um uns herum nach diesem Allwissenden suchen, sondern mehr und mehr den Blick nach innen richten lassen. Mit der Zeit würden wir erkennen, dass dieser weise, erleuchtete Mensch in uns selber wohne und dass wir diesen zu Rate ziehen könnten, wann immer wir wollten und Hilfe und Antwort benötigten. Einer der lauschenden Inder spricht uns allen aus der Seele, als er laut protestierend kommentiert: »Wenn ich die Möglichkeit habe, bei dir, du großer und verehrter Meister, zu lernen, habe ich keine Lust und werde den Teufel tun, nach meinem eigenen Guru in mir drinnen zu suchen.« Wir brechen in großes Gelächter aus, am lautesten und längsten lacht unser Lehrer.

Wir leben in einer Welt, in der wir mit unseren körperlichen und seelischen Einschränkungen, Unzulänglichkeiten und Leiden unmittelbar den Beistand von Experten suchen. Mit den physischen Krankheiten und Unpässlichkeiten gehen wir umgehend zum Arzt oder Heilpraktiker, mit unseren Neuröschen, Ängsten und emotionalen Stauungen suchen wir recht bald den Therapeuten oder Berater auf, in der spirituellen Begleitung unserer Hoffnungen und Zweifel wenden wir uns an das theologische Wissen und die Glaubenskraft von Nonnen und Priestern. Psychosomatische Kliniken, Krankenhäuser und Klöster sind die Orte unserer Heil(ungsver)suche, in denen wir auch durchaus nicht selten Kraft, Unterstützung und Besserung finden. Doch bleibt die Gefahr, die Sorge um den eigenen Körper und die eigene Seele im Wesentlichen äußeren und fremden Zuständigkeiten zu übertragen.

Besonders im Kontext von Umgang mit Krisen, Sterben, Tod und Trauer ist das Wort »Begleitung« ein sehr häufig Gebrauchtes. Ungezählte haupt- und ehrenamtlich Tätige werden in vielen Kursen geschult, Hilfe und Trost Suchenden diese Begleitung anzubieten und zu gewähren. Und es ist durchaus auch so und ganz und gar unbestritten, dass diese Begleitungen viel Segensreiches haben. Das gilt auch für die Begleitung der Begleiter, für Fallbesprechungen und Supervisionen, die Entlastung bringen.

Insgesamt aber scheinen wir Menschen der Neuzeit und der westlichen Hemisphäre unser tiefes Wissen über Herkunft und Ursprung unserer Störungen und Gleichgewichtsverschiebungen vergessen und unser Heilungsvermögen verloren zu haben. Das Wort Patient (pati – erdulden) beschreibt es sehr genau und trifft heute mehr denn je auf unseren Zustand und unser Verhalten in Krankheit und Krise zu. Wir sind die, an und mit denen etwas gemacht wird, wir sind passiv, liefern uns aus. Wir nennen die Fachkundigen gerne Sach*verständige*, damit aber geben wir nicht selten auch den *eigenen Verstand* ganz an sie ab. Durch das (ausschließliche) Abtreten unserer körperlichen und seelischen Geschicke auf andere Personen, übertragen wir auch die gesamte Verantwortung für unser Wohlergehen auf diese und machen sie zu unseren Heilern und Rettern. Dadurch überhöhen wir sie, dadurch geraten wir in Abhängigkeit und oft erst recht in Not. Es scheint notwendig zu werden, sich auch wieder mit der uns innewohnenden Trostkraft zu verbinden und uns selber Beistand zu sein.

Um mir selber als Lehrerin, als weiser Guru zu begegnen, scheint es ein erster Schritt zu sein, das

Leben als unvollständig, als mit Leiden durchsetzt zu begreifen und zu akzeptieren. Schmerz, Leid und Scheitern sind die Trittsteine auf unserem Lebensweg, ein Leben ohne dies gibt es nicht. Sich mit der Wahrheit des Schiffbrüchigseins verbunden zu fühlen, ist ein Anfang. Unsere Gefühle von Unzulänglichkeit, Hilflosigkeit, Verzweiflung, Ärger und Angst werden von uns als Schwächen eingestuft, sind aber zunächst eine angemessene Reaktion

Gemma, eine junge Amerikanerin von achtundzwanzig, vor fünf Monaten mit der Diagnose MS beladen, fragte telefonisch an, ob sie zu einer Beratung kommen könne, denn schließlich sei sie ja mit ihrem Befund auch »ein Trauerfall«. Viele Termine lang erzählte sie mir von ihren Symptomen und begreiflicherweise von der großen Ungerechtigkeit, dass ihr dies zugestoßen sei. Sie habe ganz andere Pläne mit dem Leben gehabt, nach dem glanzvollen Universitätsabschluss eine große berufliche Karriere vor sich und viele Länder im Visier, die sie habe bereisen wollen. Ihre Trauer zeigte sich im Wesentlichen als glühender Zorn über dieses verpatzte Leben, das ihr in dieser Form »nicht an der Wiege gesungen worden sei.« Dass sie ein Leben in Fülle haben wollte, dieses gute und schöne Leben wie die anderen auch. Als sie nach Monaten regelmäßigen Kommens (und Schimpfens, dass ihr unsere Sitzungen eigentlich keine Erleichterung brächten) dann einmal anrief, um den Termin wegen heftigen Schneefalls abzusagen, weil sie niemanden bitten wollte, sie mit dem Auto zu bringen, machte sie die Bemerkung, dass es ja eigentlich ein Riesenglück sei (sie sagte: high five), dass sie bei einem solchen Sauwetter nicht mehr das eigene Auto steuern könne und sich somit in Stress und Gefahr bringen müsse. Bei unserem nächsten Treffen sprach ich sie auf diesen mir unbekannten Ausdruck und ihr Erleben an. *High five* sei eine besonders in den Vereinigten Staaten verbreitete Geste des Feierns, bei der zwei Personen jeweils eine Hand heben, um sie in die erhobene Hand des Gegenübers zu schlagen. Sie diene normalerweise dem Ausdruck gemeinsamer Zufriedenheit über einen Erfolg oder dazu, jemandem oder sich selber zu gratulieren. »High« bedeute dabei die in die Luft erhobenen Arme, und die Finger jeder Hand bildeten die »five«. Und zu was sie sich gratuliere, wollte ich wissen. Sie schmunzelte und erklärte mir, dass sie in der Zwischenzeit eine ernsthafte Entscheidung gefällt habe und dazu übergegangen sei, herauszufinden, was ihr diese Krankheit an Gutem bringen könne, all das Unangenehme habe sie mir ja wohl ausreichend mitgeteilt. Und dass sie glaube, solches herauszufinden erfordere den gleichen mühsamen Aufwand wie das Jammern, dann könne sie es doch einmal damit versuchen, anstrengend sei beides. Und ob sie die nächsten Stunden mit mir dazu nutzen könnte, immer pro Treffen eine solche Erkenntnis zu suchen und mir mitzuteilen. Und dann fand sie tatsächlich etliche high-five-würdige Tatsachen: Sie musste sich nicht mehr auf berufliche Sitzungen, die sie langweilten, vorbereiten. High five. Sie musste in der Stadt nicht mehr fürs Parken bezahlen. High five. Sie hatte keinen 10-Stunden Arbeitstag mehr. High five. Sie begann kochen zu lernen und Rezepte auszuprobieren, weil sie auswärts essen nie gemocht hatte. High five. Sie musste nicht mehr um 6 Uhr aufstehen. High five. Wenn Freunde sich mit ihr verabreden wollten, konnte sie schneller Termine zusagen.

High five. Sie hatte nie gerne den Hund ausgeführt, nun ließ sie sich von dem starken Tier im Rollstuhl durch den Park ziehen. High five.

Nach drei Jahren schrieb sie mir aus den USA, wohin sie zurückgekehrt war, eine Postkarte mit dem aufgedruckten Text: »I don't have any solution but I admire the problem«, und dass sie einen weiteren Krankheitsschub gehabt habe und dass sie in diesem »wahren Jammertal weiterhin ihre High-five-Momente« lebe. Dies sei ihr ein Trost geworden, den sie zu Beginn nicht für möglich gehalten habe. Da sei ihr einzig möglicher und denkbarer Trost gewesen, wieder gesund zu werden. Und auch, wenn ich nichts dazu beigetragen habe, solle ich in meinem Tun nicht verzagen, es sei immerhin nicht unangenehm gewesen, einen wöchentlichen Jour fix in meiner Praxis gehabt zu haben.

Die Spiele der Unerlösten

Neben dem Aufsuchen von Experten ist es heutzutage weit verbreitet, sich in Zeiten von persönlichen Krisen in Gruppen zusammenzuschließen, um gemeinsam Probleme und Nöte zu besprechen und zu bekämpfen. Dies geschieht vielfach als Selbsthilfe oder auch unter Leitung von ausgebildeten Fachkräften. Das hat durchaus seine Berechtigung und es ist unbestritten, dass das öffentliche Aussprechen von Belastungen häufig schon entlastende Wirkung hat. Was einmal ausgesprochen wurde, ist vom Grunde der Seele emporgehoben, wurde sozusagen geborgen und ist nun entäußert. Schon dadurch, dass es in Worte gebracht wurde, hat es eine Fassung erhalten, ist somit nicht mehr chaotisch oder diffus, sondern in Form gebracht. Zudem helfen verständnisvolle Nachfragen der Gruppenmitglieder zur Anerkennung der persönlichen Notlage, wie sie oft genug von der Familie, Freunden, Nachbarn und Kollegen nicht geleistet wird. Sensible Übungen und behutsame Methoden führen oft zu Einsichten und somit zu der Möglichkeit, einen anderen, neuen, heilsamen Zugang zu seinem Leiden zu finden.

Es gilt aber auch zu bedenken, dass eine Multiplizierung von Leiderfahrung nicht zwingend zu einem Zugewinn von Weisheit führt. Auch bringt eine Versammlung von Menschen, die geistige Einsichten gewinnen und einen geistlichen Weg beschreiten wollen, nicht automatisch auch eine Anreicherung von Spiritualität mit sich. Oft sind es ja gerade die mit besonders vielen Sorgen und Problemen Beladenen, die sich nicht grundlos einer anderen als der bisherigen Lebensausrichtung zuwenden wollen, das aber zumeist immer noch mit den alten Weisen, Formen und Methoden versuchen, die ihnen vertraut sind und mit denen sie ihr bisheriges, ursprüngliches Leben angingen und zu bewältigen suchten.

Eine wunderbare, wenn auch nicht unbedingt schmerzarme Lernmöglichkeit, ist der Aufenthalt in solchen Gruppen und die Gabe der Beobachtung.

Unser indischer Lehrer hat sich nach 15 Tagen eindrücklicher und umfangreicher Belehrung für eine kurze Zeit zurückgezogen und ist zu seiner Familie nach Jaipur gefahren. Eine Handvoll Europäer bleiben im Gästehaus zurück, lesen, meditieren und spielen vor allen Dingen mit Leidenschaft die Spiele der Unerlösten.

Ein Spiel heißt: *Ich bin weiter als Du* (ein beliebtes Unterspiel dazu: *Ich beobachte und kommentiere Deine Entwicklung*).

Dieses wird vorzugsweise von den Menschen gespielt, die schon öfters an diesem Ort waren und für sich in Anspruch nehmen, etwas von der Lehre – wenn nicht gar alles umfassend – verstanden zu haben oder diese Einsichten sogar bereits umzusetzen und zu leben. Ein Mitspieler ist ein pensionierter Lehrer, der in Gesprächen jede Atempause als sein Einsatzsignal abwartet, um dann, meist uneingeladen, zu beginnen, uns das gesamte Sein zu erklären: »Also, das ist nämlich so ...« Mit unverbrüchlicher Sicherheit trägt er vor, wie alles zusammenhängt und wie sehr wir anderen noch »unseren falschen Konzepten verhaftet« seien. Auch hierzu eine kleine Geschichte:

Es war vor Zeiten in einem Kloster im Himalaya. Es beherbergte viele Schüler, die den ganzen Tag damit beschäftigt waren, zu beten, Mantras zu singen, Rituale zu vollziehen und in den heiligen Schriften zu blättern. Ihr Führer, der Abt, war ein alter, krummer Mann, der bei den Versammlungen mit brüchiger Stimme und mit äußerst knappen Worten Anleitungen und Impulse gab. Die Schüler waren zunehmend unzufrieden mit ihm und begannen sich seiner zu schämen. Eines Tages erschien ein neuer Gastmönch, in seinen besten Jahren und von besonderer Ausstrahlung und Selbstdarstellungsfähigkeit. Er verstand es, in wohl gesetzten Worten und blumigen Versen von Buddha zu reden. Die Schüler waren sehr angetan von ihm, und in einigen von ihnen entstand der Wunsch, ihn gerne zum neuen Abt zu machen. Am Tag seiner Abreise versammelten sich alle in der großen Halle. Der alte Mönch stand auf: »Mein lieber Besucherfreund, bevor du abreist und überlegst, ob du wiederkommst, musst du wissen: wir hatten in den letzten Tagen in diesem Kloster hier ein ernsthaftes Magen-Darm-Problem.« Und er übergab sich im hohen Bogen mitten in die Halle. Dann bat er seine Mitbrüder: »Bitte seid so nett und öffnet die Fenster ganz weit, damit der schlechte Geruch herausgeht.« Unmittelbar verstand ein jeder.

Spiritualität hat nichts mit Glanz und Glorienschein zu tun, nichts mit schöner, besser, richtiger. Einen Erkenntnisweg zu gehen, ist keine Aufgabe, die jemand zu leisten hat. Entwicklung, und alle Male eine spirituelle, hat nichts mit sportlichen Wettkämpfen zu tun. Es gibt keine gemeinsame Bahn, in er man nebeneinander läuft, keine Staffel, die man sich irgendwann übergibt, und auch keine Zielbanderole, die man innerhalb einer gesetzten Zeit durchreißen muss. Es gibt auch keine Zuschauer, die etwas für beklatschenswert halten oder ein Komitee, das auf die Einhaltung von Spielregeln achtet. Es gibt noch nicht einmal einen Weg! Es gibt nur das Gehen. Und dieses Gehen hat sein je eigenes Tempo, seinen je eigenen Rhythmus, seine je eigenen Pausen. Und seine je eigene Einsamkeit. Man mag einem anderen begegnen, man mag – wie es Rilke so zart ausdrückt – die andere Einsamkeit von ferne grüßen, vielleicht auch eine Weile zuschauen, wie dieser andere seine Schritte setzt, letztlich aber geht jeder allein und ohne Maß.

Es geht nicht darum, schneller, besser oder tiefer zu erkennen, es geht überhaupt nicht um den Vergleich mit anderen.

Selbst die Bereiche von Sterben, Tod und Trauer entziehen sich nicht solcher Leistungsskalen. Auch hier wird besser oder schlechter gestorben in der Meinung der Behandelnden und Begleitenden, richtig oder falsch getrauert.

Ein weiteres, in diesem Kontext gerne genommenes Spiel heißt: *Ich bin ärmer dran als Du.*

In Gruppen ist oft ein Wetteifern um den Besitz des größten Problems oder des tiefsten Leids zu beobachten. Von Trauergruppen zum Beispiel wird häufig als Problem seitens der Leitung berichtet, dass nach anfänglicher Zurückhaltung aller Teilnehmer und einiger Zeit des Miteinander-vertraut-geworden-Seins zumeist ein Teilnehmer die Stimme erhebt und eine Hierarchie des Leides erstellt. »Ich«, so hört man dann, »hatte meinen Mann nur 12 Jahre. Sie dagegen müssten dankbar sein, dass Ihre Ehe so viel länger währte.« Oder auch: »Ein Kind zu verlieren ist um ein Tausendfaches schlimmer als einen Partner.« Eine solche Skala soll wahrscheinlich die Tiefe und Unermesslichkeit der eigenen Leiderfahrung verdeutlichen, bringt aber weder Verständnis noch Trost für die Gruppe, noch nicht einmal Entlastung für den, der sie erstellte. Es ist ein künstliches Raster, das niemanden hilft, vielleicht sogar zusätzlich beschämt, wenn man zu denen gehört, die laut einer solchen Einteilung an und für sich keinen Grund für oder Anspruch auf ihr Leid hätten.

Ein anderes Spiel hat den Namen: *Du Ärmste! Ich bedaure dich!*

Ein gelehrter Pandit kommt zum Ganges und findet einen Bootsmann, der ihn übersetzt. Unterwegs kommen sie ins Gespräch, und der Lehrer stellt dem Bootsmann allerlei Wissensfragen: »Kennst du die Bhagavad Gita?« »Die was?«, fragt der Bootsmann zurück. »Nun, hast du schon mal etwas über den Koran gehört?« »Nein«, antwortet der Mann. »Aber die Bibel, das Buch der Christen, ist dir doch sicher ein Begriff?« Auch das muss der Bootsmann verneinen. »Sehen Sie, weiser Lehrer, ich bin nur ein einfacher Mann und habe von alledem keine Ahnung. Ich kenne mein Boot, ich kenne die Widrigkeiten des Flusses und die Gewohnheit des Wassers.« »Aber dann verstehst du doch hoffentlich ein klein wenig von Astrologie, du armer unwissender Mensch?« »Nein«, versetzt der andere, »ich verstehe nur ein wenig vom Mond, ob er die Nacht erhellt und mir den Weg über den Fluss weist.« Der Pandit schweigt. Nach einer Weile kommt ein kräftiger Sturm auf. Vorsichtig fragt der Bootsmann den Gelehrten: »Verstehst du etwas vom Schwimmen?«

Ehrenamtliche Hospizhelfer und andere Begleitende meinen manchmal, sie könnten Patienten erst dann wirksam unterstützen, wenn sie sehr viele Kurse besucht haben oder alle möglichen Bücher gelesen hätten. Nichts gegen Kurse (ich gebe selber sehr gerne welche) und nichts gegen Bücher (auch da halte ich mit Begeisterung mit), aber Wissen allein macht noch nicht das Können. Intuition, Erfahrung und die sprichwörtlich geöffneten *leeren* Hände sind es oft, die echte Begegnung ermöglichen. Die Experten sind die uns anvertrauten Sterbenden und Trauernden. Sie können uns führen und leiten zu dem, was ihnen und uns hilft. Ein starkes Bewusstsein, die Wahrheit zu besitzen, die volle Wahrheit und nichts als die Wahrheit, führt – zusammen mit einer sich steigernden Besorgnis um die Lage derer, die vermeintlich noch in äußerster Dunkelheit stehen – eine Geisteshaltung herbei, die sich von der eines Inquisitors nicht wesentlich unterscheidet.

Ein junger Medizinstudent macht ein Praktikum in der Neurologie, weil er herausfinden will, ob das sein späteres Fachgebiet werden könnte. Er lernt einen fast gleichaltrigen ALS-Patienten kennen, der die Entscheidung zu treffen hat, ob er im Falle der Zustandsverschlechterung und in einer Notfallsituation eine Tracheotomie und künstliche Beatmung wünscht. Das Schicksal bestürzt den jungen Arzt sehr. Er möchte ihm so gut wie nur möglich beistehen. Er bereitet sich auf die Gespräche mit dem Patienten besonders ausführlich vor, liest Bücher von Betroffenen und leiht sich entsprechende Filme aus. Das letzte Treffen beginnt er mit dem Satz: »Ich habe mich in Ihre Lage versetzt und als Sportler verstehe ich Ihre Gefühle nur zu gut …« Da unterbricht ihn der Patient und sagt mürrisch: »Ich denke, jeder sollte bei dem bleiben, was er kann; ich lebe meine Krankheit, und Sie machen Ihren Job!«

NACHWORT

Haltung, um zu halten

Am Ende unseres spiritual care Kurses kommen alle Geisthaltungen noch einmal szenisch in die Mitte der Gruppe – der Geist der Würde, der Absichtslosigkeit, der Niederlage, des Bei-Leidens, der Ent-Scheidung ... Und alle, die zuschauen, werden in der Regel beifällig sagen: Ja, diese Geister sind so kostbar für die Begegnung mit Menschen, vor allem für die Begegnung mit Menschen, die in existentiellen Fragen ihres Lebens und Sterbens und/oder ihrer Trauer sind.

Am Ende all der so kostbaren Geisthaltungen kommt die Erdung: *Die Geisthaltung, die Geister nicht zu besitzen.* So lockend es ist, sich in all diesen hilfreichen und würdigenden Geisthaltungen zu üben: Wir werden immer im Stückwerk der Möglichkeiten bleiben. Die Haltungen, die in diesem Buch beschrieben sind, sind kein Besitz wie etwa eine methodische Fertigkeit. Sie sind innere Einstellungen, in die jeder Mensch sein Leben lang hineinwachsen kann. Auch dieses Wachsen ist kein linearer Prozess. Wir bleiben Lernende im erfrischenden Gelingen und in scheiternder Ohnmacht.

Im Pallitaiv- und Hospizdienst begegnen wir Menschen in oft schwierigen Lebenslagen. Für manche ist die fast sprichwörtliche Geste des Handhaltens bezeichnend. Damit wird der Wunsch ausgedrückt, einem Menschen Halt zu geben in dem, was sein Leben gerade zu durchleben hat. Halt geben kann aus verschiedenartigen Motiven geschehen: Ich gebe Halt, weil ich mich selbst stark genug fühle. Manchen schleicht sich ein Gefühl der Überlegenheit an: ›Ich bin nicht in der Situation, ich habe die kontrollfähige Oberhand.‹ Andere geben Halt, weil sie im Leiden des Gegenübers ihren eigenen Leidensschmerz wiedererkennen oder relativiert sehen. Wieder andere geben Halt, weil sie sich von ihrem Mitmenschen in Dienst nehmen lassen wollen – möglichst absichtslos, wie eine der Geisthaltungen heißt.

Egal, wie wir Menschen begegnen, egal, wie immer wir einschätzen, dass wir mit unserem Dasein Halt geben können – immer bedarf es einer Haltung, um diesen Halt so geben zu können, dass das Gegenüber nicht gedemütigt ist. Das vorliegende Buch über die ›Geister‹, die Geisthaltungen, spricht verschiedene Haltungen an, die hilfreich sind, in solche Begegnungen zu wachsen. Ohne Haltung der Mitgehenden kann es schwerlich zu einem Halt für die Kranken oder Trauernden kommen. Selbst wenn wir funktional uns besser, stärker, souveräner, unangefochtener erleben, so sind wir nicht die Erhabeneren, die Stärkeren, die Souveräneren, die Unangefochteneren. Die Begegnung geschieht im Wissen um die Gleichheit aller Menschen – in ihren Diensten und Aufgaben und in ihren Lebenssituationen unterschiedlich, in der Würde, der Größe und der Erbarmungswürdigkeit des Menschseins aber nicht unterschieden.

Die Haltung der Begegnung wird entscheiden, wie sehr wir Halt sein können. Bei noch so viel Erfahrung und Wahrnehmung und Einfühlungsvermögen – wir bleiben Lernende in den Haltungen. Dieses Buch macht Mut, sich in aller persönlichen Unfertigkeit auf den anderen Menschen in seiner existentiellen Anfrage an sein Leben einzulassen. Wir müssen da nicht

Lösende des Leidens oder der Fragen Anderer sein. Wir sind einander Mitgehende.

Vielleicht hilft es, sich in jeder Begegnung auch bewusst zu sein, dass die Menschen uns gegenüber uns vorausgehen – vorausgehen in einer Aufgabe, die das Leben stellt. Und wenn wir in verschiedenen Anderen uns selbst wiederfinden, wird die Haltung wachsen lernen. Dann ist das Halten weniger die Lösung, sondern das – wenn auch manchmal nur sehr ausschnittweise – Teilen von Leben.

Matthias Schnegg

Dankbar bin ich auch euch, meinen Kollegen im Bonner Zentrum für Palliativmedizin, die Ihr über 20 Jahre stützend an meiner Seite wart, dem Gesundheitsministerium NRW für die offene und herzliche Zusammenarbeit; den Koordinatorinnen und Vorständlern der Hospizdienste für das Austauschen der Fragen und Probleme und die Ehre des Teilhabendürfens; den Kursteilnehmern für die Bereitwilligkeit des Mitmachens und das Erleben ihrer Betroffenheit am Thema und ihrer Freude am Lernen; den Patienten, den Angehörigen und Hinterbliebenen, den stillen, tapferen Helden des Alltags; den Klienten für die »heiligen Momente« im therapeutischen Geschehen, für ihren Mut und ihre Entwicklung, deren Zeugin ich sein durfte.

© privat

Monika Müller, 1947 in Bonn geboren, Studium der Philosophie, Pädagogik und Literaturwissenschaft; Leiterin einer Volkshochschule, einer Familienbildungsstätte, der Ansprechstelle NRW zur Palliativversorgung; Beraterin der Bundesregierung und des Landes NRW in Fragen von Hospiz- und Palliativmedizin; Bundesverdienstkreuz für besonderen Einsatz in der Hospizbewegung; zahlreiche Publikationen, verheiratet, zwei Töchter, lebt in Rheinbach.

ANMERKUNGEN

1. Hiermit ist keineswegs eine helfende Symbiose gemeint, sondern die Demut der Einsicht, dass wir im selben Boot sitzen und nicht »weiter« in unserer Entwicklung sind als ein anderer.
2. Peter Sloterdijk, Kritik der zynischen Vernunft, Frankfurt am Main 1983, S. 509.
3. Sloterdijk, ebd., S. 525.
4. Vgl. Detlev Bernhard Linke, In Würde altern und sterben. Zur Ethik der Medizin, Gütersloh 1991.
5. Mit diesem Gedanken möchte ich nicht unseren heutigen inflationären Umgang mit den Begriffen Ganzheit und Ganzheitlichkeit bedienen und nähren. Es geht darum um ein Ich, das auf Erweiterung,Vergrößerung oder Vertiefung aus ist und in der ausschließlichen Konzentration auf seine persönliche Entwicklung einige narzisstische Färbungen aufweist. Das Versprechen der Ganzheitlichkeit kann dann als Angebot grenzenloser Ich-Erweiterung und Verschmelzung mit den Kräften des Kosmos verstanden werden. Ich meine dagegen mit Ganzheitlichkeit die Art und Weise, wie das Ich die Endlichkeit und Begrenztheit seines Lebens konkret gestaltet. Sie erfüllt sich nicht in der vermeintlich triumphalen Geistfülle eines mächtigen Ich, sondern indem es sich seiner Ergänzungsbedürftigkeit innewird (»Ich glaube; hilf meinem Unglauben!« Mk 9,24). Der einzelne Mensch ist nach der biblischen Schöpfungsgeschichte nicht der einzelne Mensch, sondern der Einzelne und seine Ergänzungen.
6. Im ersten Jahr unseres Projektes ALPHA in Nordrhein-Westfalen leitete die Telefonistin an der Zentrale des Krankenhauses lachend einen Anruf weiter. »Ich vermute, dass der Anruf für Ihre Arbeitsstelle und für Sie ist«, sagte sie. Die Anruferin wusste unseren Namen nicht, hatte aber gewünscht, »die Tante von Tod und Sterben« zu sprechen.
7. Gottfried Benn, Sämtliche Gedichte, Stuttgart 1998.
8. Sloterdijk, ebd., S. 628 ff.

9. Irvin Yalom, Die rote Couch, München 1998, S. 217.
10. Ich erinnere mich an einen Vortrag von Hans-Peter Dürr, in dem er darstellte, dass Materie nicht auf Materie aufgebaut und zusammengesetzt ist und dass zwischen einzelnen materiellen Bausteinen nicht einmal Energie ist, sondern etwas, was vage »Erwartungsfeld« genannt wird.
11. Mir gefällt es sehr, dass in der von Michael Wissert und Daniela Popelka im Auftrag der BAG jüngst erarbeiteten Dokumentation für ehrenamtliche Hospizmitarbeiterinnen auf solche klassifizierenden Momente verzichtet wird und stattdessen einzig die Tätigkeitsmerkmale der Begleitenden aufgeführt werden. Dies zeugt von sehr viel Respekt, auch einer Geisthaltung.
12. Schon Francis Bacon (gest. 1561) hat behauptet, dass die Ursachen eines Vorganges zu wissen, allein wahres Wissen bedeute. Seine Formel heißt nicht von ungefähr: dissecare naturam, die Natur auseinanderschneiden.
13. Etwas anderes ist es, wenn wir gebeten werden, beim »Lösen« behilflich zu sein, wie z. B. im therapeutischen Kontext.
14. Nelly Sachs, Gedichte, Frankfurt 1977, S. 31.
15. Rainer Sabatowski et al., Z. Palliativmedizin 1/03.
16. Sigmund Freud, Zeitgemäßes über Krieg und Tod, Studienausgabe in 10 Bänden, Band IX, Frankfurt 1971.
17. Diesen so passenden Begriff verdanken wir Andreas Heller aus Wien, der dieses Phänomen in seinem Buch »Kultur des Sterbens«, Freiburg 1994, beschreibt, S. 117.
18. ebd.
19. Bedeutung: die Wirkung zusätzlich unterstützen.
20. Eric-Emmanuel Schmitt, Oskar und die Dame in Rosa, Zürich 2003.
21. Gennerich, Vertrauen. Ein beziehungsanalytisches Modell – untersucht am Beispiel von Gemeindemitgliedern zu ihrem Pfarrer, Göttingen 2000.
22. Eine Umfrage aus dem Jahr 2009 »Wie viel Tod verträgt ein Team?«, durchgeführt von ALPHA Rheinland, hat gezeigt,

dass die Mitarbeiter auf Palliativstationen am meisten unter ihrem eigenen Anspruch leiden, vgl. Müller/Pfister/Jaspers 2009, 2.

23. Diesen Begriff und die dahinter aufleuchtende Haltung verdanke ich Matthias Schnegg.
24. Antoine de Saint Exupéry, Der kleine Prinz, Düsseldorf 2000.
25. Martin Buber, Reden über Erziehung, Heidelberg 1995.
26. Franz Kafka, Er, Frankfurt am Main, 1968.
27. Bhagavadgita, Baden-Baden 1958, 218.
28. Vgl. hierzu Fulbert Steffensky in seinen Büchern und Vorträgen, z. B. Ganzheit im Fragment – Heilung und Heil in unserer Zeit, Lindau 27.-30.10.2002.
29. Hermann Hesse, Werke, Band 3, »Siddharta«, Frankfurt am Main 2001.
30. Meine Ausführungen über den Umgang mit Leiden beziehen sich auf das ontologische Gesamtphänomen einer unabweisbaren Wirklichkeit und Urerfahrung menschlicher Existenz, nicht auf das Leid, das man mit Schmerztherapie und Symptomkontrolle so erfolg- und hilfreich bekämpfen und verringern kann.
31. Diesen Hinweis verdanke ich Martina Kern, die mich fragte, ob das alte Wort Beileid nicht aufzufrischen wäre. Sein neuerliches Nutzen würde die ganze Diskussion darum, ob man nun besser von Mitleid oder Mitgefühl oder einem wiederum noch zu schaffenden neuen Begriff sprechen solle, gegenstandslos machen.
32. Gotisch *haldan*, engl. *hold*,Vieh hüten, treiben, vgl. Das Herkunftswörterbuch der deutschen Sprache, Duden Bd. 7, Mannheim 1989.
33. Ich fand bei Eugen Drewermann einen denkwürdigen Hinweis, dass es ein hebräisches Wort für *vergeben* eigentlich gar nicht gibt; »das Wort der Bibel dafür heißt *tragen*« (hebr. *ns'*) vgl. Das Markusevangelium. Bilder von Erlösung, 2. Aufl. Düsseldorf 1988, S. 235.
34. Carl Gustav Jung, Von den Wurzeln des Bewusstseins. Studien über den Archetypus, Zürich 1954.

35. Paul Celan, Von Schwelle zu Schwelle, Stuttgart 1955.
36. Vgl. dagegen »Wahr sind nur die Erinnerungen, die wir mit uns tragen, die Träume, die wir spinnen und die Sehnsüchte, die uns treiben – damit wollen wir uns begnügen.« (Heinrich Spoerl, Die Feuerzangenbowle).
37. Carl Friedrich von Weizsäcker, Parmenides und die Quantentheorie, in: Heinz-Peter Dürr, Physik und Transzendenz, Bern 1988.
38. Nelly Sachs, Gedichte, Berlin 1977, S. 71.
39. Nicht von ungefähr gibt es kaum Literatur zum Abschluss von Psychotherapien. »Eine Therapie ist zu Ende, wenn es einem besser geht und/oder die Krankenkasse nicht mehr zahlt.« (Vgl. hierzu die Dissertation von Susanne Wittorf, Die Abschlussphase von Psychotherapien, Osnabrück 1999).
40. Eine volksetymologisch an lat. *humus* »Erde« angeschlossene Variante von lat. *umor* »Feuchtigkeit«(vgl. W. Pfeifer, Etymologisches Wörterbuch des Deutschen, München, 2000).
41. Friedrich Nietzsche, Die fröhliche Wissenschaft.
42. Roberto Piumini und Quint Buchholz, Matti und der Großvater, München 1994.
43. Emmanuel Levinas nennt dieses »L'autrement qu' etre«, »anders-als-sein«, eine Alternative zur Immanenz und der mit Immanenzbegriffen betrachteten Transzendenz. (Vgl. E. Levinas, Die Spur des anderen, Freiburg 1983).
44. Ruth Picardie: Es wird mir fehlen, das Leben, Reinbek 1999.
45. Laotse, Tao te king, Köln 1985.
46. Kephalaia, Manichäische Handschriften V, 29,1-6, Stuttgart 1940.
47. Ontega y Gasset, Um einen Goethe von innen bittend, Stuttgart 1952.

Der Verlag behält sich die Verwertung des urheberrechtlich geschützten Inhalts dieses Werkes für Zwecke des Text- und Data-Minings nach § 44 b UrhG ausdrücklich vor. Jegliche unbefugte Nutzung ist hiermit ausgeschlossen.

MIX
Papier | Fördert gute Waldnutzung
FSC® C014889

Penguin Random House Verlagsgruppe FSC® N001967

3. Auflage der überarbeiteten und ergänzten Neuausgabe, 2024
Copyright © 2004 Gütersloher Verlagshaus, Gütersloh,
in der Penguin Random House Verlagsgruppe GmbH,
Neumarkter Str. 28, 81673 München

Umschlagmotiv: © anamad – Fotolia.com
Druck und Bindung: Friedrich Pustet GmbH & Co. KG, Regensburg
Printed in Germany
ISBN 978-3-579-07311-8
www.gtvh.de